本专著是国家自然科学基金项目（新时代农户生计资本分形表征与扶贫机制驱动分层研究，71863033）的阶段性研究成果汇编而成。

博士生导师学术文库

A Library of Academics by
Ph.D.Supervisors

农户生计系统研究

以云南乡村振兴建设为视角

———·———

麦强盛 著

光明日报出版社

图书在版编目（CIP）数据

农户生计系统研究：以云南乡村振兴建设为视角 /
麦强盛著 . -- 北京：光明日报出版社，2023.5

ISBN 978 - 7 - 5194 - 7244 - 3

Ⅰ.①农… Ⅱ.①麦… Ⅲ.①农村—社会主义建设—
研究—云南 Ⅳ.①F327.74

中国国家版本馆 CIP 数据核字（2023）第 089224 号

农户生计系统研究：以云南乡村振兴建设为视角

NONGHU SHENGJI XITONG YANJIU：YI YUNNAN XIANGCUN ZHENXING JIANSHE WEI SHIJIAO

著　　者：麦强盛

责任编辑：史　宁　　　　　　　责任校对：许　怡　张月月

封面设计：一站出版网　　　　　责任印制：曹　净

出版发行：光明日报出版社

地　　址：北京市西城区永安路 106 号，100050

电　　话：010 - 63169890（咨询），010 - 63131930（邮购）

传　　真：010 - 63131930

网　　址：http：//book. gmw. cn

E - mail：gmrbcbs@ gmw. cn

法律顾问：北京市兰台律师事务所龚柳方律师

印　　刷：三河市华东印刷有限公司

装　　订：三河市华东印刷有限公司

本书如有破损、缺页、装订错误，请与本社联系调换，电话：010 - 63131930

开　　本：170mm×240mm

字　　数：305 千字　　　　　　印　　张：17

版　　次：2023 年 10 月第 1 版　　印　　次：2023 年 10 月第 1 次印刷

书　　号：ISBN 978 - 7 - 5194 - 7244 - 3

定　　价：95. 00 元

内容简介

　　本书运用生计资本理论，融合发展经济学、福利经济学、农村经济学等理论，研究新时代农户生计资本变化的规律性，探索云南乡村振兴的建设路径。通过概念剖析、理论递进，对相对贫困问题、生计资本和分形研究的相关文献进行系统地梳理、归纳和评述，提出农户生计资本分形研究的框架，然后通过云南各地调研数据进行研究分析，最后探讨云南乡村振兴的建设路径。

　　本书理论研究和实证研究并重，全方位地探讨生计风险—生计资本—生计策略—生计结果之间的非线性关系，多视野、多角度地探索精准扶贫政策和农村地区可持续生计资本增加的良好运行机制，使研究成果更具有科学性和合理性，同时也为政府有关部门提供决策参考。

目 录
CONTENTS

导　言

　　乡村振兴与脱贫攻坚是我国两大国家战略决策，都是为实现"两个一百年"的奋斗目标制定的国家战略。脱贫攻坚具有特殊性、局部性、紧迫性和突击性的特点，乡村振兴则具有综合性、整体性、渐进性和持久性的特点。《中共中央关于制定国民经济和社会发展第十四个五年规划和二〇三五年远景目标的建议》中提出"实现巩固拓展脱贫攻坚成果同乡村振兴有效衔接"。可以说，能否做好乡村振兴与脱贫攻坚的有效衔接，是事关我国能否实现高质量发展和全面建成社会主义现代化强国的重要课题。

　　脱贫攻坚工作主要以政府导向、政策扶持、项目倾斜等为主，为脱贫地区"输血"，经实践检验，已取得较好成效。然而，单纯依靠项目资金投入，生产规模扩张，容易导致脱贫地区产业发展短期化和波动性。巩固扶贫攻坚成果、实现乡村振兴，需要打好"大算盘""算大账"，要注重将成效明显、具有普遍性的扶贫攻坚经验上升为制度，做大做强脱贫地区的特色产业、绿色产业、旅游产业。要由点及线，形成"产、供、销"一体化的产业链，推动农村第一二三产业融合发展，丰富乡村经济业态，拓展农民增收空间。

　　云南是全国贫困人口最多的省份，彻底摆脱贫困状况，是云南各族群众千百年来的共同愿望。党的十八大以来，在以习近平同志为核心的党中央的坚强领导下，云南脱贫攻坚取得决定性进展，截至 2020 年 11 月，云南 88 个贫困县全部脱贫摘帽，8502 个贫困村全部出列，现行标准下 613.8 万名建档立卡贫困人口脱贫，贫困发生率从 17.09% 变为 1.32%，独龙族、基诺族、德昂族、阿昌族、布朗族、普米族、景颇族、佤族、拉祜族等 9 个"直过民族"实现整族脱贫。

　　对云南来说，高质量打赢脱贫攻坚收官战是头等大事；如期全面完成脱贫任务、实现全面建成小康社会，是对国家最大的贡献。下一步，云南将认真落实"四个不摘"要求，抓好产业、就业和易地扶贫搬迁后续帮扶，抓好防止返贫监测帮扶机制执行落实，推进全面脱贫与乡村振兴战略有效衔接，强化五级书记抓脱贫攻坚和乡村振兴责任等方面着手，巩固提升脱贫成果，带领各族人民创造更加幸福美好的生活。实现巩固拓展脱贫攻坚成果同乡村振兴有效衔接是"十四五"规划中的重大决策，在中国共产党坚强领导下，云南省定能答好这一考题，实现从"小康社会"到"美好社会"的华丽"蝶变"。

本书运用生计资本理论，深入研究农村地区农户生计系统的演化发展规律，多层次、多角度的分析深度脱贫区群众返贫风险和收入略高户群体的致贫风险，以实现不断增加深度脱贫区群众生计资本存量的机制，为探讨从脱贫攻坚向乡村振兴转换的路径提供理论和实证依据，同时也为其他相关研究提供示范和借鉴。

重点研究一：通过概念剖析、理论递进的方法，对贫困问题、生计资本和非线性理论的相关文献进行系统地梳理、归纳和评述，提出农户生计资本非线性研究的框架，其主题思想为：分析农户生计资本非线性变化特征与精准扶贫政策环境以及可持续生计之间的关系，即从混沌无序的贫困系统中发现贫困原因、反贫对策的共性，从不同层面分析精准扶贫政策的减贫效应，实现扶贫机制驱动分层设计。最后总结出生计资本非线性研究的方向，生计资本跨学科非线性研究、生计资本时空分异研究、生计资本相对贫困治理研究、生计资本与乡村振兴的耦合研究。

重点研究二：基于乌蒙山区和滇西边境山区的农户调研数据，分析生计资本对三类农户（未脱贫户、收入略高户及较富裕户）的影响。首先设计生计资本量表，运用熵值赋权法计算得分，然后进行交互式 T 检验，最后采用 Logit 回归模型进行估计。结果表明：精准扶贫政策带动农户内生化发展效果明显，但短期内生计资本脆弱现状难以逾越；深度脱贫区生计水平呈现差异化，滇西边境山区要优于乌蒙山区；生计资本对三类农户作用方向和力度不同，收入略高户的人力资本和社会资本是薄弱点。衔接乡村振兴后，政府应该进行不同深度脱贫区精准施策，促进更多收入略高户向较富裕户转化。

重点研究三：基于风险社会理论视角，通过问卷调查法和模糊综合评价法对滇西边境山区少数民族贫困县的返贫风险进行实证分析，结果显示综合返贫风险隶属度为 0.521，属于中等风险。其中，养老风险和疾病风险属于一般风险，政策风险和能力风险属于中等风险，因能力返贫的风险性最高，其次是政策风险和养老风险，因疾病返贫的风险性最低。而在指标层中，家庭获得农业或非农业培训机会指标的风险最高，为中等风险，家庭养老情况指标的风险最低，为一般风险。

重点研究四：通过使用演绎归纳法，云南深度脱贫区在脱贫攻坚与乡村振兴的有机衔接上已经做了成功的探索并取得了不少经验，包括产业扶贫与产业振兴相衔接、教育扶贫与人才振兴相衔接、精神扶贫与文化振兴相衔接、生态扶贫与生态振兴相衔接、党建扶贫与组织振兴相衔接。规划衔接不够、思想衔接不够、政策衔接不够、体制机制衔接不够是"两大战略"有机衔接存在的主要问题，因此提出从规划、政策、产业、人才等方面重点衔接。

重点研究五：实施乡村振兴战略是应对当前我国"三农"领域面临的一系列严峻挑战的重大战略举措。与非贫困地区相比，脱贫地区的发展基础更为薄弱，城乡发展不平衡、农村发展不充分的问题更为突出，实现乡村振兴的难度更大。针对云南深度贫困地区脱贫摘帽后将全面实施乡村振兴战略，课题组提出以下几条路径选择：以弱鸟先飞的意志引导产业振兴、以久久为功的韧劲促进人才振兴、以滴水穿石的精神锻造生态振兴、以塑形铸魂的魄力焕发文化振兴、以穿针绣花的功夫抓实组织振兴。

第一篇

01

理论分析：农户生计系统的研究基础

第一章

相对贫困治理与农户生计分形

　　农户是农村社会中最小的生计单位，也是农村贫困与农村发展的基本研究单位。因为根深蒂固的乡土文化导致城市和农村在社会观、价值观方面有不同的看法，城乡二元经济结构导致经济发展水平不均衡，所以农户的生活环境、工作习惯以及社会交往方式与城市居民有极大的不同：农户受教育程度普遍较低，职业技术培训机会有限，生计来源单一，更需承受来自经济、文化、社会等诸多方面的冲击效应，削弱了农户生存和发展的生计能力。依靠传统的血缘、地缘、业缘等建立起来的乡土网络及由此形成的社会资本难以支撑农户进入新时代的生存与发展，即农户脆弱的生计资本使农户经常在极端贫困、相对贫困、脱离贫困、重返贫困的情况中曲线往复，很难逃离"贫困陷阱"的束缚。

一、建立解决相对贫困长效机制的学术要义

　　贫困一直以来是社会学、政治学、经济学和管理学领域中的研究热点。贫困自从由一个社会现象被建构成为一个社会问题之后，对其研究和讨论就没停止过，因为它始终存在于社会发展之中①。据国际劳工组织 2016 年社会前景趋势报告显示，尽管自 1990 年来，全球极端贫困率减少了超过一半，但近三分之一的新兴国家和发展中国家的极端贫困和中等贫困人口生活质量低下，缺乏有效的社会保障。随着经济的快速增长，居民富裕水平不断提升，贫困线调整，越来越多的低收入人口将转成相对贫困人口。财富和收入分配不平等是发达国家贫困人口逆势增长的主要原因②。

---

① 王镨. 以相对贫困来看城市贫困：理念辨析与中国实证 [J]. 北京社会科学，2019 (7).

② 何仁伟，李光勤，刘邵权，等. 可持续生计视角下中国农村贫困治理研究综述 [J]. 中国人口·资源与环境，2017 (11).

党的十八大以来，在以习近平同志为核心的党中央坚强领导下，各地区各部门深入贯彻落实精准扶贫、精准脱贫基本方略，脱贫攻坚战取得决定性战果。截至2020年底，经过7年多的精准扶贫，特别是经过4年多的脱贫攻坚战，现行标准下的农村贫困人口，从9899万人减少到551万人，贫困县从832个减少到2022年的52个。经过改革开放后的40年多来的努力，成功走出了一条中国特色的扶贫开发道路，使7亿多农村贫困人口成功脱贫，为全面建成小康社会打下了坚实的基础。中国成为世界上减贫人口最多的国家，也是世界上率先完成联合国千年发展目标的国家。正如国务院扶贫办国际合作和社会扶贫司司长曲天军所言：绝对贫困解决的主要是生存问题，而相对贫困解决的主要是发展与共享问题。2020年绝对贫困人口消除之后，相对贫困治理问题将纳入扶贫议事日程，扶贫工作依然任重而道远。

扶贫（反贫或减贫）是发展经济学的一个重要研究领域，学术界从不同的视角，运用不同方法进行了大量有意义的研究。在长期研究中，学者们发现贫困问题通常表现为增长、变化、波动等非线性表征，依靠经典理论或数学模型进行解释的作用是有限的，因为经济发展在每个阶段总有新的东西产生。当前，中国特色社会主义已经进入新时代，脱贫攻坚更要有"新作为"，只有深化扶贫理论，才能调动一切力量扶真贫、真扶贫，打赢脱贫攻坚战，化解人民日益增长的美好生活需要和不平衡不充分发展之间的矛盾。

基于系统观，其实扶贫理论研究的是一些由自适应因素构成的复杂系统，这些自适应因素具有不完善的信息和有限合理性的特征，并在感知机遇和利益的基础上发生作用。生计系统（以某个贫困县为例）具有特殊的均衡状态（贫困代际传递），即贫困既不是终极现象，也不可能轻易打破或跃升均衡状态。纳尔逊的低收入水平陷阱理论、舒尔茨的传统农业理论、纳克斯的贫困恶性循环理论，均论证了这种均衡状态的形成过程和机制①。若从生计系统外部输入刺激因子（扶贫政策），生计系统将发生变化，成为一个复杂的自适应系统：既有农户率先脱贫致富，也有农户仍在贫困中挣扎，意味着生计系统中贫困与非贫困现象长期共存。要突破生计系统的均衡状态，就必须有资本投入，但生计系统内部缺乏足够的资本，净收益小于或等于零，资本就不可能积累。

---

① 艾路明.反贫困理论中的方法论思考［J］.武汉大学学报（哲学社会科学版），1999（3）.

受地区自然禀赋差异、贫困原因差异等影响，生计系统呈现差异性，但存在至关重要的共性。第一，各个生计系统尽管相互独立，但每一个作用者（农户）处于自学习的系统环境中，不断根据系统环境的变化、其他作用者的动向从而调整自身行为。第二，生计系统是有层次的，当上层的作用者受到外力开始脱贫，则必然会导致下层的作用者学习、进化和适应，然后也开始脱贫。第三，每一个生计系统有自适应、自学习进化的预期，即本生计系统获得资金投入或技术引进而实现脱贫致富，对其他生计系统就会产生示范效应，竞相主动学习技术和研究市场动向，从而趋向共同富裕。第四，生计系统存在微系统，能够使作用者适应在其间发展的其他作用者。如一个成功脱贫的乡村，会自发形成专门从事种养殖业为生计的农户，专门从事运输业为生计的农户，专门从事餐饮业为生计的农户。

鉴于生计系统表现出的共性，运用分形理论来研究贫困问题是一种创造性的研究思路，是认识生计系统非线性表征的利器。第一，一个贫困地区可以看作是一个复杂的生计系统，尽管致贫原因千变万化，扶贫任务严峻，但从农户到村到县到地区，必然存在自相似的贫困结构和自相似的贫困原因。第二，贫困分形并不会导致扶贫任务的复杂性降低，脱贫攻坚任务依然艰巨，只是分形特征尺度各不相同，精确计算分形维数有助于贫困县、贫困村、贫困户的扶贫政策实现精准靶向。第三，贫困分形可以发现生计系统的规则性和简单性，即宏观层面的扶贫顶层设计虽具有宏观的指导意义，但对于下层结构而言，如贫困农户，则必须设计针对农户这个层面的对策。尤其是农户具有很多新特点，再靠单纯的精准扶贫机制，已经不能很好地解决相对贫困问题。若针对国域、省域、县域，以及在贫、新贫、脱贫、返贫的贫困户制订出分层可行性对策，尽管可能存在不同的致贫原因，但由于是在同一层面上，对策具有普遍意义。当然这种驱动分层的扶贫机制设计，也可以运用到城市贫民的扶贫战略中。

使用分形理论来研究农户生计资本的非线性变动规律，有利于深化扶贫理论，有助于完善精准扶贫政策，能够为贫困治理机制提供决策支持。同时也为极端贫困人口消除后，分析相对贫困问题提供了有效的技术手段和理论基础，具有重要的学术价值和实践意义。

二、国内外研究述评

1. 贫困问题是困扰人类生存与发展的梦魇

贫困问题是一个世界性难题，伴随着人类的生存与发展，几乎世界的每一个角落都存在绝对贫困与相对贫困①。贫困问题的研究最早可以追溯到马尔萨斯的"人口陷阱"，其在《人口论》（1798）中有非常详尽的论述。20 世纪 50 年代起，发展经济学界对"贫困问题"进行了深入研究，最具代表性的成果有纳克斯的"贫困恶性循环"理论（1953），纳尔逊的"低水平均衡陷阱"理论（1956），缪尔达尔的"循环累积因果关系"理论（1957），其共同观点为通过推进工业化进程，促使资本形成，提高生产要素净产出；再通过经济增长，使贫困人口获得经济增长的红利，自然脱贫。②

随着研究的深入，学者们进一步发现，新古典经济学的贫困理论解释力有局限，即若生产要素都自由流通，处于有效的市场状态，就不应该存在长期贫困或持久贫困③。然而世界各国普遍存在收入不平等、两极分化严重的现象，不仅发展中国家难以有效减贫，而且发达国家也有类似的"贫困陷阱"，即由于经济衰退，中产阶级因为工作的流失趋于贫困化，而低收入群体将逐步变为相对贫困人口，这就是发达国家贫困人口逆势增长的重要原因。

1998 年诺贝尔经济学奖得主阿马蒂亚·森（Amartya Sen）基于对收入贫困的反思，提出了可行能力理论，认为贫困的主观原因是家庭成员收入降低，客观原因是家庭成员可行能力被剥夺，因此"贫困问题"的破解应是提高家庭成员的可行能力，而扶贫政策须为贫困人群创造个人可行能力的权利及参与分享经济发展成果的机会。④ 阿马蒂亚·森为贫困理论研究开启潘多拉魔盒，为精准扶贫理论的发展提供了宝贵的研究视角与思想渊源，也为新时期精准扶贫政策设计提供了理论启示，多维贫困理论和生计资本理论即源于可行能力理论。

多维贫困理论将贫困概念从收入贫困扩展到能力贫困和人类贫困，是贫困理论研究的一座里程碑，国内外学者和国际机构已开始构建和发布包含多维信息的指数，从多维的角度来诠释贫困程度⑤。生计资本理论认为农村贫困与农户

① HAQ MAU, JALI MRBM, ISLAM GN. A Role of Household Empowerment to Alleviating Poverty Incidence and Participatory Poverty: Qualitative Insights from the Literature [J]. International Journal of Economic Perspectives, 2016, 10 (4): 645-654.
② BARRETT CB, SWALLOW BM. Fractal poverty traps [J]. World Development, 2006, 34 (1): 1-15.
③ DARMA MR. Implications of Micro-Level Fractal Poverty Traps on Poverty Reduction Strategies at Meso and Macro Levels [J]. Developing Country Studies, 2016, 6 (3): 76-90.
④ 岳映平，贺立龙. 精准扶贫的一个学术史注角：阿马蒂亚·森的贫困观 [J]. 经济问题，2016 (12).
⑤ 多维贫困指数（Multidimensional Poverty Index），简称 MPI，又称 A-F 贫困指数，由阿尔基尔（Alkire）和弗斯特（Foster）教授于 2011 年提出。

脆弱性紧密相关，互为因果，1995年，世界粮食计划署（WFP）提出了关于农户脆弱性的分析框架，将风险因素、抵御风险的能力和社会服务体系三个维度综合起来以反映农户的脆弱性。贝宾顿（Bebbington）以资本和能力为核心来构建农户生计资本、脆弱性以及贫困的研究框架，勾画出农户生计风险、生计资本、生计策略、生计结果相互作用的研究范式。[1] 当前以农村为研究对象的脆弱性研究主要体现在反贫困及可持续性生计上。

2. 生计资本是研究及破解贫困问题的有效工具

生计（Livelihood）在《大英百科全书》的解释是"一种生活的手段或方式"，但研究贫困和经济发展的学者普遍认为，生计有着更丰富的内涵和更大的外延，生计更能完整地描绘出穷人生存状态的复杂性，更有利于表征穷人为了生存安全而采取的策略。大量研究表明，农户生计脆弱与家庭贫困互为因果。农户生计风险大、生计资本存量小，生计策略单一或缺乏，生计结果差是造成农户坠入"贫困陷阱"，形成生计脆弱—家庭贫困恶性循环的根本原因，如何提高农户可持续生计水平成为学术界的研究焦点。

国内外学者对可持续生计的内涵和量化进行了深入研究，英国国际发展署（Department For International Development，DFID）提出的可持续生计分析框架（Sustainable Livelihoods Approach Framework，SLAF）在学术界最为权威，它能较好地理解农户生存状态的复杂性、农户生存安全行为的策略性[2]。DFID 提出自然资本、物质资本、人力资本、金融资本、社会资本是生计资本五大构成要点，对农户生计策略的选择、生计结果的确定具有决定性作用。

农户生计资本的定量测度，是计算生计资本存量、分析致贫原因、探讨生计策略选择、设计扶贫措施的基础。设计并运用一套行之有效的生计资本测度工具，有助于识别农户关键生计资本，分析精准扶贫的政策效果，加强扶贫政策的瞄准精度。学术界中关于生计资本的测量，最具代表性的当属夏普（Sharp）的研究，其设计了一套操作性很强的生计资本调查方案，给出了测量指标体系，并提出"主观经验赋权法"用于定性、定量指标的数据处理[3]。根据夏普的研究，国内外众多学者近年来围绕生计风险、生计资本、生计策略、生计结果之间紧密互动的联系，在不同层面开展了一系列卓有成效的研究工作。

---

① 习明明，郭熙保. 贫困陷阱理论研究的最新进展［J］. 经济学动态，2012（3）.

② CARNEY D. Implementing a Sustainable Livelihood Approach［Z］. London：Department for International Development，1998.

③ SHARP K. Measuring Destitution：Integrating Qualitative and Quantitative Approaches in the Analysis of Survey Data［R］. Brighton：Institute of Development Studies，2003.

宏观层面的研究：如南非东开普省生计多样化及其对家庭贫困的影响，中国城市贫困家庭生计资本与生计策略等。通过这些研究结果得出一点共性结论：生计风险、生计资本、生计策略、生计结果间存在满足复杂性、不确定性和多层次性的非线性表征，可持续生计系统的建构需要有效的政策支持。中观层面的研究：如斐济沿海农村生计资本状况，武陵山区的生计资本转换等。中观层面的研究一般是基于大样本数据的分析，其分析结论具有一定普适性，如加快农村基础设施建设、深化农村金融体制改革、完善社会保障制度、加大教育扶贫力度，增强农户抵御生计风险和防范生计脆弱的能力。微观层面的研究：这个层面的研究最能反映研究者的创造性工作，国外学者趋于生计资本的细化研究，如鉴于生计资本中金融资本和社会资本较难改变，严重影响贫困户生计策略的选择，有研究者探讨了社会规范、社会网络联系对生计资本、家庭生计策略的影响。国内学者则另辟蹊径，基于生计资本从不同研究对象、不同研究视角而开展研究，如研究农户的能源结构、自然资源依赖度等，呈现一派百花齐放的研究态势。

总体上各项关于生计资本的研究均遵循可持续生计分析框架，但基本上是研究者基于自己对生计资本的认识来设计测量指标及采用某种计算方法，得出的研究结论很难对比其科学性与合理性，也很难提炼上升为具有普适性的扶贫理论。借助计量经济学、多元统计学的研究方法，通过数据挖掘掌握农户生计资本的影响因素及变化规律，研究五种生计资本的相互"转化"与"替代"方法，已成为国内外生计资本研究的新趋势。

3. 分形理论是探索复杂生计系统真实属性与状态的新方法

"分形"一词译自英文"fractal"，用来表述部分与整体的某种自相似形式，于20世纪70年代由美籍法国数学家曼德布罗特（B. B. Mandelbrot）最先表述，而研究分形形式、特征及应用的学科则称为"分形理论"。分形理论以自然界和社会活动中普遍存在既无序又自相似的现象为研究对象，借助相似原理发现无序中的有序，探索混乱中的精细，从而为研究者提供观察自然界和解析社会现象的新途径①。分形理论最早被运用于地理学中，用来解决系统的非线性问题，近年来关于城镇体系、旅游景区的研究方兴未艾。分形理论及其研究方法正在作为一种新兴前沿的动态非线性工具被运用到各个领域。

经济系统中非线性现象普遍存在，人们发现利用它可较真实地反映发展中的经济系统出现的各项动态问题，因而分形理论被逐渐引入到经济学、管理学

---

① 胡珑瑛，蒋樟. 生产业集聚的分形研究 [J]. 管理世界，2007（3）.

研究领域中。① 随着分形研究的推进，越来越多的学者把分形理论运用于自己的研究领域，如人民币汇率、农村金融等。这些分形研究取得了很好的研究效果，发现在经济系统中除了具有时变、聚类和杠杆效应等典型特征外，还普遍具有更复杂的多分形特征，因此不能用线性范式来研究市场价格行为、交易机制及政策制定。

运用分形理论（Fractal Theory）打破原有的线性研究范式，从动力学和几何学的角度来探讨生计系统复杂的非线性表征，可为全面、细致地描述生计资本的变动特征和把握贫困问题的本质属性，探索创新性扶贫机制，从而受到国内外学者的关注。巴雷特（Barrett）和斯沃洛（Swallow）阐述了分形贫困理论，认为在微观、中观、宏观层面，都存在多个动态平衡，任何一个没有突破阈值的微小调整都无法使生计系统摆脱显性稳定的动态平衡，各个层面的生计系统就会表现出相对静止，这就是分形贫困陷阱的特征，建议实施驱动分层的减贫战略②。达玛（Darma）运用新古典经济发展理论，利用联合国开发计划署数据，实证分析过去二十年世界减贫效果，认为发展中国家的减贫战略对解决贫困陷阱"弱有效"，民众并未获得与经济增长相匹配的可持续生计提升，陷入贫困陷阱的恶性循环③。尼尔士（Neelesh）结合分形贫困理论，提出针对个体的学习、联系和适应的减贫战略④。艾路明讨论了反贫困的方法论，提出以混沌理论为研究方法，运用分形理论的思维方式来研究反贫困问题，用混沌理论和耗散结构理论可建立一个农户脱贫的数学模型，该研究为国内贫困问题的非线性研究竖起了大旗⑤。

综上所述，尽管关于生计资本的研究文献进行了不同角度的深入探索，但学术界仍然无法把握不同地区、不同条件农户生计资本变化的规律性，使精准扶贫机制的效果蒙上不确定性。目前使用非线性定量分析方法来研究生计资本

① 刘超，马文腾，马玉洁，等. 人民币汇率市场分形特性研究 [J]. 经济问题探索，2014 (4).
② BARRETT CB, SWALLOW BM. Fractal poverty traps [J]. World Development, 2006, 34 (1): 1-15.
③ DARMA MR. Implications of Micro-Level Fractal Poverty Traps on Poverty Reduction Strategies at Meso and Macro Levels [J]. Developing Country Studies, 2016, 6 (3): 76-90.
④ GOUNDER N. Correlates of poverty in Fiji-An analysis of individual, household and community factors related to poverty [J]. International Journal of Social Economics, 2013 (10): 923-938.
⑤ 艾路明. 反贫困理论中的方法论思考 [J]. 武汉大学学报（哲学社会科学版），1999 (3).

的文献甚少，而这恰恰成为分形研究的兴奋点。因为从生计系统的组成要素来看，农户是分形体的聚集区。传统农村社会造就一方水土养一方人，如果没有外界作用力干预，某个地区的农户生计活动必定具有自相似特征。农户致贫原因多样化，但若干区域的农户致贫原因必定无形中会表现出分形自相似。从生计系统的特性来看，很明显具有无标度性，无论是平原地区还是高寒山区，不同贫困地区的扶贫对策与方式都具有相似性。也就是说，整个生计系统就是各部分要素以准自我仿射结构进行不断迭代生成的。

三、农户生计资本分形研究的意义

以农户生计资本为研究对象，以系统论为方法论，以分形理论为研究脉络，通过对相关文献的梳理，研究表明贫困问题通常表现为增长、变化、波动等非线性表征，依靠经典理论或数学模型进行解释的作用是有限的。现今在中国特色社会主义进入新时代，脱贫攻坚进入新阶段，农户、农村、农业呈现新特征的时代背景下，贫困问题的研究必须突破线性研究的传统范式，精准扶贫机制应该着力于相对贫困的治理。因此作者提出运用分形理论来研究农户生计资本的非线性变动规律，有利于深化扶贫理论，有助于完善精准扶贫政策，能够为贫困治理机制提供决策支持。同时为极端贫困人口消除后分析相对贫困问题提供有效的技术手段和充足的理论基础，具有重要的学术价值和实践意义。

1. 破解贫困问题是人类社会持之以恒的追求

贫困问题最早可以追溯到马尔萨斯的"人口陷阱"，其在《人口论》（1798）中有非常详尽的论述。马尔萨斯的基本观点是人口几何级增长趋势超过食物供应增长趋势，产生人口过剩和食物匮乏的情况，这种不平衡的格局又导致贫困、战争或罪恶。20 世纪 50 年代，发展经济学的代表人物纳克斯、纳尔逊及缪尔达尔对不发达国家的贫困问题进行了深入研究，提出新古典贫困理论，认为通过推进工业化进程，促使资本形成，提高生产要素净产出；再通过经济增长，使贫困人口获得经济增长的红利，自然脱贫。20 世纪 80 年代，学术界对新古典贫困理论提出质疑，若生产要素都自由流通，并处于有效市场状态，就不应该存在长期贫困或持久贫困的局面。然而不仅发展中国家难以有效减贫，在生产要素高度自由流通的资本主义世界也仍然存在"贫困陷阱"。这说明新古典贫困理论在研究一个国家整体发生贫困的机理时很有解释力，阐明了通过国家的工业化和现代化促进经济增长、人民富裕是落后国家摆脱贫困的良方。但新古典贫困理论无法剖析贫困构成要素，忽略了社会分配不均、两极分化、人口素质参差不齐等因素，即新古典贫困理论不能为相对贫困治理提供良策。

2. 可行能力理论成为反贫困的指导理论

诺贝尔经济学奖获得者阿马蒂亚·森基于对收入贫困的反思，提出可行能力理论，认为贫困的主观原因是家庭成员收入降低，客观原因是家庭成员可行能力被剥夺，因此"贫困问题"的破解应是提高家庭成员的可行能力，而扶贫政策须为贫困人群创造个人可行能力的权利及参与分享经济发展成果的机会。阿马蒂亚·森为贫困理论研究开启潘多拉魔盒，为精准扶贫理论发展提供了宝贵的研究视角与思想渊源，也为新时期精准扶贫政策设计提供了理论启示，多维贫困理论和生计资本理论即源于可行能力理论。

3. 生计资本理论可以较好地解释贫困演化机理

生计资本能完整地描绘出穷人生存状态的复杂性，更有利于表征穷人为了生存安全而采取的策略。以阿马蒂亚·森为首席专家的英国国际发展署2000年提出的可持续生计分析框架，农户生计资本的定量测度，是计算生计资本存量、分析致贫原因、探讨生计策略选择、设计扶贫措施的基础。学术界从宏观、中观、微观等不同层面开展了一系列卓有成效的研究工作。总体上各项关于生计资本的研究均遵循可持续生计分析框架，但基本上是研究者基于自己对生计资本的认识来设计测量指标及采用某种计算方法，从而得出的研究结论很难对比其科学性与合理性，也很难提炼上升为具有普适性的扶贫理论。

4. 分形理论开启贫困研究新视角

分形理论的研究对象为自然界和社会活动中广泛存在无序而又具有自相似性的复杂系统，其借助相似原理发现隐藏于混乱现象中的精细结构，从而为研究者提供了观察自然和认识社会的新途径。在社会科学领域，分形研究已经取得了很好的研究效果，发现经济系统中除了具有时变、聚类和杠杆效应等典型特征外，还普遍具有更复杂的多分形特征。农户致贫原因多样化，但若干区域的农户致贫原因必定无形中会表现出分形自相似。从生计系统特性来看，很明显具有无标度性，无论是平原地区还是高寒山区，不同贫困地区的扶贫对策与方式具有相似性。因此从动力学和几何学的角度来探讨生计系统的复杂非线性表征，可更为全面、细致地描述生计资本的变动特征和把握贫困问题的本质属性，探索创新性扶贫机制。

四、农户生计资本分形研究的框架

根据研究前沿和相关文献的主要结论，以及作者对贫困问题研究的思考，提出农户生计资本分形研究的框架（见图1-1）。本研究框架跳出传统研究方法的樊篱，运用分形理论原理与方法，采用横截面与面板数据，结合生计资本多变量指标，分别从宏观、中观、微观三个层面，对农户生计资本变动差异的收敛（趋同）与发散（趋异）进行多维非线性分形实证研究，探讨精准扶贫政策作用下的农户生计资本演变规律，分析生计风险、生计资本、生计策略、生计结果的有机联系。本研究框架并非对贫困状况的确切描述，而是一种探讨贫困问题非线性特征的系统思维方法，研究者可根据所运用的非线性研究方法，以及相关研究领域进一步细化该研究框架。

1. 研究生计风险的分形变化

社会主义进入新时代意味着政治、经济、文化、社会、生态等生计环境有很多改变，农户在这种生计环境中谋生就要应对较大的生计风险，生计环境对农户生计资本有更直接的影响。如社会环境的改变，劳动力要素价格与二十年前不可同日而语，人口红利正在逐渐消失，农户打工的待遇、环境悄然发生着变化，低端岗位"用工荒"愈演愈烈，高端岗位"需求荒"越演越盛，农户正面临巨大的生计风险。通过分析农户生计风险的自相似性，可以识别出自相似的贫困渊源，发现导致农户生计脆弱的自相似短板因素，通过自相似的政策帮扶，帮助自相似的贫困户构建适应生计环境不利变化的生计策略。

2. 研究生计资本的分形变化

基于可持续生计分析框架，融合发展经济学、福利经济学、计量经济学等理论与方法，运用双重差分模型、GWR 模型、多重分形模型，从生计资本的五个维度（自然资本、人力资本、物质资本、金融资本、社会资本）对农户生计状况开展研究，可解析农户生计资本变动的时空分异，分析减贫效应和相对贫困治理的成效。

3. 研究扶贫政策的分形变化

扶贫和相对贫困治理的本质是通过扶贫政策的设计，增加农户生计资本和生计资产的存量，提高对生计风险的抵御能力，帮助困难农户提升自我谋生的能力，构建可持续发展的生计策略。农户具有很多新特点，再靠单纯的宏观层面政策、机制选择，已经无法很好地解决相对贫困问题。若针对国域、省域、县域，以及在贫、新贫、脱贫、返贫的贫困户制订出分层可行性对策，尽管可能存在不同的致贫原因，但由于处在同一层面上，对策更具有普遍意义。

4. 研究生计系统的分形变化

生计系统有特殊的均衡状态（贫困代际传递），从外部输入某种特定的激活因子（扶贫政策），生计系统即变成复杂自适应系统，有农户率先脱贫致富，也有农户仍在贫困中挣扎，这意味着生计系统中贫困与非贫困现象长期共存。扶贫政策与措施对农户的生计环境、生计资本、生计策略产生直接影响，并通过增加农户生计资本然后作用于生计结果。精准扶贫机制的设计是围绕农户生计资本和生计策略的两大核心内容，探讨减贫机理，力图通过外部力量的扶助，以此来实现扶贫对象自力更生地脱贫，政策帮扶是脱贫的外因，激发扶贫对象的自身发展动能才是脱贫的内因。以非贫困户为参照对象，分析精准扶贫政策对农户生计资本的影响，探索贫困户与非贫困户及在贫、新贫、返贫类型贫困户的分形表征，同时考虑到扶贫政策与生计资本的相互影响关系，找到生计资本、生计策略、生计结果耦合机理，探寻驱动分层的扶贫新机制。通过农户、政府、社会不懈的共同努力，让农户实现稳定脱贫，生活日益富裕，获得感显著增强，筑牢乡村振兴的灵魂。

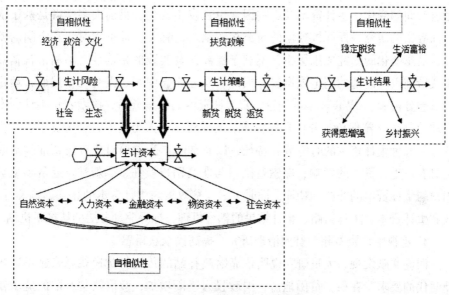

图1-1　农户生计资本分形研究的框架

五、农户生计资本分形研究的展望

1. 开展生计资本跨学科非线性研究，提高决策的参考价值

国内外研究表明，贫困形成机理相当复杂，有经济落后、经济结构调整、政变、金融危机、受教育程度等不同层面的因素，农户生计资本呈现明显的非线性特征。从跨学科视角运用非线性科学来探讨贫困问题与治理，不仅有助于中国反贫困理论的构建，而且有助于提高研究成果的决策参考价值。因此需综合发展经济学、福利经济学、农村经济学等学科理论知识，采用文化学、心理学和社会学分析及调查方法，运用统计模型、计量经济模型、分形模型等非线

性科学，加强在生计资本中的综合研究。生计资本跨学科非线性研究尚处于起步阶段，如何运用非线性理论（如分形理论）定量地描述生计资本变动（尤其是极端变动），如何将非线性分析提供的信息应用于扶贫实践，如何度量贫困代际传递对农户生计资本和生计策略带来的消极影响，无疑都具有相当重要的理论价值和实际意义，这也是今后研究需努力的方向。

2. 加强生计资本时空分异研究，提高扶贫实践的精准性

依托改革开放 40 年以来经济快速增长的累累硕果，党的十八大以来，精准扶贫、精准脱贫基本方略落实到位，我国已成功实现了大规模减贫，并于 2020 年消除极端贫困人口。但需注意到我国幅员辽阔，各地自然条件千差万别，经济、社会、文化、自然条件迥异，致贫原因各有不同，扶贫措施亦有不同，且随着时间的变化，生计资本及影响因素也在发生变化。目前大多学者是基于横截面数据的研究，而面板数据的研究相对缺乏，有关生计资本时间和空间的差异、动态变化的研究成果更少，不利于提高扶贫实践的精确性，不利于扶贫政策或措施因时因地的制定或调整。因此应从宏观、中观、微观三个层面，运用双重差分模型、GWR 模型等进行农户生计资本的计量分析，探索农户生计资本变动的时空分异现象。分析自然资本、物质资本、人力资本、金融资本、社会资本等五种生计资本的时空分异特征，以非贫困户为参照对象分析精准扶贫政策对农户生计资本的影响，探索贫困户与非贫困户及在贫、新贫、返贫类型贫困户的生计资本的非线性特征，同时考虑扶贫政策与生计资本的相互影响关系，找到生计资本、生计策略、生计结果的耦合机理，探寻驱动分层的扶贫新机制。

3. 重视生计资本相对贫困治理研究，提高民众获得感

回溯文献发现，大量研究说明依靠财政补贴的传统扶贫模式越来越不适应新时代的要求。在很多贫困地区，财政投入不断增加，政府扶贫补贴的撬动效应带动贫困人群"脱贫致富"，但贫困人群用完扶贫补贴后又返贫的现象却并不少见，脱贫沦为单纯的数字脱贫。贫困户、贫困村可享受各项扶贫政策，非贫困户、非贫困村则游离于政策之外，争当贫困户、贫困村的现象已不鲜见，相对贫困的研究与解决已成为新时代扶贫工作的重点与难点。当前关于生计资本的研究成果有很多，主要偏重于精准扶贫方面的研究，而将生计资本运用于相对贫困治理，突出理论性和实践性的研究成果却不多，致使很多研究成果"学术品位强"而"决策品味弱"。基于农户生计资本的非线性检验结果，从资源禀赋、地理、生态、基础设施、制度、市场、政府、历史、文化、人力资本、农户权利和社会网络等因素多角度审视精准扶贫政策，从宏观、中观、微观层面进行扶贫机制的再设计，应该成为相对贫困治理研究的重点。

4. 强化生计资本与乡村振兴耦合研究，提高农村发展的内生动力

农村地区的贫困治理不仅是提高群众收入水平，而且是大力发展区域经济，在发展中力争补齐民生短板，促进社会公平正义。相对贫困治理是外源动力和内源动力这两种机制共同作用下达成的，精准扶贫为外源动力，乡村振兴为内源动力，应对这两种动力机制的耦合路径进行深入研究。加强乡村振兴的内源动力机制的研究，以提高农村自我发展能力，构建贫困人口可持续生计。其一，乡村振兴的关键是振兴小农，要研究通过政策导向让资本回流农村，加快农村产业发展，使越来越多的农民不再依赖农业维持生计，从而激发贫困人口自主脱贫的意愿，压实参与式扶贫的成效。其二，挖掘农村内部资源，探讨外部政策、资源优势协同机制。应积极利用农村丰富的自然、文化、生态资源优势，研究生态农业、特色农业、休闲农业等"三产融合"的产业扶贫的新模式，实现农户弱项生计资本向强项生计资本转化，改善农户生计策略。其三，结合农村地区群众生计资本的变化，深入研究"解决生计风险—增加生计资本存量—扩大生计策略选择—获得良好生计结果"的农村乡村振兴建设路径，促进外源扶贫力量在贫困地区的内生化。

第二章

可持续生计理论的产生与应用

我国作为一个人民民主专政的社会主义国家，民生问题即国民的生计问题，是人民群众最关心、最直接和最现实的利益问题，保障和改善民生更是与党的宗旨、性质和目标一脉相承，是党始终致力于解决和完善的问题。党的十九大指出"带领人民创造美好生活，是我们党始终不渝的奋斗目标""增进人民福祉是发展的根本目的"，必须要多谋民生之利、多解民生之忧，在发展中补齐民生短板。因此生计的内涵有着独特的含义，生计乃为民生之本、国之大计。相对贫困问题本质上就是生计问题，人民的生计状况不仅事关家庭的生存发展，也是政府职能的直接体现，更是国家建设和谐社会和实现共同富裕的根本目标。

一、生计的概念

生计，即谋生的手段或方式，是人民生产和生活的基础，生计手段的稳定性和多样性决定人民生活水平的高低。生计被广泛应用于贫困问题和农村发展的研究中，概念的外延性不断扩展，内涵不断丰富，能够更好地描绘农户生存面临的复杂状况。有关生计的思想，最早由罗伯特·钱伯斯（Robert Chambers）在 20 世纪 80 年代的著作中提出，他认为生计包括谋生手段所需的能力、资产与活动①。斯库恩斯（Scoones）、阿马蒂亚·森等学者在此基础上认为，生计是人类谋求生存的重要方式之一，包括生产、发展所需技能、资产的质量和存量等②。学者们进一步提出，生计是指资产、行动及获得自然、物质、人力、金融、社会资本的途径③。而随着环境污染问题的加剧和生态的急剧恶化，资源陷

---

① CHAMBERS. Sustainable Livelihoods Analysis：An Introduction ［M］. New York：Cornell Universities Press，2002.

② SCOONES. Sustainable rural livelihoods：A framework for analysis ［R］. Brighton：IDS，1998.

③ ELLIS. Rural Livelihoods and Diversity in Developing Countries ［M］. Oxford：Oxford University Press，2000.

入短缺状况，民众的生计风险不断加大，可持续生计的概念应运而生，生计的内涵就获得了扩展。

二、可持续生计理论

1. 可持续生计理论的缘起

可持续生计理论是生计概念在可持续发展理论下的延伸，起源于学者们对生计问题的深入研究。20世纪80年代阿马蒂亚·森关于贫困问题的研究，是"可持续生计（Sustainable Livelihoods）"的思想起源，并于20世纪末开始在国际上流行。1987年，联合国环境与发展委员会（WCED）在《我们共同的未来》报告中首次明确提出"可持续生计"，并指出"可持续生计从一开始就是要维系或提高资源的生产力，保证对财产、资源及收入活动的拥有和获得，而且要储备并消耗足够的食品和资金，以满足基本需求"。随后，"可持续生计"在1990年联合国开发计划署的《人类发展报告》中再次被强调并得到了认可。随着可持续生计研究的不断扩展，可持续生计的概念逐渐变得清晰和完善，内涵不断丰富。1992年钱伯斯和康威（Conway）为"可持续生计"提供了经典且明确的概念界定，生计是建立在能力、资产（有形资产和无形资产）和活动基础之上的一种谋生方式，在面临生计风险时，生计状况能够凭借某种资本在当前和未来恢复甚至有所加强，同时又不破坏自然环境，这种生计才是可持续生计[1]。斯库恩斯基于钱伯斯的论述，进一步指出，生计是由维持生存所需的能力、资产和活动组成的，在面临外界危机时，如果能够应对并且在合理利用自然资源的情况下恢复、维持和增加生计资本，这种生计具有可持续性[2]。可持续生计以"资产—可获得性—活动"为主线，综合了贫困、脆弱性、风险应对以及农村个体和家庭对环境变化和冲击的适应等方面的内容，表现为进行生计活动后，生计资本存量高于活动前，同时对生计资本进行综合分析后，资本重组能够丰富生计策略，同时为规避和抵御风险提供保障[3]。

2. 可持续生计分析框架

可持续生计概念的界定和理论的发展为可持续生计分析框架的设定和优化

① CHAMBERS R, CONWAY G. Sustainable Rural Livelihoods: Practical Concepts for the 21st Century [M]. Brighton: Institute of Development Studies, 1992.

② SCOONES. Sustainable rural livelihoods: A framework for analysis [R]. Brighton: IDS, 1998.

③ 汤青. 可持续生计的研究现状及未来重点趋向 [J]. 地球科学进展, 2015, 30 (7): 823-833.

提供了理论指导。可持续生计分析框架是对可持续生计理论进行的模型图解，在实际应用过程中不断加以调整，对农户生计所涉及的各种复杂因素进行整理和分析，核心是为了提高生计资本存量，增强生计策略的多元化和最优化，降低生计风险并优化生计结果，实现生计可持续。随着可持续生计理论的发展，许多机构和学者们提出了多种不同的可持续生计分析框架，当前应用较为广泛的主要有以下三个框架①：

（1）2000 年，英国国际发展署以人为本，以农户为研究对象，着眼于具体的影响因素、作用结构以及过程转变，旨在分析社会和物质环境之间多维复杂关系和识别农户特别是贫困户的致贫成因并给予综合性解决方案，提出可持续生计分析框架。

（2）2000 年，美国援外汇款合作组织（CARE）以家庭为研究对象，基于综合性视角，强调人们的生计脆弱性背景和生计的关键影响因素，以满足家庭生计安全为主要目标，提出农户生计安全框架。

（3）2001 年，联合国开发计划署（UNDP）从整体观出发，突出影响因素的协同作用，强调以一种综合的方式从微观、宏观两个层面了解并推动政府治理、政策、科技和投资之间的互动，拓展农户的生计活动，丰富其生计资产，提出可持续生计途径框架。

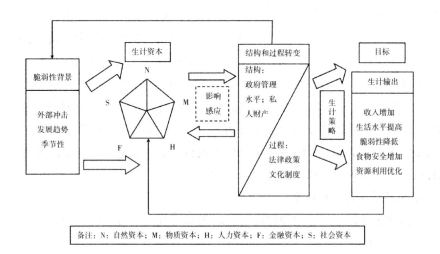

备注：N：自然资本；M：物质资本；H：人力资本；F：金融资本；S：社会资本

图 2-1　可持续生计分析框架（SLAF）

① DARMA MR. Implications of Micro-Level Fractal Poverty Traps on Poverty Reduction Strategies at Meso and Macro Levels ［J］. Developing Country Studies，2016，6（3）：76-90.

其中，由英国国际发展署提出的可持续生计分析框架的应用最为广泛，影响力最大。如图 2-1 所示，可持续生计分析框架认为影响生计的主要因素有脆弱性背景、生计资本、结构与转变过程、生计策略及生计结果五部分，反映了生计各要素之间的相互联系，要素之间的相互影响、相互作用，不存在从属关系或因果关系。框架的具体含义为：人们在脆弱性背景中谋生，会受到外部冲击、发展趋势和季节性变化等生计风险，其生计资本与法律政策和文化制度等共同影响人们对生计策略的选择，并最终影响到生计结果，而生计结果又会对生计资本的发展形成反作用。①

（1）脆弱性环境是指人们生存的外部环境，主要包括外部冲击（如自然灾害、战争、病虫害和经济调整等）、发展趋势（如政治、经济、生态和技术等方面表现出的发展态势）和季节性（如农业季节性生产、农产品的价格的季节性波动和就业类型等方面）三个方面，外部环境的不确定性和不可控性使其成为农户致贫和返贫的重要原因。

（2）生计资本处于框架的核心位置，由自然资本、人力资本、物质资本、社会资本和金融资本五部分组成，这些资本构成了农户生计活动的基础，在资本、政策及制度的相互作用下，生计资本对生计策略的选择即资本配置与使用的方式和生计结果起着决定性的影响。

（3）结构和过程转变包括政府、个人、法律、政策、文化、制度等多个方面，是影响个人或家庭生计的外部因素，是对涉及个体、家庭、集体等多个层面形成生计制度、组织、政策和法律的一种完善和补充，能够干预生计资本的获取与流失，可以通过影响生计资本的利用和转换及生计策略的选择来影响最终的生计结果。

（4）生计策略又被称为生计方式，是指人们根据外部各方面环境及自身的生计资本状况进行生计活动选择的过程，即利用已有的生计资本谋生并实现生计目标的过程。生计输出即为生计结果，是可持续生计分析框架的最终目标，如人们的收入增加、生活水平提高、生计脆弱性降低、食物安全增加和资源利用优化等，而良好的生计结果又会反作用生计资本，促进资本存量的增加、结构的优化升级，增强生计策略的多元性，并达成更高的生计目标，形成一个良性循环。②

---

① 郭圣乾，张纪伟. 农户生计资本脆弱性分析 [J]. 经济经纬，2013（3）：26-30.
② 陆远权，刘姜. 脱贫农户生计可持续性的扶贫政策效应研究 [J]. 软科学，2020，34（2）：50-58.

英国国际发展署建立的可持续生计分析框架作为一种以人为中心的分析贫困成因并给予综合性解决方案的集成分析框架，是学术界研究生计问题特别是脱贫地区农户生计问题的重要分析工具，能够较为准确地刻画农户的生计状况，从而找准施策的切入点，增强发展能力，消除制约因素，实现生计可持续。在国内外学者的大量应用与不断完善中，可持续生计分析框架已普遍应用于"三农"问题和贫困帮扶等领域之中而随着研究的不断深入扩展，可持续生计分析框架的应用研究领域从贫困问题逐渐涉足农户环境感知、土地利用方式和政策影响作用等多个方面，可持续生计分析框架正在逐步转变为一种集多目标性为一体的跨学科研究方法，受到更多领域研究者们的应用推广。

三、生计资本的构成与测量

1. 生计资本的内涵

农户生计资本指农村家庭为了生存和发展可利用的一切资本的总和，即家庭劳动所创造的资本和家庭成员所拥有的个人资本，既包括货币、土地、房屋等有形资产，又包括学历、工作能力、社会关系等无形资产。生计资本直接影响和体现着农户的生计状况，是增强可持续生计能力并达到最终消除贫困的关键。生计资本一直以来都是新时代解决民生问题的重点，生计资本存量的多少决定着生计水平的高低，生计资本存量越丰富，就越能充分选择并优化其生计策略，通过不同生计资本的组合达到最优的生计结果，增强脱贫的稳定性和生计的可持续性。生计资本对于研究农户的生计脆弱性、生计风险的测量、生计策略的选择具有重要意义，是实现社会主义现代化和共同富裕目标的前提及基础，同时也是国家政策制定与实施的着眼点和切入点，对于扶贫开发的常态化推进、相对贫困问题的治理和乡村振兴战略的实施发挥着不可替代的作用。

2. 生计资本的构成部分

生计资本是可持续生计分析框架的核心要素，在该框架中，生计资本分为 5 个部分：自然资本（N）、物质资本（M）、人力资本（H）、社会资本（S）和金融资本（F）。在某些条件下，这 5 种生计资本之间可以相互转化。[①] 生计资本的组成可以用图 2-2 的五边形来表示，五边形的中心代表不拥有（或零拥有）价值，而外部边界代表拥有最大化的价值。5 种生计资本基本包涵了生活的各个方面，能够较为全面反映人们的资本状况，同时 5 种生计资本有各自的要点，

---

① 周丽，黎红梅，李培. 易地扶贫搬迁农户生计资本对生计策略选择的影响——基于湖南搬迁农户的调查［J］. 经济地理，2020，40（11）：167-175.

且相互之间也有联系，如表2-1所示。

表2-1 5种生计资本的主要内容

类别	内容
自然资本	主要为自然资源，包括土地及其产出、水和水产品、树木和林产品、野生动植物、生物多样性、环境服务等。
物质资本	主要为生产资料和基础设施，包括生产工具、生产设备、种植技术、道路、交通工具、基础教育设施、饮水设施、通讯工具等。
人力资本	主要包括营养、健康、教育、知识和技能、劳动能力和适应变化的能力等。
社会资本	主要为社会关系或组织，包括亲戚、朋友、家族、邻居等社会关系网和社会组织；信任与互助、正式和非正式团体组织成员、公共准则和约束力等水平社会关系；以及参与决策、领导能力等垂直社会关系等。
金融资本	主要以储蓄、劳动报酬、工资、养老金、汇款、正式或非正式借贷等为主。

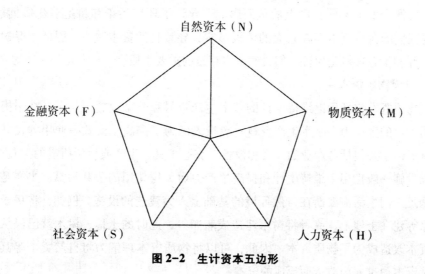

图2-2 生计资本五边形

（1）自然资本

自然资本是描述自然资源存量的术语，主要指人们在自然资源方面的生计流入及其相关的服务。然而，如地震、洪水、干旱、泥石流等自然灾害形成的自然资源存量对人们的生计资本起到负向的作用，只能算作自然环境风险。因此，自然资本主要是指对人们的生计起到正向、积极的作用和服务人们生活的自然资源。

自然资本的特性如下：①价值性。一方面，自然资本本身具有价值，如生态价值、经济价值等；另一方面，从经济学的角度来看，对于资本持有者而言资本又具有价值。自然资本价值的特殊性表现在，它既可以参与到市场中，通过生产经营活动为人们带来价值，也可以不经过市场活动而直接为资本拥有者产出福利；②稀缺性。自然资本的稀缺性表现在它的不可再生性，自然资本存在具体的形式与形态，比如自然资源、生态环境等，这样的自然资本具有不可再生性。随着人类社会、经济、生产活动的不断开展，人类对于自然资本的需求日益增加，而自然资本的有限和不可再生使其具有了稀缺性的特点；③社会性。经济学家将自然资源理解为自然资本的过程，总体上来说，就是自然资源被无限利用的传统方式转变为以人为中心的资本增值的现代方式的过程。在资源优化配置的过程中，自然资本的有效利用体现出了人类与自然界之间存在动态平衡，因此在可持续生计分析框架下，自然资本体现了它的社会性属性。[1]

与其他资本相比，自然资本与自然资源相关，具有稳定的特点，因此受人类活动的影响相对较大。近年来，为了促进经济发展，人类的生产生活活动对自然资源产生了不同程度上的负面影响，导致了环境污染和耕地退化等问题，这对人们的自然资本存在较大的消极影响，导致自然资本减少，因此，保护自然资源和生态环境是保证人们自然资本存量的重要手段。

（2）物质资本

物质资本包括用以维持生计的基本生产资料和基础设施，其意义在于提高贫困人口的生产力。基本生产资料一般指人们为了提高生产效率使用的设施或工具等，主要包括各产业的厂房和设备、交通工具、生产或生活所需的工具等。基础设施一般指用于维持生计和提高生产力而无偿使用的公共物品，主要是为了满足人们生活需要而在自然环境的基础上人为建造的设施。例如，将房子和公路等建在土地上，或者将树木建造成船舶等，此时的土地、树木就已经从自然资本改造成为了物质资本。因此，可以将物质资本理解为将自然资本等其他生计资本通过人为改造而形成的资本[2]。

① 周升强，赵凯. 中国农户可持续生计资本的区域比较——基于农户收入分级视角［J］. 世界农业，2018，473（9）：168-175.
② 李玉恒，宋传垚，阎佳玉. 转型期中国农户生计响应的时空差异及对乡村振兴战略启示［J］. 地理研究，2019，38（11）：2595-2605.

物质资本在一定程度上影响了人们生计策略的选择。生产资料的丰富程度，基础设施的完善程度，都能较为直接地影响人们进行生计活动，同时拥有较多物质资本的人或家庭，抵御生计风险的能力就会更强。

（3）人力资本

人力资本的概念早在 1960 年就由美国学者西奥多·W. 舒尔茨提出，人力资本主要体现在人的身上，是一种可以被用来为未来提供收入的资本①。人力资本一般指人们具有的知识、能力、技能、健康等自身价值，并将其运用到追求生计的过程中。从内在形成的人力资本主要包括体能、健康等，一般来说，女性的人力资本存量少于男性；从外部获得的人力资本主要包括知识、技术等，一般通过义务教育、知识技能的培训等方式提高。

人力资本的属性特征主要体现在四方面：①人力资本具有异质性，不同的资本主体由于其素质、能力的高低，所拥有的人力资本也有所不同；②人力资本其实是资本主体把具有的知识、技能、体力等进行投资的一种资本；③人力资本是以人为主体的投资，主体的知识与能力对投资收益存在着重要的影响；④人力资本能够为主体带来资本增值，直观表现为收入的提高、福利的增加，甚至是社会地位的提升。与过去不同，现今社会的发展与进步非常迅速，人力资本对知识、技术、能力的依赖程度增加，所以知识的储备和技能的培训对人力资本的增加起着关键作用。

根据人口素质挤压理论，贫困的主要因素往往是人力资本。② 在 5 种生计资本中，人力资本及其配置是影响生计策略选择的决定性因素，有必要通过改善人力资本，选择更好的生计策略，进而实现生计资本增加的结果。人力资本的重要性在于它能更好地为其他 4 种生计资本服务，从而取得积极的生计结果，因此，人力资本是最为基础的生计资本，是构建可持续生计的核心资本，更是推进生计转型的关键要素。

---

① GOUNDER N. Correlates of poverty in Fiji—An analysis of individual, household and community factors related to poverty [J]. International Journal of Social Economics, 2013 (10): 923-938.

② TSAURAI K. Is The Complementarity Between Education And Financial Development - A Panacea For Poverty Reduction? [J]. Journal of Developing Areas, 2018, 52 (4): 228-248.

（4）社会资本

社会资本的概念是法国社会学家皮埃尔·布尔迪厄提出的，社会资本是现实或潜在资源的集合体，与一个群体中的成员身份有关①。社会资本一般指人们获得的来自社会的保障以及人们自身拥有的社会关系网络。

社会资本具有结构性和认知性。结构性主要指社会资本与社会网络、协会和制度等相关；认知性主要指社会资本与人们的价值观、信任感等方面。在生计资本研究中，社会资本依托于人们的社会关系网络或者某种社会结构，具体的表现形式是人与人、人与组织之间的联系，这种联系基于信任、权威、规范制度等，人们通过这种社会关系网络获得现有的和潜在的资源。人们在追求不同生计目标的过程中，社会资本能够加强人与人之间的互相信任与合作，并且有助于得到外部机构的帮助，因此社会资本是集体的相互作用和解决问题能力的重要体现，也是对全社会的人际关系的关注。自古以来，中国就是一个依靠血缘发展的国家，血缘和地缘关系对一个家族甚至是民族的发展，还有社会资本对人民群众也是非常重要的，且对人们的生计资本拥有量具有积极正向的影响。

同时，社会资本是5种生计资本中最难测算的，这与社会资本的无形、标准难以统一、涵盖范围较广、影响程度难以估计等特点有关，但可以肯定的是，社会成员之间的和睦关系、紧密的社会网络、稳定的社会关系、良好的社会习俗都会促进生计资本的累积，这必然会提高人们的生计水平。

（5）金融资本

金融资本通常是指用于购买商品的现金和能够获得的贷款及个人存款，是人们为了实现生计目标，积累和用来消费的资金，也就是现金和其他有价值的物品，其与经济学中的资金不同②。

金融资本主要包括可用的储蓄、贷款等现金和能够定期流入的固定的资金，如工资、分红、利息等。其中工资也有多种形式，例如劳动报酬、养老金、退休金等。另外，自然资本的转让、物质资本的抵押，或者人力资本中技术的入股等方式，都可以成为金融资本的来源。金融资本的流入方式和流入形式具有

① EBENEZER M, ABBYSSINIA M. Livelihood Diversification and Its Effect on Household Poverty in Eastern Cape Province, Africa South [J]. Journal of Developing Areas, 2018, 52 (1)：235-249.
② 苏芳，宋妮妮，马静. 不同资本匮乏型农户的风险应对策略——以陕南秦巴山区为例 [J]. 中国农业大学学报（哲学社会科学版），2020, 25 (9)：215-226.

多元化，但是只有当这些形式稳定或固定时，金融资本才会对人们的生计产生更大、更积极的影响。

不同于其他种生计资本类型，金融资本的交易性最强，更容易变换用途，是可以进行转换的物质形式。人们经常需要以金融资本为媒介，用于购买、交换其他可以提高生计水平的资本，以便于人们采取不同的生计策略，实现生计的可持续性发展。3. 生计资本测量指标的选择原则

（1）动态性原则

可持续生计是一个逐渐变化的过程，某一个时间点的情况不能反映整体的生计状况。可持续生计分析框架的整个过程更是动态的，会随着时间、政策等方面的变化而发生改变，从脆弱性背景到生计策略和生计结果，其中的每个环节也都可能受众多因素的影响而发生改变，彼此之间的相互作用也会导致发生变化。无论是个人还是区域的生计状况都会因为脆弱性背景、生计资本内部的转换和生计策略的选择，从而呈现一个动态的变化过程。5 种生计资本之间更是相互转换和相互补充的，所以在进行生计资本测量指标的选择时，应充分把握动态性原则，必须将动态发展过程考虑进去，静止的指标只能显示某个具体时间的生计状况，却无法揭示可持续生计的动态发展变化。

（2）易获性原则

生计资本存在难以测量的特性，需要将其量化，因此在选择指标时，应充分考虑易获性原则。易获性原则并不是为了降低操作难度、减少操作时间，而是为了落实到具体的指标时，能够方便获取数据，并能找到客观的标准进行量化。另外，不同研究区域的状况千差万别，这种指标数据的获取情况也各不相同，任何指标体系的构建都不可能是一成不变的，指标的数量也不可能完全固定，因此在选择指标时，可以多设计一些相关的备选指标，增加替代指标，以便在某些指标数据无法获取时，有其他的数据可以替代，这样可以保证数据收集的完整性。

（3）综合性原则

生计资本包括 5 个类型，每种生计资本的内涵和外延都非常丰富，这就需要在指标选择时遵循综合性原则。任何一种生计资本都不可能用单一的指标完全表示，因此，需要结合生计资本的具体含义，选择出具有代表性，并能够比较全面地反映生计资本内涵的指标。同时也要注意指标的数量，数量过多可能会出现意义交叉的情况，数量太少则可能存在过于片面的问题。

（4）科学性原则

生计资本测量指标选择的科学性，旨在能够准确地反映研究对象生计资本的开发和利用状况。指标的选择，应建立在遵循区域发展的客观规律的基础上，保证所选择的指标能够准确反映、揭示研究对象可持续生计的现状，以此做到对生计资本的变化规律等诸多方面的准确分析与研究。

第三章

分形理论的产生与运用

在现实世界中，对于外表光滑、形状规则的物体，学术界常用欧几里得几何学的方法测量，如零维的点、一维的直线、二维的平面及三维的立体图形。但这是基于物体理想化的假设前提下采用的方式，自然界中存在着大量的外表不光滑、形状不规则且复杂的物体，而理想化下的欧几里得几何学对于这类物体的描述，缺乏一定的准确性和科学性。为了描述和刻画这类形状复杂且不规则的物体，美籍法国数学家曼德布罗特于 20 世纪 70 年代创建了分形几何学，这种分形几何学把自然形态描述成部分与整体具有某种相似属性、逻辑上无限嵌套并具有一定层次结构的事物。在分形几何学的基础上，分形理论形成了拥有一整套思想、方法和理论的学科，并以自然界和社会活动中形状不规则、外表不光滑、既无序又自相似的事物或现象为研究对象，成为系统科学的重要分支。作为一种新的世界观和方法论，分形理论的诞生引发了学术界的激烈讨论，并逐步被不同学科领域的学者们认知，分形理论得到了迅速的发展和广泛的运用，从最开始的自然科学领域延伸至社会科学、经济科学和思维科学等各种领域，并处于迅速发展中。[①]

一、分形理论及基本性质

分形理论（Fractal Theory）是非线性科学研究中一个十分重要的分支，用于描述自然界中粗糙无规则的物体和非线性系统中的复杂现象，发掘其背后所隐藏的规律，其理论基础是分形几何学。分形这一概念由美籍数学家曼德布罗特于 1967 年首次提出，随后于 1983 年在他的著作《自然界的分形几何》中详细阐述了其分形思想，分形几何学就此创立。[②] 分形有两个基本性质：自相似性

---

① 宋志军，刘黎明. 1979—2009 年间北京多种发展功能的异速生长——以社会经济功能为主的分析［J］. 经济地理，2016，36（1）：53-60.

② BARRETT CB, SWALLOW BM. Fractal Poverty Traps［J］. World Development, 2006, 34（1）：1-15.

和无标度性。分形的自相似性是指分形对象的局部改变标度后仍然与整体保持相似的性质。这种特征既可以体现在图形的外部形状上，也可以体现在功能、信息、时空等多个方面。[①] 同时，根据分形对象的自相似性表现出的精度将分形结构划分为有规分形和无规分形。有规分形是指分形结构局部与整体在数学意义上的精确相似性，无规分形则是指具有近似的或统计意义上的相似性。分形的无标度性是指在分形对象的任意区域上进行放大或者缩小，始终不改变其形态和复杂程度。即无论使用多少倍数的放大镜观察分形对象，所呈现的形态始终是一样的。[②]

二、分形理论的适用性

分形理论最初应用于描述欧式空间中的各种复杂结构。随着分形理论的逐渐完善，现实中普遍存在的诸多复杂不规则现象可以用分形来进行解释，分形理论开始广泛应用在生物学、地理学、医学、化学等自然学科和管理学、经济学、艺术学等人文学科上。在经济学领域，20世纪80年代发现了经济系统的非线性以后，传统的经济学理论开始受到非线性理论的冲击，应用非线性理论能很好地解析经济系统中出现的各种复杂的动态变化。[③] 运用分形思维研究贫困问题是行之有效的工具。首先，农村地区是一个复杂的经济系统，无论致贫原因如何复杂，形势多么严峻，从县（市）到乡（镇）到村再到农户，贫困结构始终具有自相似的特征，并不因为行政区划变小而改变对贫困的定义。例如从原因出发，贫困县一级、贫困乡镇一级、贫困户逐级都存在自相似的原因。其次，通过分形理论我们可以从混沌的经济现象中发现系统的简单规则，贫困的分形结构是由下层更精细的结构决定的。因此在扶贫开发过程中，宏观视域下的扶贫政策虽然具有指导意义，但是更重要的是针对更下层结构比如农户实行精准扶贫策略，这样才能实现下层到上层的共同发展，真正有效地达成反贫困的目标。

三、分形理论的运用

2020年，随着全面建成小康社会和打赢脱贫攻坚战目标的实现，我国将进

---

① 李秀玲. 东北三省城市人口-城区面积的异速生长关系分析 [J]. 东北师大学报（自然科学社会版），2017（1）：134-139.

② 尹海员，华亦朴. 我国股票市场流动性的非线性动力学特征研究：基于分形理论的检验 [J]. 管理评论，2017，29（8）：43-52.

③ 李喜梅. 中国农村经济发展水平的分形评价 [J]. 经济纵横，2008（12）：80-82.

入"后扶贫"时代，贫困治理的主题将由绝对贫困转向相对贫困，相对贫困、能力贫困和精神贫困群体将成为新的目标群体。相对贫困问题的治理对于2035年基本实现社会主义现代化目标和社会主义现代化强国建设是至关重要的，因此也吸引了学术界的广泛关注。近年来，学者们围绕生计资本的量化分析、生计资本对生计策略的影响及政策实施对生计资本的影响等方面展开了较多的研究，对增强农户的脱贫稳定性、提高生计可持续能力、防止返贫等问题给予了重点关注。但针对生计资本这一研究对象，缺少对其本身5种资本之间的关系研究，难以充分认识到各个资本之间的变化和影响状况，无法揭示5种生计资本的薄弱项，施策也难以实现精准性和效用的最大化。

同时，一个贫困地区可以看作一个复杂的经济系统，致贫原因和面临的外部环境，由县（市）到乡（镇）到村再到农户，贫困结构具有自相似特征，贫困问题表现出显著的分形特征。而以往的学术研究大都从传统的经济学理论出发，基于理想化的理论假设前提，从线性关系的角度将复杂的贫困问题运用到模型当中，但计算得到的结果常常是有限的。在发展经济学的研究中，反贫困问题具有突出的变革、增长和波动等问题，并且在新时代的发展阶段和新的社会主要矛盾下，贫困治理面临着不同形式、不同特征及不同程度的困境和挑战，传统的发展经济学中反贫困理论的研究方法具有一定的局限性。面对复杂的社会和经济系统，作为非线性科学主要分支的分形理论，能够揭示复杂、混沌等极不规则的复杂现象内部蕴含的规律，而目前分形理论和异速生长模型在贫困治理领域的应用较少，相关研究文献也偏少。

此外，我国地域辽阔，区域之间存在着明显的发展差异，自然环境、资源禀赋、社会基础等各方面截然不同，农户的致贫成因也呈现出千差万别的态势。近年来学者们对生计资本的研究多是基于自身理解构建指标体系进行定量分析的，而不同的指标体系可能会呈现不同的结果，结论不具有普适性，并且学者们的研究区域普遍集中在贫困地区或深度贫困区。而且随着时间的推移，生计资本的影响因素和相互之间的影响也在发生变化，然而研究采用的大多数截面数据，对生计资本的时间差异和动态变化的研究较少。因此，生计资本不仅存在着地区上的空间差异，而且还存在着时间差异。所以，研究新时代农户生计资本内部关系的规律性，对区域的贫困治理工作有着重要的意义，可以为精准施策提供重要的导向作用，还可以清晰地认识到区域生计资本的发展阶段，从而对未来的发展趋势做出有效的预测。

第二篇 **02**

计量分析：农户生计系统的影响机制

第四章

云南深度脱贫区农户的减贫效应分析

一、引言

贫困问题既是人类社会发展的羁绊，又是造成人类社会不安定的重要根源。为了维系中国长远稳定发展局面，反贫困成为党和政府消除极端贫困、改善民生、谋求全面福祉，践行以人民为中心的重大政治举措。经历了改革开放 40 年的持续扶贫开发，现行标准下的农村贫困人口从 2012 年的 9899 万人减少到了 2019 年的 551 万人，连续 7 年每年减贫规模都在 1000 万人以上，贫困发生率由 10.2% 降至 1.7%。在中国实现了快速发展和大规模减贫的同时，区域整体性贫困逐渐向深度贫困地区收敛。据中国统计网数据显示，截至 2019 年 4 月，全国还有 98 个县贫困发生率在 10% 以上，建档立卡贫困人口 359.6 万人，占全国的 26%，贫困发生率高于全国平均水平的 13.3%，深度贫困地区成为脱贫攻坚战的最后洼地。① 2021 年 4 月，现行标准下，9899 万农村贫困人口全部脱贫，832 个贫困县全部摘帽，12.8 万个贫困村全部出列，区域性整体贫困得到了良好地解决，完成了消除绝对贫困的艰巨任务！

由于深度贫困地区的自然条件恶劣，基础设施和基本公共服务发展滞后，人口受教育程度普遍偏低，产业基础薄弱，新产业新业态发育不充分，内生发展能力严重不足，导致贫困面广、贫困人口基数大，多种贫困类型相伴而生。深度贫困地区面临的自然风险、就业风险、教育风险、健康风险等生计风险比一般贫困地区更大，已脱贫群众既处于扶贫政策的退出边缘，又兼具生计脆弱性和返贫可能性等特点，更容易陷入"脱贫—返贫—再脱贫—再返贫"的恶性

---

① 深度贫困地区既包括以"三区三州"为主的区域型深度贫困区，又包括大量、分散、相对小范围的深度贫困区，主要聚集在中西部地区、山区边缘地区和少数民族地区。本书研究对象为乌蒙山区和滇西边境山两大集中连片贫困区中的深度贫困县。

循环①。2019年中央1号文件，指出决战决胜脱贫攻坚，主攻深度贫困地区，重点是发现已脱贫农户的潜在致贫因素，规避或降解生计风险，防范收入略高于建档立卡贫困户因家庭经济条件恶化而致贫，在精准扶贫政策逐渐对接乡村振兴战略后，深度贫困地区群众能够依靠现有基础和自身能力实现生计可持续发展②。多年来国内外学者围绕生计风险、生计资本、生计策略、生计结果之间的紧密联系，在不同层面开展了一系列卓有成效的研究工作。但结合深度贫困地区的研究不是很多，尤其是关注收入略高于建档立卡贫困户的研究更少。因此开展精准扶贫政策作用下的深度贫困地区农户生计资本与生计风险、生计策略关系的研究，掌握生计资本差异性原因，分析潜在致贫因素，对提高深度贫困地区群众可持续生计水平，实现脱贫攻坚和乡村振兴有序衔接，促进深度贫困地区内生化发展具有重要意义。

本书关注的主要问题有：如何应用英国国际发展署开发的可持续生计框架，结合深度贫困地区的生计现状，设计自然资本、物质资本、人力资本、金融资本、社会资本等生计资本维度的测量指标和评分标准？样本县生计资本的分布有何特征？两大集中连片特困区生计资本差异有多大？关于生计风险的因素有多少能够被解释？可解释的影响生计资本的因素中，不同因素显著性有多大？收入略高于建档立卡贫困户致贫风险有多大？

本书以全国14个集中连片特困区中的乌蒙山区和滇西边境山区作为研究对象，含4个原深度贫困县（区）及1个非贫困县的抽样调查数据，分析深度贫困地区生计资本的构成结构和差异性，力图解释收入略高于建档立卡贫困户的致贫风险，最后给出政策建议③。

本书的边际贡献如下：第一，根据深度贫困地区的调研，通过李克特5分制计量，设计包括自然资本、人力资本、物质资本、金融资本、社会资本等5种生计资本的测量指标体系。此指标体系充分考虑了自然环境、经济环境、家庭环境等不同因素产生的生计选择、生计决策、生计策略等方面的差异，具有一定的科学性和可操作性。第二，研究视角定位于深度贫困地区，研究结论具有一定的代表性和借鉴意义。第三，基于比较分析的视角，并以非贫困县为参

---

① 孙晗霖，刘新智，张鹏瑶. 贫困地区精准脱贫户生计可持续及其动态风险研究 [J]. 中国人口·资源与环境，2019，29（2）：145-155.

② 张耀文，郭晓鸣. 中国反贫困成效可持续性的隐忧与长效机制构建——基于可持续生计框架的考察 [J]. 湖南农业大学学报（哲学社会科学版），2019，20（1）：62-69.

③ 为更好分析深度贫困县与较为富裕县贫困户生计资本的差异，解释相对贫困，本书设置了一个非贫困县作为对比研究对象。

照，定量研究乌蒙山区和滇西边境山区生计资本的差异。第四，从计量经济学角度分析户主因素、家庭因素以及风险因素等控制变量对生计资本的作用，收入略高于建档立卡贫困户致贫风险的显著性，为进一步探讨深度贫困地区可持续生计发展及政策安排提供思考的方向。

二、文献综述

生计和贫困一直是贫困治理研究中两个相互联系的重要概念，生计既能清晰地反映贫困人群的生存状态，与富裕人群的差距，也能准确地描绘贫困人群为生存而采取的生计策略①。钱伯斯提出可持续生计概念，认为贫穷是生计脆弱的结果②。埃利斯（Ellis）通过对发展中国家贫困问题的研究，发现穷人生计风险大、生计策略缺乏、生计结果恶化，即生计资本存量少是穷人坠入"贫困陷阱"又很难逃离的根本原因③。

随后学术界关于可持续生计内涵和量化方法的研究不断涌现，其中以英国国际发展署提出的可持续生计分析框架备受推崇为最，它提出生计资本可由自然资本、物质资本、人力资本、金融资本、社会资本构成并量化。

农户生计资本的测量方法关系着准确计算农户生计资本存量，是分析生计风险的作用关系、探讨生计策略的基础。其中设计一套科学合理且易于操作的测量指标体系是关键环节。学术界关于生计资本的权威文献当属夏普在非洲开展农户生计资本的量化研究，开发出一套兼顾定性和定量数据的测量指标体系，并提出"主观经验赋权法"，用于确定指标权重。借鉴夏普的研究，李小云等首次设计出了适应中国农村的测量指标体系，并对农民生计资本进行测量。

近年来围绕可持续生计框架，学术界聚焦于贫困与反贫困研究，在不同领域的不同层面、不同视角开展了一系列卓有成效的研究工作。

1. 宏观研究领域。学者们发现生计风险、生计资本、生计策略、生计结果间存在满足复杂性、不确定性和多层次性的非线性特征，如高功敬探讨城市贫困家庭各种生计资本类型对其生计策略的相关效应，认为反贫政策不能局限于收入和消费的维持，更需体现促进金融资产积累、加强技能培训、重点帮扶未

---

① SHARP K. Measuring Destitution：Integrating Qualitative Approaches in the Analysis of Survey Data〔R〕.Brighton：Institute of Development Studies，2003.

② CHAMBERS R，CONWAY G.Sustainable Rural Livelihoods：Practical Concepts for the 21st Century〔R〕.Brighton：Institute of Development Studies，1992.

③ ELLIS F.Rural Livelihoods and Diversity in Development Countries〔M〕.New York：Oxford University Press，2000.

成年子女贫困家庭等关键要素。埃比尼泽（Ebenezer）利用 2014 年南非家庭普查数据，分析了贫困家庭的生计资本，发现生计多样化对家庭贫困的影响并不是显著，而性别、教育、就业、资产等因素的影响却是显著的，建议政策更多转向普及教育、促进就业、积累资产。

2. 中观研究领域。学者们的研究结论具有一定的相似性，认为加快农村基础设施建设、改善农村经济发展环境、提高农村公共服务能力等，是提升农村可持续生计水平的有效途径，如张大维运用生计资本视角，对武陵山区 149 个集中连片特殊困难社区进行分析，提出治理集中连片特困区应科学评估农户生计资本，分层推进改善脆弱环境和改革政策体系，以增进生计资本。贝克尔（Becker）运用 2013 年斐济家庭调查数据建立生计资本计量经济模型，结果表明提高农村劳动力受教育水平可显著降低家庭贫困发生率。

3. 微观研究领域。国外学者较多研究生计资本内部相互转化问题，如斯塔尔（Starr）探讨了社会规范、社会联系对贫困家庭生计资本、生计策略的影响，社会资本向金融资本转化的渠道。国内学者则另辟蹊径，从各自的研究视角开展研究，生计资本研究运用广泛。如段伟等建立了生计资本和自然资源依赖度评估指标，利用湖北省四个保护区抽样调查数据，评估了不同生计资本下农户的自然资源依赖度。秦青等基于四川西部地区的调研数据，采用熵值法测度生计资本，对影响农户能源结构变化的主要因素进行计量分析。

虽然现有关于农户生计资本的研究取得了很多具有借鉴意义的成果，但研究仍有不足之处：1. 绝大多数研究遵循 SLAF 框架，但测量指标体系和权重确定方法不尽相同，量分阈值有很大差异，所得出的研究结论很难对比其科学性与合理性，横向深入研究的借鉴作用减弱。2. 现有生计资本的测量主要是以全国农村的平均福利水平为基准，但是不同地区经济发展水平迥异，基本公共服务的可获得性和质量上也存在显著差异，采用完全相同的测量指标体系并不适宜。3. 目前关于深度贫困地区的研究文献不多，我国脱贫攻坚已了到决胜阶段，但是深度贫困地区的生计状况还缺乏客观评价，致贫因素和返贫风险缺乏深入研究，因此需要从深度贫困地区的微观调查数据出发，定量分析深度贫困地区生计资本的差异性，研究收入略高于建档立卡贫困户生计风险，为深度贫困地区对接乡村振兴战略提供了理论依据。基于上述三点，本书结合深度贫困地区生计特点，开发出一套 5 分阈值量表，由此探讨深度贫困山区生计资本的差异性，以及典型生计风险对生计资本的影响效应，以期为更好解决深度贫困山区群众的可持续生计问题提供参考。

三、生计资本测量方法与样本数据

1. 生计资本测量指标体系的设计

基于 SLAF 框架，把农户生计资本分为自然资本、人力资本、物质资本、金融资本和社会资本。由于生计资本的多面性和复杂性，学术界关于 5 种生计资本的指标选取并未达成共识。[①] 本书在借鉴前人研究的基础上，充分考虑了深度贫困地区的贫困状况，引入李克特量表形式（差、较差、一般、较好、好），开发出一套生计资本量表（0-5 分），可根据样本县的自然资源禀赋、经济发展水平、教育发展状况、物资丰富情况、人文环境状况逐一量化。

（1）自然资本

自然资本，"Natural Capital" 是农户拥有的可产生家庭收入的自然资源，主要指土地、水、环境及相关服务[②]。本书考虑了两种情况，一是农户家庭耕地或林地面积虽大，但收成不好。二是农户家庭收入主要是靠外出务工，耕地或林地几乎无收成。因此自然资本的量分，同时考虑自然资源的数量和质量及自然灾害的影响，共设置了 6 个测量指标。

表 4-1　自然资本测量指标的设计

测量指标	指标符号	指标权重	量分依据
家庭耕地面积	N_ C1	0.0174	0 分（$x \leqslant 3$ 亩）；1 分（$3 < x \leqslant 5$ 亩收成一般）；2 分（$3 < x \leqslant 5$ 亩收好）；3 分（$5 < x \leqslant 8$ 亩收成一般）；4 分（$5 < x \leqslant 8$ 亩收成好）；5 分（$x > 8$ 亩）
家庭林地面积	N_ C2	0.0492	0 分（$x \leqslant 5$ 亩）；1 分（$5 < x \leqslant 10$ 亩收成一般）；2 分（$5 < x \leqslant 10$ 亩收成好）；3 分（$10 < x \leqslant 15$ 亩收成一般）；4 分（$10 < x \leqslant 15$ 亩收成好）；5 分（$x > 15$ 亩）

---

① 学术界关于生计资本测量指标主要有连续变量，如自然资本中户均耕地面积；定距变量，如物质资本中住房类型分值为 0、0.25、0.5、0.75、1 五档；二分变量，如金融资本中获取现金援助为 0、1 两档；计算变量，如按照公式 Hi=（hi-0）/（22-0），依据家庭平均受教育年限来计算农户人力资本。

② CHAMBERS R，CONWAY G. Sustainable Rural Livelihoods：Practical Concepts for the 21st Century［R］. Brighton：Institute of Development Studies，1992.

续表

测量指标	指标符号	指标权重	量分依据
家庭土地质量（土壤肥沃程度，农作物产量）	N_ C3	0.0078	0分（非常差）；1分（差）；2分（较差）；3分（一般）；4分（较好）；5分（好）
家庭水资源条件（水源质量、远近程度）	N_ C4	0.0134	0分（非常差）；1分（差）；2分（较差）；3分（一般）；4分（较好）；5分（好）
家庭农作物受自然灾害影响	N_ C5	0.0034	0分（非常大）；1分（大）；2分（较大）；3分（一般）；4分（较小）；5分（小）
家庭土地资源交通便利程度	N_ C6	0.0170	0分（非常远）；1分（远）；2分（较远）；3分（一般）；4分（较近）；5分（近）

（2）人力资本

人力资本，"Human Capital"指农户拥有的文化水平、知识、技术等，人力资本多寡决定了农户运用其他资本达到生计目标的能力，直接影响农户贫困状况。考虑到培训、获得技术资格及务工经历可能作用于人力资本，本书把指标细化为参加农业培训次数和非农业培训次数，劳动力数量和务工时间长短，技术资格证和最高受教育程度，共设置了8个测量指标。

表4-2　人力资本测量指标的设计

测量指标	指标符号	指标权重	量分依据
家庭获得农业或非农业培训的机会	H_ C1	0.0151	0分（非常难）；1分（难）；2分（较难）；3分（一般）；4分（较容易）；5分（容易）
家庭近3年来参加过农业技术培训次数	H_ C2	0.0202	0分（没有参加过）；1分（少）；2分（较少）；3分（偶尔/一般）；4分（较多）；5分（经常参加）
家庭近3年来参加过非农业技术培训次数	H_ C3	0.0240	0分（没有参加过）；1分（少）；2分（较少）；3分（偶尔/一般）；4分（较多）；5分（经常参加）
家庭成员是否掌握一门以上非农技术	H_ C4	0.0612	0分（无）；1分（1门）；2分（2门）；3分（3门）；4分（4门）；5分（5门及以上）

续表

测量指标	指标符号	指标权重	量分依据
家庭成员是否拥有一种以上技术资格证书	H_C5	0.0606	0分（无）；1分（1种）；2分（2种）；3分（3种）；4分（4种）；5分（5种及以上）
家庭成员是否有务工经历/时间	H_C6	0.0267	0分（没有务工）；1分（少/短）；2分（较少/较短）；3分（偶尔/一般）；4分（较多/较长）；5分（常年务工）
为家庭贡献经济收入的劳动力	H_C7	0.0088	0分（非常少）；1分（少）；2分（较少）；3分（一般）；4分（较多）；5分（多）
家庭成员最高受教育程度	H_C8	0.0283	0分（<6年）；1分（6年）；2分（9年）；3分（12年）；4分（16年）；5分（>16年）

（3）物质资本

物质资本，"Physical Capital"指农户生产和生活的场所及使用工具，包括住房质量和数量、交通工具数量、生产工具数量、耐用消费品数量等。在同一乡村中，公共基础设施对于农户来说并不存在本质差异，更多的差异表现在住房和生产工具上。考虑到深度贫困地区养殖业不发达，零星养殖的牛、羊、猪等几乎不能转化为经济收入，这里并未像很多研究那样计入牲畜数量。但使用了公共基础设施满意度指标，以此反映深度贫困地区基本公共服务可获得水平，共设置6个测量指标。

表4-3 物质资本测量指标的设计

测量指标	指标符号	指标权重	量分依据
家庭住房质量	M_C1	0.0174	0分（无房、危房）；1分（杈杈房、茅草房、木板房）；2分（泥土房）；3分（石头房）；4分（砖混房）；5分（钢筋水泥房）
家庭住房数量	M_C2	0.0689	0分（无）；1分（1间）；2分（2间）；3分（3间）；4分（4间）；5分（5间及以上）

续表

测量指标	指标符号	指标权重	量分依据
家庭拥有交通工具情况	M_C3	0.0178	0分（无）；1分（自行车或人力三轮车）；2分（摩托车、电动车）；3分（拖拉机）；4分（微型车、皮卡车或货车）；5分（轿车）
家庭拥有耐用消费品数量	M_C4	0.0333	0分（无）；1分（1件）；2分（2-3件）；3分（4-5件）；4分（6-7件）；5分（8件以上）
家庭所在地区公共基础设施条件	M_C5	0.0458	0分（非常不满意）；1分（不满意）；2分（较不满意）；3分（一般）；4分（较满意）；5分（满意）
家庭拥有生产机械数量	M_C6	0.0166	0分（无）；1分（1件）；2分（2件）；3分（3件）；4分（4件）；5分（5件及以上）

（4）金融资本

金融资本，"Financial Capital"指为达到生计目标需要的积累与流动资金，主要指农户生产生活中可支配收入、获得的银行贷款或民间借款。本书从金融资本的可支配性和可筹措性出发，考虑了深度贫困地区普遍希望获得外界资金帮扶的机会，共设置了4个测量指标。

表4-4　金融资本测量指标的设计

测量指标	指标符号	指标权重	量分依据
家庭获取信贷、补贴和资助的机会	F_C1	0.0153	0分（很难）；1分（难）；2分（较难）；3分（一般）；4分（较容易）；5分（容易）
家庭人均年可支配收入	F_C2	0.0188	0分（x≤2000元）；1分（2000<x≤3000元）；2分（3000<x≤5000元）；3分（5000<x≤10000元）；4分（10000<x≤20000元）；5分（x>20000元）
家庭获得银行贷款情况	F_C3	0.0642	0分（无）；1分（x≤1万元）；2分（1<x≤3万元）；3分（3<x≤5万元）；4分（5<x≤8万元）；5分（x>8万元）

续表

测量指标	指标符号	指标权重	量分依据
家庭获得民间借款情况	F_C4	0.0547	0分（无）；1分（x≤1万元）；2分（1<x≤3万元）；3分（3<x≤5万元）；4分（5<x≤8万元）；5分（x>8万元）

（5）社会资本

社会资本，"Social Capital"指农户构建的人际信任和社会网络，意味着农户在实现生计目标过程中所利用的社会资源。根据前人的研究文献，社会资本是差异性最大又较难量化的生计资本构成部分，包括家庭获得的资金、技术、人力帮助情况，参与社区组织情况及是否有干部关系等。[①] 本书考虑到深度贫困地区社会资本的复杂性和多样性，涉及人、财、物、时间、关系等因素，共设置了17个测量指标。

表 4-5 社会资本测量指标的设计

测量指标	指标符号	指标权重	量分依据
家庭获取农产品价格信息	S_C1	0.0207	0分（非常难）；1分（难）；2分（较难）；3分（一般）；4分（较容易）；5分（容易）
家庭获得扶贫资金帮助	S_C2	0.0148	0分（非常难）；1分（难）；2分（较难）；3分（一般）；4分（较容易）；5分（容易）
家庭获得生产技术帮助	S_C3	0.0185	0分（非常难）；1分（难）；2分（较难）；3分（一般）；4分（较容易）；5分（容易）
家庭获得物质帮助	S_C4	0.0145	0分（非常难）；1分（难）；2分（较难）；3分（一般）；4分（较容易）；5分（容易）

[①] 现实农村家庭干部关系不仅指家庭中存在村级以上干部关系，而且指包括存在医生、教师、公务员、国企工作人员在内的一些稳定收入群体关系，这些关系对农户生计资本有重要作用。

续表

测量指标	指标符号	指标权重	量分依据
家庭获得劳动力帮助	S_ C5	0.0104	0分（非常难）；1分（难）；2分（较难）；3分（一般）；4分（较容易）；5分（容易）
家庭购买农村合作医疗保险	S_ C6	0.0034	0分（非常难）；1分（难）；2分（较难）；3分（一般）；4分（较容易）；5分（容易）
家庭购买农村社会养老保险	S_ C7	0.0111	0分（非常难）；1分（难）；2分（较难）；3分（一般）；4分（较容易）；5分（容易）
家庭各项补贴获得	S_ C8	0.0188	0分（非常难）；1分（难）；2分（较难）；3分（一般）；4分（较容易）；5分（容易）
家庭与邻里关系	S_ C9	0.0060	0分（非常差）；1分（差）；2分（较差）；3分（一般）；4分（较好）；5分（好）
家庭参与村里或合作社决策	S_ C10	0.0142	0分（几乎不参与）；1分（很少参与）；2分（偶尔参与）；3分（一般参与）；4分（基本参与）；5分（经常参与）
参与农业企业或合作社经营	S_ C11	0.0358	0分（几乎不参加）；1分（很少参加）；2分（偶尔参加）；3分（一般参加）；4分（基本参加）；5分（经常参加）
家庭有干部关系	S_ C12	0.0277	0分（无）；1分（少）；2分（较少）；3分（一般）；4分（较多）；5分（多）
家庭有富裕的亲戚、朋友	S_ C13	0.0311	0分（无）；1分（少）；2分（较少）；3分（一般）；4分（较多）；5分（多）
家庭向亲戚、朋友借款	S_ C14	0.0120	0分（非常难）；1分（难）；2分（较难）；3分（一般）；4分（较容易）；5分（容易）

测量指标	指标符号	指标权重	量分依据
家庭向银行/信用社贷款	S_ C15	0.0127	0 分（非常难）；1 分（难）；2 分（较难）；3 分（一般）；4 分（较容易）；5 分（容易）
家庭向民间组织贷款	S_ C16	0.0243	0 分（非常难）；1 分（难）；2 分（较难）；3 分（一般）；4 分（较容易）；5 分（容易）
家庭可以借款的人数	S_ C17	0.0181	0 分（无）；1 分（1 个）；2 分（2-3 个）；3 分（4-5 个）；4 分（6-7 个）；5 分（8 个以上）

2. 确定指标权重

熵值赋权法是一种客观赋权法，避免了人为因素带来的选择性偏差，它根据各项指标观测值提供的信息大小来确定指标权重，且不会减少评价指标的维数。考虑到本书有 41 个测量指标，采取主观赋权法较为困难且易造成较大偏差，因此选取熵值赋权法，样本数据计算得出的指标权重已在上述表格中列出。

（1）设 X 为农户生计资本的测量指标数据矩阵

$$X = \begin{pmatrix} X_{11} & \cdots & X_{1m} \\ \vdots & \vdots & \vdots \\ X_{n1} & \cdots & X_{nm} \end{pmatrix}_{n \times m} \qquad （式4-1）$$

其中 X_{ij} 为第 i 个农户第 j 个指标的数值。

（2）设 P_{ij} 为第 j 项指标下第 i 个农户占该指标的分值

$$P_{ij} = \frac{X_{ij}}{\sum\limits_{i=1}^{n} X_{ij}} (j = 1, 2, \cdots m) \qquad （式4-2）$$

（3）设 e_j 为第 j 项指标的熵值[①]

$$e_j = -k^* \sum_{i=1}^{n} p_{ij} \ln(P_{ij}) \qquad （式4-3）$$

（4）设 g_j 为第 j 项指标的差异系数

其中 $k>0$，ln 为自然对数，$e_j \geq 0$。式中常数 k 与样本数 m 有关

---

① 在计算 P_{ij} 时可能产生 0 值，导致 ln（P_{ij}）无法求解。为保证 P_{ij} 非 0，加上 0.0000001，使之无限趋近于 0 而又不为 0。

一般令 $k = 1/\mathrm{ln}m$，则 $0 \leqslant e \leqslant 1$

对于第 j 项指标，熵值越小，指标值的差异越大，对农户生计资本测量的作用越大，指标越重要。

$$g_j = 1 - e_j \qquad\qquad (式4\text{-}4)$$

（5）设 W_j 为指标权重

$$W_j = \frac{g_j}{\sum\limits_{j=1}^{m} g_j}, \ j = 1, \ 2 \cdots m \qquad\qquad (式4\text{-}5)$$

（6）设 S_i 为农户生计资本的综合得分

$$S_i = \sum_{j=1}^{m} W_j * P_{ij}(i = 1, \ 2, \ \cdots n) \qquad\qquad (式4\text{-}6)$$

3. 样本简介

本书数据来源于课题组 2019 年 1-2 月对乌蒙山区和滇西边境山区[①]的调查数据，以及作为参照 2018 年 10 月对昆明市石林县的调查数据。乌蒙山区的行政区划跨云南、贵州、四川三省 38 个县（市、区），集革命老区、民族地区、边远山区、贫困地区于一体，是贫困人口分布广、少数民族聚集多的连片特困地区。滇西边境山区包括云南保山、临沧、红河等 10 州（市）56 个县，少数民族众多，历史悠久，但经济发展落后，与缅甸、老挝、越南三国接壤，区域内部差异显著、致贫因素复杂，扶贫工作对守土固边意义重大。本书采用分层随机抽样方法，选取乌蒙山区的昭通市大关县、盐津县，滇西边境山区的保山市隆阳区、临沧自治州云县，每个县（区）抽取 4 个乡镇，在行政村（社）中采取随机抽样[②]。为确保采集的数据真实可靠，避免方言及少数民族语言障碍和理解困难，课题组分为 4 个调研小组，在当地生源的学生、村干部或驻村扶贫队员的协助下，进行入户调查。实际调查 563 户，经整理有 6 户数据有异样给予剔除，有效样本 557 户（含大关县 122 户、盐津县 122 户、隆阳区 124 户、云县 105 户、石林县 84 户），样本基本情况如表 4-6 所示。

---

① 乌蒙山区和滇西边境山区是全国集中连片的特困区。全国集中连片的特困区包括乌蒙山区、滇西边境山区、滇桂黔石漠化区、六盘山区、秦巴山区、武陵山区、大兴安岭南麓山区、燕山—太行山区、吕梁山区、大别山区、罗霄山区，及西藏地区、四省藏区、新疆南疆三地州，这些是全国脱贫攻坚的主战场。

② 随机抽样时主要考虑建档立卡户、收入略高于建档立卡贫困户，另外兼顾较为富裕的农户。

表4-6　样本农户总体情况

县/区	乡/镇	入户调查数	有效样本数	建档立卡户	比例
大关县	天星镇	35	35	24	6.28%
	木杆镇	31	31	22	5.57%
	翠华镇	33	29	15	5.21%
	上高桥民族乡	27	27	17	4.85%
盐津县	豆沙镇	29	29	20	5.21%
	中和镇	32	32	24	5.75%
	牛寨乡	31	31	23	5.57%
	庙坝乡	30	30	22	5.39%
隆阳区	蒲缥镇	36	36	12	6.46%
	潞江镇	28	26	15	4.67%
	瓦马民族乡	30	30	28	5.39%
	芒宽民族乡	32	32	19	5.75%
云县	漫湾镇	26	26	21	4.67%
	大朝山西镇	29	29	18	5.21%
	忙怀民族乡	24	24	12	4.31%
	后箐民族乡	26	26	14	4.67%
石林县	西街口镇	28	28	10	5.03%
	圭山镇	26	26	8	4.67%
	鹿阜街道	30	30	10	5.39%
总数		563	557	334	100%

四、样本描述性统计分析

表4-7给出了样本指标的描述性统计量。从表中可以获得如下信息：各项指标在各地区呈现出了较大的差异。作为参照县的石林县，绝大多数指标数值都比乌蒙山区和滇西边境山区高，意味着石林县可持续生计水平普遍比深度贫困地区高。乌蒙山区和滇西边境山区的各项指标有差异，相对而言，滇西边境山区比乌蒙山区指标数值高，需要借助计量经济模型来解释这种差异。多因素叠加导致乌蒙山区和滇西边境山区生计脆弱性，大部分指标数值未超过3分（一般水平），地区经济发展滞后、家庭贫困程度大、积贫难解是拉低生计资本指标数值的重要原因。精准扶贫政策的实施使贫困地区和非贫困地区出现分化，

某些指标非贫困地区测量值相对低。如所在地区公共基础设施条件的满意度（M_C5），非贫困地区平均得分仅为0.571。这说明精准扶贫政策加快了贫困地区的公共基础设施建设进程，深度贫困地区群众已明显感受到家乡公共基础设施的变化，但也可能形成非贫困地区对公共基础设施建设不满意的预期。家庭获得银行贷款（F_C3）和获得民间借款（F_C4），非贫困地区比贫困地区分值较低，原因可能是贫困地区享受金融扶贫政策倾斜，使贫困地区比非贫困地区的农户更易获得惠农贷款和资金扶持。

表4-7　样本的描述性统计

指标	最小值	最大值	标准差	均值			
				全样本	乌蒙	滇西	石林
N_C1	1	5	1.031	2.675	2.557	2.719	3.238
N_C2	0	5	1.349	1.955	1.844	2.158	2.048
N_C3	1	5	0.744	2.830	2.582	3.053	3.667
N_C4	2	5	0.906	2.350	2.000	2.175	4.857
N_C5	2	5	0.567	3.255	3.213	3.105	3.905
N_C6	1	5	0.920	2.260	2.189	1.737	4.095
H_C1	1	5	0.930	2.635	2.492	2.526	3.762
H_C2	1	5	0.869	1.945	1.721	1.982	3.143
H_C3	1	4	0.715	1.400	1.189	1.544	2.238
H_C4	0	3	0.660	1.025	0.918	1.105	1.429
H_C5	0	3	0.625	0.990	0.918	1.018	1.333
H_C6	1	5	1.404	3.055	3.230	2.825	2.667
H_C7	1	5	1.037	3.885	4.410	3.018	3.190
H_C8	1	5	1.014	1.985	1.770	2.158	2.762
M_C1	0	5	1.184	3.270	3.508	2.544	3.857
M_C2	0	5	1.000	1.380	0.943	1.842	2.667
M_C3	0	5	1.251	3.395	2.902	4.105	4.333
M_C4	1	5	0.989	1.690	1.344	1.614	3.905
M_C5	0	5	0.648	1.040	1.107	1.070	0.571
M_C6	1	5	1.200	3.160	2.811	3.456	4.381

续表

指标	最小值	最大值	标准差	均值			
				全样本	乌蒙	滇西	石林
F_ C1	1	5	0.977	2.720	2.566	2.807	3.381
F_ C2	1	5	1.051	2.595	2.590	2.474	2.952
F_ C3	0	5	1.044	1.430	1.459	1.614	0.762
F_ C4	0	5	0.913	1.300	1.369	1.298	0.905
S_ C1	0	5	0.996	2.250	2.221	1.561	4.286
S_ C2	0	5	1.028	3.130	3.008	3.351	3.238
S_ C3	0	5	1.011	2.535	2.074	3.123	3.619
S_ C4	0	4	0.875	2.630	2.418	2.912	3.095
S_ C5	0	5	0.988	3.585	3.467	4.000	3.143
S_ C6	0	5	0.046	4.710	4.730	4.667	4.714
S_ C7	0	5	0.661	3.670	3.377	3.982	4.524
S_ C8	0	5	0.924	2.300	1.820	3.018	3.143
S_ C9	0	5	0.819	3.960	3.811	4.000	4.714
S_ C10	1	5	0.972	2.830	2.869	2.544	3.381
S_ C11	0	4	0.604	1.080	1.164	0.737	1.524
S_ C12	0	5	0.678	1.180	1.115	1.368	1.048
S_ C13	1	5	0.849	1.455	1.295	1.456	2.381
S_ C14	1	4	0.908	2.910	2.984	2.860	2.619
S_ C15	1	5	0.812	2.445	2.393	2.439	2.762
S_ C16	1	5	0.691	1.290	1.008	1.544	2.238
S_ C17	1	4	0.866	2.230	2.287	2.140	2.143

五、对深度贫困地区农户生计资本差异性的解释

1. 生计资本的测量结果

由于生计资本指标具有不同的变化幅度，本书首先对测量指标数值进行了标准化处理，乘以相应权重求和获得生计资本测量结果，如表4-8所示。深度贫困地区生计资本具有明显脆弱性，生计资本仅为1.2672，自然资本和金融资本最低，人力资本和物质资本较高，社会资本最高。

（1）自然资本是影响生计和贫困的主要因素。调查样本农户主要位于偏远

深山和高寒地带，是典型的喀斯特地貌，山岭丛聚，沟壑纵横，海拔有900-3000米的落差，成片的平面耕地少，分散的15度以上坡耕地、梯田多，易遭受泥石流侵袭，生态环境脆弱，收成少且经济效益不佳。① 深度贫困地区无论是直接表现自然资本的耕地、林地面积，还是间接表现自然资本的水资源条件、土地质量等都相对贫瘠，是脱贫攻坚战的难点。

（2）金融资本主要受存量（如人均可支配收入）和流量（如贷款和借款）的影响，样本农户人均年可支配收入低下，14%的农户在2000~3000元（建档立卡户），36%的农户在3000~5000元（收入略高农户），32%的农户在5000~10000元（一般收入农户），12.5%的农户在10000~20000元（收入较高农户），5.5%的农户在20000元以上（高收入农户）。受普遍贫困现状及根深蒂固的"能不欠就不欠"的用钱观，样本农户有严重的"惜贷""惜借"行为，13.5%的农户不愿意到银行贷款，50%的农户短期贷款在1万元以下，10%的农户无法从亲戚朋友处借款（都很贫困），65.5%的农户短期借款1万元以下。金融资本严重不足是农户难以提升生计水平的根本原因。

（3）人力资本内化于劳动力自身的文化、知识、技能和健康状况，是影响生计的能动因素②。样本农户人力资本匮乏，主要反映为村民普遍受教育程度不高，小学学历及以下（包括文盲、半文盲）占31.5%，初中学历占40.5%，高中学历占20%（主要是新生代成家后的独立户）。接受新知识、新技术能力差，近三年来88%的农户较少参加农业技术培训，93.5%的农户较少参加非农技术培训。贫困地区思想意识落后，开拓创新精神不足，人力资本匮乏是脱贫致富能力欠缺的重要原因。

（4）物质资本反映了农户维持生计的基本生产资料和基础设施，在调查的农户中有1.5%居住在危房（尤其是滇西瓦马乡一个行政村300多户都身处地质沉降带，需要全体易地搬迁），15%居住在木板房（滇西边境山区常见），44%居住在泥土房（乌蒙山区常见）。77%的农户只有1间或2间住房，房屋简陋，除了破旧的桌椅之外几乎无家具，某些农户家中仍然是砂石地面。64.4%的农户家中一贫如洗，只有1件耐用消费品（主要是彩电），很少有冰箱、洗衣机、微波炉、太阳能等常用家电。67.5%的农户没有任何交通工具，出门靠步行，22.8%的农户只有1辆自行车或摩托车。38.9%的农户没有农用机械，他们认为

---

① 调研小组发现80%以上的农户都反映农林、农副产品销售困难，即很多农户有田有地有林，却无经济效益，对农户生计造成很大影响。

② 20世纪60年代，舒尔茨最早提出人力资本概念，后来逐渐成为经济学家衡量劳动力价值大小的工具。

农业生产只能解决口粮问题，不能解决钱袋问题，故不愿意购买农用机械。物质资本不足是深度贫困地区社会经济发展落后的直接反映。

（5）社会资本是农户谋求生计目标过程中所利用的社会资源，包括家庭社会关系和网络联系，决定了与外界的交互能力。很多样本农户不具有黏合型（bonding）社会资本①，在遇到家庭生计困难时，20.5%的农户表示较难获得资金帮助，40.5%的农户表示较难得到物资帮助，传统的"邻里一家亲"正受到挑战。桥连型（bridging）社会资本②并不充分，88.8%的农户缺少富裕的亲戚朋友，84.4%的农户没有渠道了解农产品价格信息，农业生产有相当大的随意性。样本农户在更高层次上的社会交往依然不够，40%的农户从不参加任何的合作社及其决策，94.4%的农户没有任何干部关系，垂直的链接型（linking）社会资本③明显缺乏。社会资本薄弱是贫困地区难以纾解困境的重要因素。

表4-8 农户生计资本的测量

	自然资本	人力资本	物质资本	金融资本	社会资本	生计资本
全样本	0.1582	0.2582	0.2457	0.1566	0.4485	1.2672
乌蒙山区	0.1421	0.2401	0.1993	0.1598	0.3720	1.1132
大关县	0.1275	0.2230	0.1856	0.1731	0.3895	1.0988
盐津县	0.1596	0.2599	0.2136	0.1465	0.3540	1.1337
滇西边境山区	0.1560	0.2543	0.2553	0.1629	0.4889	1.3174
隆阳区	0.1801	0.2519	0.2135	0.1683	0.4557	1.2695
云县	0.1275	0.2571	0.3047	0.1564	0.5282	1.3739
石林县	0.2092	0.3194	0.3492	0.1588	0.5523	1.5889

受区域相似的自然环境、经济环境和人文环境的影响，乌蒙山区和滇西边境山区的生计资本呈现出明显的分形现象。乌蒙山区农户秉承"再难也要抚孩子读书"的思想，尤其是新生代农户普遍意识到教育是摆脱贫困"跳过龙门"的必胜武器，家庭成员最高受教育程度初中及以上的农户超过50%。滇西边境山区为彝族、布朗族、傣族、景颇族等少数民族聚居区，由于历史、语言、传统等原因，少数民族聚居区比汉族聚居区文化程度更低。在调研样本中，滇西

① Woolcock提出社会资本分三类：黏合型、桥车型、链接型。黏合型社会资本指家庭成员或亲戚朋友间表现为紧密、亲密的人际关系。
② 桥连型社会资本指相识之士或一般友人之间稍为疏远但发展良好的人际关系。
③ 链接型社会资本指能与不同权力阶层交互而获得利益的人际关系。

边境山区比乌蒙山区的文盲比例高 6.7%，受"读书无用论"影响，很多 90 后孩子未读完初中就自愿放弃上学，教育贫困代际传递更严重。整体上滇西边境山区比乌蒙山区生计状况略好，滇西边境山区气候温暖湿润、土壤肥沃，利于种植经济作物，路面硬化程度高且多年来享受少数民族地区扶持政策。乌蒙山区人多地少，经济林果产业不发达，外出务工为主要的收入来源，农机设备和交通工具奇缺。相比乌蒙山区，滇西边境山区的自然资本、物质资本和金融资本分别高 1.4%、3.9% 和 4%。作为参照的非贫困县，石林县距离云南省会城市昆明 200 多公里，除金融资本两项指标外其他各项测量指标都显著高于深度贫困地区，经济环境和生活环境明显优于深度贫困地区，该地区建档立卡户主要是因病致贫、因学致贫的短期贫困人群，贫困发生率低于 1%。从表 4-8 的数据可得出，乌蒙山区、滇西边境山区农户生计资本分别比石林县低 42.7%、20.6%。

2. 生计资本条件均值的差异

受样本区域经济条件、人文社会条件、家庭状况等影响，直接比较深度贫困地区生计资本无条件均值可能会产生偏误。通过计量经济模型可以得到条件均值的比较，即在其他因素相同的情况下，进一步比较乌蒙山区和滇西边境山区生计资本的差异。本书设定的模型如下：

$$Capital_i = \beta_0 + \beta_1 Area_1 + \beta_2 area_2 + \beta_3 Poor_3 + \beta_4 x_4 + \mu_i \tag{式 4-7}$$

式 4-7 中 capital$_i$ 表示第 i 个样本农户生计资本及构成（N_C、H_C、M_C、F_C、S_C、L_C），Area$_1$ 和 Area$_2$ 分别表示乌蒙山区和滇西边境山区，以石林县为参照组，Poor 表示建档立卡户。结合明瑟方程的设定思路，本书控制变量有户主因素：性别、年龄、文化程度、民族；家庭因素：人口数量、劳动力数量、家庭成员最高文化程度；风险因素：孩子上学人数、发生重病和长期疾病、欠债规模、收入略高户[1]、是否有技术[2]，表 4-9 展现了描述性统计结果。本书主要关注 Area$_1$、Area$_2$ 和 Poor 的系数估计值及其显著性，以检验在控制变量作用下深度贫困地区生计资本是否有显著的差异。

---

[1] 云南省 2018 年脱贫标准为人均 3200 元/年，按人均 3200—3840 元/年（超过贫困线 20%）定义为收入略高户。同时把已达脱贫标准即将摘帽的建档立卡户，作为收入略高于建档立卡贫困户的统计口径。

[2] 实际评测时，依靠三点把握农户是否有技术，一是某种技艺能带来经济收入（如会盖房、贴瓷砖）；二是某种技能证明（如驾照、厨师证）；三是经营管理能力（如开商店、农家乐等）。

表 4-9 解释变量和控制变量描述性统计

变量名称	变量符号	频数	百分比	标准差	均值
建档立卡户 1-是；0-否	Poor	1-223 0-334	1-40.04% 0-59.96%	0.489	0.602
乌蒙山区 1-是；0-否	Area₁	1-244 0-313	1-43.81% 0-56.19%	0.495	0.428
滇西边境山区 1-是；0-否	Area₂	1-229 0-328	1-41.11% 0-58.89%	0.493	0.417
性别 1-男；0-女	Gender	1-443 0-114	1-79.53% 0-20.47%	0.406	0.791
年龄（岁）	Age	—	—	10.984	41.53
文化程度 1-未上学； 2-小学；3- 初中；4-高 中；5-大学 及以上	Education_ level	1-114 2-272 3-158 5-0	1-20.47% 2-48.83% 3-28.37% 5-0.00%	0.751	2.127
民族 1-汉族； 0-少数民族	Nation	1-278 0-279	1-49.91% 0-50.09%	0.500	0.490
人口数量 （人）	Population_ size	—	—	1.591	4.200
劳动力 数量（人）	Labor_ size	—	—	1.174	2.726
家庭成员最 高文化程度 1-未上学； 2-小学；3- 初中；4-高 中；5-大学 及以上	H_ education _ level	1-43 2-151 3-190 4-106 5-67	1-7.72% 2-27.11% 3-34.11% 4-19.03% 5-12.03%	1.114	3.014
上学孩子人数	Children_ learning	—	—	1.057	1.423
重病和 长期疾病 1-有；0-无	Illnesses	1-141 0-416	1-25.31% 0-74.69%	0.437	0.257

续表

变量名称	变量符号	频数	百分比	标准差	均值
欠债规模 1-无；2-≤ x5000；3 - 5000 < x ≤ 10000；4 - 10000 < x ≤ 20000；5 - x>20000	Debt	1-217 2-129 3-35 4-11 5-165	1-38.96% 2-23.16% 3-6.28% 4-1.97% 5-29.62%	1.695	2.614
收入略高于 建档立卡贫 困户 1-是；0-否	Income_ S_ H	1-210 0-347	1-37.70% 0-62.30%	0.483	0.372
技术 1-有；0-否	Technology	1-368 0-189	1-66.07% 0-33.93%	0.474	0.658

从表4-10的回归结果来看，深度贫困地区生计资本及构成维度的系数估计值显著低于非贫困县。从表中，我们可以注意到深度贫困地区金融资本比非贫困县高，可能原因在于贫困县获得金融扶持政策比非贫困县倾斜力度大，提升了家庭获取信贷资金的机会和贷款金额。在控制了其他变量后，乌蒙山区和滇西边境山区的生计资本比石林县分别低39.13%和36.04%，而本书前述计算的生计资本无条件均值分别低于石林县42.7%和20.6%，这说明了两大深度贫困地区农户生计水平确实存在差异，这种差异源于户主因素、家庭因素、风险特征等因素导致的可解释部分，还有来自区域分布、经济条件、社会文化等未观测因素导致的不可解释部分。

关于自然资本的影响因素中大部分控制变量都很显著，建档立卡户、年龄、人口数量、疾病、债务对自然资本产生负向影响，性别、劳动力数量、孩子上学人数、收入略高于建档立卡贫困户、技术对自然资本会产生正向影响。这说明深度贫困地区世代以土地为生，从事农业生产是最根本的生计来源，精准脱贫的关键点还在于帮助贫困山区农户增加土地收益。在人力资本的影响因素中，建档立卡户将降低1.82%的人力资本，而收入略高于建档立卡贫困户将升高1.16%的人力资本，这说明精准扶贫政策不仅可以帮助贫困户实现"两不愁三保障"目标，而且通过人力资本的增加扩大贫困户的生计能力。另外劳动力数量、孩子上学人数和家庭成员最高受教育程度有助于人力资本增加，验证了很多实证文献中提到的培训和教育能显著改善贫困户生计状况的例子，所谓"因学致贫"可以视为长期提升生计水平的一种投资。对于物质资本，男性户主、汉族和劳动力数量具有统计显著性，可能的原因是农村中以男性户主为主，女性户主一般是配偶去世或新生代离异家庭，因此男性贫困户的比例远远大于女性贫困户，且从抽样调查看，乌蒙山区汉族家庭贫困程度更大。家庭劳动力的数量每增加 1 人，将为家庭增加 1.45% 物质资本，说明继续保持深度贫困地区的扶持政策，确保贫困家庭的劳动力稳定就业至关重要。关于金融资本，债务和劳动力数量有显著影响，因为银行贷款、民间借款有助于提高贫困户的金融资本流量，使之更多地用于生产、经营、教育等改善生计脆弱的活动上。劳动力数量的多寡直接决定了家庭人均年可支配收入，成为制约金融资本存量的重要因素。关于社会资本，大部分控制变量都有显著作用，建档立卡户的社会资本要低 9.77%，这说明深度贫困地区社会网络联系不足，很多家庭对外界先进事物并不知晓，有些老年人至今未走出过深山，28.4% 的人口活动范围仅局限于县城范围内。人口数量和劳动力数量有助于提高社会资本，由于家庭人口丰裕，可以把照顾小孩和老人的精力更多地放在外出打工上以谋求生计。户主文化程度高和有技术可以有效提升社会资本，即受教育年限高和有一技之长的农户更容易拓展外部视野，获得更多生计策略。在多因素联合作用下，控制变量对生计资本的作用显著增强，如建档立卡户的生计资本降低 10.12%，劳动力数量增加 1 个单位使生计资本增加 7.65%，孩子读书人数每增加 1 人可以增加生计资本 2.67%，教育脱贫的作用比单维度资本显著。因病致贫、因技脱贫在生计资本的变化比单维度资本更加显著。还有一点需要注意，收入略高于建档立卡贫困户对生计资本的影响并不显著，说明这部分人群生计资本的提高没有通过计量经济模型的显著性检验，返贫风险依然很高。

表 4-10　深度贫困地区生计资本的条件均值差异的回归分析

变量	N_C	H_C	M_C	F_C	S_C	L_C
常数项	0.2257 *** (0.0215)	0.2436 *** (0.0278)	0.3486 *** (0.0270)	0.1308 *** (0.0249)	0.5155 *** (0.0466)	1.4642 *** (0.0824)
解释变量						
Area₁ (以石林县为参照)	−0.0536 *** (0.0099)	−0.0739 *** (0.0128)	−0.1391 *** (0.0124)	0.0371 *** (0.0115)	−0.1618 *** (0.0215)	−0.3913 *** (0.0380)
Area₂ (以石林县为参照)	−0.0371 *** (0.0088)	−0.0467 *** (0.0114)	−0.1136 *** (0.0111)	0.0467 *** (0.0102)	−0.2097 *** (0.0191)	−0.3604 *** (0.0337)
Poor	−0.0190 *** (0.0051)	−0.0182 *** (0.0066)	−0.0027 (0.0064)	−0.0016 (0.0059)	−0.0977 *** (0.0111)	−0.1012 *** (0.0196)
户主因素						

变量	N_C	H_C	M_C	F_C	S_C	L_C
Gender	0.0195 * * * (0.0057)	−0.0023 (0.0074)	−0.0208 * * * (0.0072)	−0.0028 (0.0066)	−0.1356 * * * (0.0124)	−0.1421 * * * (0.0219)
Age	−0.0008 * * * (0.0003)	−0.0002 (0.0004)	−0.0001 (0.0004)	−0.0006 * (0.0003)	0.0008 (0.0006)	−0.0009 (0.0011)
Education_ level	−0.0068 (0.0043)	0.0001 (0.0055)	0.0081 (0.0054)	0.0120 * * (0.0049)	0.0156 * (0.0093)	0.0050 (0.0164)
Nation	−0.0030 (0.0113)	0.0166 (0.0146)	−0.0310 * * (0.0142)	0.0185 (0.0131)	−0.1366 * * * (0.0245)	−0.1355 * * * (0.0433)
家庭因素						
Population_ size	−0.0040 * (0.0024)	−0.0077 * * (0.0031)	0.0007 (0.0030)	−0.0061 * * (0.0027)	0.0158 * * * (0.0051)	−0.0014 (0.0091)
Labor_ size	0.0100 * * * (0.0026)	0.0215 * * * (0.0033)	0.0145 * * * (0.0033)	0.0085 * * * (0.0030)	0.0221 * * * (0.0056)	0.0765 * * * (0.0099)
H_ education _ level	−0.0021 (0.0022)	0.0083 * * * (0.0028)	−0.0066 * * (0.0027)	0.0035 (0.0025)	−0.0080 * (0.0047)	−0.0049 (0.0083)
风险因素						
Children_ learning	0.0089 * * * (0.0031)	0.0168 * * * (0.0040)	0.0017 (0.0039)	0.0055 (0.0036)	−0.0062 (0.0068)	0.0267 * * (0.0120)
Illnesses	−0.0163 * * * (0.0053)	−0.0108 (0.0069)	−0.0023 (0.0067)	−0.0057 (0.0062)	−0.0519 * * * (0.0116)	−0.0168 * * (0.0205)
Debt	−0.0046 * * * (0.0014)	−0.0014 (0.0019)	0.0008 (0.0018)	0.0110 * * * (0.0017)	−0.0003 (0.0031)	0.0054 (0.0055)
Income_ S_ H （以建档立卡 户为参照）	0.0139 * * * (0.0047)	0.0116 * (0.0061)	0.0060 (0.0059)	0.0069 (0.0054)	0.0007 (0.0102)	0.0112 (0.0180)
Technology	0.0142 * * * (0.0045)	0.0097 * (0.0058)	−0.0028 (0.0056)	−0.0129 * * (0.0052)	0.0511 * * * (0.0097)	0.0399 * * (0.0172)
F 检验值	14.5930	14.5463	30.4279	6.6964	32.5285	36.0607
调整后 R^2	0.2812	0.2676	0.4426	0.1332	0.4596	0.4861
Durbin−Watson	1.5412	1.6878	1.5496	2.0583	1.7121	2.0248

注：* * *、* *、* 分别表示在 $P<0.01$、$P<0.05$、$P<0.1$ 置信水平上显著，括号内为标准误差。

3. 生计资本差异的方差分析

前述通过计量经济模型比较了深度贫困地区生计资本的差异程度，在总体上深度贫困地区生计资本偏低。但这些差异来源于户主因素、家庭因素、风险因素，当然也可能是抽样的随机因素造成的。此外，乌蒙山区和滇西边境山区生计资本是否具有统计差异，能否拒绝样本选择性偏差，是进一步需要解释的问题。本节通过三个地区的变量进行交互方差分析，解释其差异化程度，深入挖掘样本数据的合理成分和不合理成分。

（1）乌蒙山区和滇西边境山区的差异。由于地理位置不同，经济发展条件、文化教育基础迥异，致使深度贫困地区生计状况出现差异。从表4-11可以看出，除金融资本外其他生计资本维度都有显著差异，同时说明乌蒙山区和滇西边境山区贫困面大，贫困发生率高，普遍家庭人均可支配收入偏低，可以拒绝样本选择性偏差①。在控制变量中，孩子上学人数最有显著差异（F值为210.805），与实际调研情况相符，乌蒙山区农户普遍认为读书是摆脱贫困的有力武器，常听贫困户反映"大人苦点累点也不能耽误孩子读书"。而滇西边境山区怀有厌学、怕学情绪的孩子居多，贫困户时有反馈"孩子读不进去，初中毕业能找个工作就算了"。两个深度贫困地区疾病发生率也有显著差异（F值为45.568），经样本测算乌蒙山区重病发生率为22.9%，滇西边境山区重病发生率为40.6%，滇西边境山区贫困户提到了"每年都要进几次医院，医药费都要好几千"，这点从债务规模显著得到验证。此外收入略高于建档立卡贫困户（F值为45.608）和技术（F值为5.545）统计显著，这说明随着脱贫攻坚战的推进，深度贫困地区贫困县、贫困村、贫困户摘帽的越来越多，但需关注脱贫摘帽后贫困户生计的可持续性，从统计数据看，更多摘帽贫困户变成了收入略高于建档立卡贫困户。有无技术也使贫困户生计出现明显分化，有技术的贫困户生计改善更快、质量更高。

（2）深度贫困地区和非贫困地区的差异。为了分析深度贫困地区和非贫困地区的生计状况差异，本书有意选取一个非贫困县（石林县）作为参照，以此来分析不同地区的相对贫困情况。从表4-11数据得出，石林县由于地理区位、自然条件、经济条件等都好于乌蒙山区和滇西边境山区，自然资本、人力资本、物质资本、金融资本、社会资本及生计资本都有显著差异，在所调研的石林县贫困户生计状况明显优于深度贫困地区，土壤肥沃收成好距离省会城市近，户主文化水平较高（初中或技校毕业），在读学生享受雨露计划，住房质量佳（主要为砖混房和钢筋水泥房），生活消费品丰富多样，社会关系网络广（亲戚中教师、医生、公务员等比例高），67.8%以上的贫困户家中有高中以上在读学生。从F值还看出乌蒙山区和滇西边境山区与石林县生计状况差异显著程度不同，总体上乌蒙山区要劣于滇西边境山区。再看控制变量的差异，户主年龄并不显著，说明样本农户年龄差异不明显，而受教育水平有差异，石林县农户文化程

---

① F值越大，样本差异越大，越可以拒绝样本选择性偏差。

度较高是贫困发生率较低的重要原因。关于家庭因素，深度贫困地区与非贫困地区的人口数量和劳动力数量不明显，但家庭成员最高受教育程度显著，说明石林县人口素质普遍高于乌蒙山区和滇西边境山区。关于风险因素，深度贫困地区与非贫困地区的孩子上学人数显著，说明深度贫困地区尽管义务教育辍学人数很少，但是往更高学历深造的人数也少，缺乏人才是深度贫困地区进一步发展的桎梏。疾病、债务、收入略高于建档立卡贫困户三个变量在深度贫困地区显著分化，滇西边境山区疾病发生率高，乌蒙山区债务水平高且脱贫摘帽后变为收入略高于建档立卡贫困户的更多。整体来说，滇西边境山区因病致贫、因经济发展落后致贫居多，而乌蒙山区贫困原因复杂且综合化。

表 4-11　乌蒙-滇西-石林交互方差分析

变量	乌蒙-滇西	乌蒙-石林	滇西-石林
N_ C	6.203**	93.699***	76.051***
H_ C	5.300**	82.576***	44.971***
M_ C	103.659***	463.8286***	100.644***
F_ C	0.291	18.5736***	14.078***
S_ C	112.476***	365.5256***	10.026**
L_ C	120.023***	430.430***	64.890***
Poor	2.787*	33.682***	19.147***
Gender	42.648***	3.152**	32.387***
Age	3.170*	2.606	0.130
Education_ level	0.487	5.329**	3.587*
Nation	—	365.923***	149.512***
Population_ size	35.520***	1.739	1.120
Labor_ size	8.231***	3.239*	0.061
H_ education_ level	23.340***	43.006***	14.174***
Children_ learning	210.805***	168.242***	6.534**
Illnesses	45.568***	0.139	17.406***
Debt	72.544***	59.198***	0.325
Income_ S_ H	45.608***	15.308***	1.102
Technology	5.545**	1.564	0.214

注：***、**、*分别表示在 P<0.01、P<0.05、P<0.1 置信水平上显著。

六、结论与建议

随着脱贫攻坚战的稳步推进，深度贫困地区在各方面力量的帮扶下，群众生计状况获得了显著改善，贫困户（建档立卡户和收入略高农户）正试图通过各种方式来增强自身生计资本，改变生计策略，以此来提高生存和发展能力。但是深度贫困地区具有天然的生计资本脆弱性，也产生了生计资本的差异性。本书通过设计生计资本量表，并利用乌蒙山区和滇西边境山区4个深度贫困县及1个非贫困县的调研数据，研究了深度贫困地区之间、深度贫困地区与非贫困地区之间的生计资本差异，以及产生差异的主要原因。研究发现：

1. 深度贫困地区生计资本（无条件均值）具有明显的脆弱性，生计资本仅为1.2672。其构成资本排序依次为社会资本（0.4485）、人力资本（0.2582）、物质资本（0.2457）、自然资本（0.1582）、金融资本（0.1566）。对于深度贫困地区，农户黏合型社会资本不足、桥连型社会资本不充分、链接型社会资本明显缺乏，社会资本薄弱是难以纾解困境的重要因素。农户思想意识落后，开拓创新精神不足，人力资本匮乏是脱贫致富能力欠缺的重要原因。农户房屋简陋、家具破旧，物质资本不足是社会经济发展落后的直接反映。深度贫困地区主要地处偏远深山和高寒地带，水资源条件、土地质量等都相对贫瘠，自然资本低是脱贫攻坚战的难点。由于贫困户收入有限，金融资本的存量不足，而农户严重的"惜贷""惜借"行为，也使金融资本的流量不足，金融资本严重不足是农户难以提升生计水平的根本原因。

2. 尽管受区域相似的自然环境、经济环境和人文环境的影响，但乌蒙山区和滇西边境山区的生计资本呈现出明显的分形现象。乌蒙山区人多地少，经济林果产业不发达，外出务工为主要的收入来源，生计资本仅为1.1132。当地群众多秉承"再难也要抚孩子读书"的思想，认为读书是家庭脱贫致富的出路。滇西边境山区气候温暖湿润、土壤肥沃，生计资本为1.3174，但疾病发生率高、文盲比例高，当地孩子初中毕业后继续深造的比例较低，长期会削弱地区经济发展的人才支撑力量。作为参照的石林县，生计资本测量指标显著高于深度贫困地区，无条件生计资本均值比乌蒙山区、滇西边境山区分别高42.7%、20.6%。

3. 通过计量经济模型检验，乌蒙山区、滇西边境山区的生计资本（条件均值）比石林县分别低39.13%和36.04%，证明深度贫困地区农户生计水平确实存在差异。大部分控制变量都对自然资本有显著的作用，说明深度贫困地区世代以土地为生，精准脱贫关键点在于帮助贫困山区农户增加土地收益。对于人力资本，建档立卡户将降低 1.82%，收入略高于建档立卡贫困户将升高 1.16%。培训和教育能显著改善贫困户生计状况，所谓"因学致贫"可以视为长期提升可持续生计水平的一种投资。家庭劳动力数量的边际作用是每增加 1 人将为家庭增加物质资本 1.45%，因此确保贫困家庭劳动力的稳定就业至关重要。增加银行贷款、民间借款有助于提高贫困户金融资本流量，增加劳动力数量有助于提高家庭人均年可支配收入，从而提高金融资本存量。大部分控制变量都对社会资本有显著作用，建档立卡户的社会资本要低 9.77%。在多因素的综合作用下，控制变量对生计资本的作用显著增强，因病致贫、因技脱贫在生计资本的变化比单维度资本更加显著。

4. 通过三个地区交互方差分析，乌蒙山区和滇西边境山区在所有变量上都有显著差异，从中可以分析出两个深度贫困地区主要致贫原因的差异性。对于发生重病和长期疾病（F 值为 45.568），乌蒙山区发生率为 22.9%，而在滇西边境山区发生率为 40.6%。收入略高于建档立卡贫困户（F 值为 45.608）差异显著，这说明随着脱贫攻坚战推进，深度贫困地区的贫困县、贫困村、贫困户摘帽越来越多，但需关注脱贫摘帽后贫困户生计的可持续性，这部分人群生计资本的提高没有通过计量经济模型的显著性检验，返贫风险依然很高。

基于本章的研究结论，为了增加深度贫困地区农户的生计资本，缩小地区间可持续生计水平不平衡状况，让深度贫困地区群众更好地融入全面小康社会中，需要政府、社会力量、农户的共同努力。从上文可以看出，自然资本是提高生计资本的薄弱之处，而如何提高土地收益是增加自然资本的症结。建议政府研究制订适合深度贫困地区的土地政策，大力培育鼓励发展新型经营主体，通过"一村一品、一县一业"积极流转土地，实现规模化、科学化生产，用好土地存量，提高土地集约化水平。前几年深度贫困地区大力推行高原特色农业，但产业严重同质化，市场销路不畅、产品滞销越演越烈，"谷贱伤农""果贱伤农"之类的现象日益突显，建议加强县域沟通，统筹规划产业布局，防止同质化恶性竞争。计量分析结果表明，因病致贫现象不可小觑，国务院扶贫办综合司发布《关于印发贫困地区健康促进三年攻坚行动方案的通知》（国卫办宣传函〔2018〕907 号）明确要求在贫困地区开展"健康教育进家庭行动"，覆盖全部贫困患者家庭，根据村民的疾病特点提供健康教育服务。建议各地扶贫部门做好大病救治、小病防治的工作，加强农村医疗卫生体系建设，不让小病拖成大病。深度贫困的地区教育问题一直是重点问题，正所谓治贫先治愚、扶贫先扶智。目前看来，保证义务教育阶段就读不辍学基本不成问题，从而转化为如何改变教育观念，让更多贫困地区孩子享受高中、中专以上教育，以提高人口素质的问题。建议完善"雨露计划"，使更多除了建档立卡户之外的贫困户享受教育扶贫政策的帮助。2019 年 1 号文件提出要关注收入略高于建档立卡贫困户，而通过计量经济模型可以检验得出生计资本的提高并不显著高于建档立卡户，这进一步说明这部分人群"两不愁三保障"实现程度不高，家庭人均纯收入只是略高于国家脱贫标准，存在致贫风险。建议国家制订收入略高于建档立卡贫困户的认定标准，对这部分群众摸底排查，因户施策解决当前存在的突出问题和困难，以稳定生计激发内生力。

第五章

云南深度脱贫区农户生计系统的透视与诠释

一、样本数据说明

本书数据来源于课题组 2019 年 1—2 月对乌蒙山区和滇西边境山区的调查数据，以及参照 2018 年 10 月对昆明市石林县的调查数据。乌蒙山区的行政区划跨云南、贵州、四川三省 38 个县（市、区），集革命老区、民族地区、边远山区、贫困地区于一体，是贫困人口分布广、少数民族聚集多的连片特困地区。滇西边境山区（以下简称滇西山区）包括云南保山、临沧、红河等 10 州（市）56 个县，少数民族众多、历史悠久，但经济发展落后，与缅甸、老挝、越南三国接壤，区域内部差异显著、致贫因素复杂，扶贫工作对守土固边意义重大。本书采用分层随机抽样方法，选取乌蒙山区的昭通市大关县、盐津县，滇西边境山区的保山市隆阳区、临沧自治州云县，每个县（区）抽取 4 个乡镇，在行政村（社）中采取随机抽样。① 为确保采集的数据真实可靠，避免方言及少数民族语言障碍和理解困难，课题组分了 4 个调研小组，在当地生源的学生、村干部或驻村扶贫队员的协助下，开展入户调查。实际调查 563 户，经整理有 6 户数据有异样给予剔除，有效样本 557 户（含大关县 122 户、盐津县 122 户、隆阳区 124 户、云县 105 户、石林县 84 户）。

为便于开展研究，本书将调研农户划分为收入略高户、较富裕户、未脱贫户三类。云南省目前脱贫标准为人均收入 3200 元/年，按人均收入 3200～3840 元/年（超过贫困线 20%）定义收入略高户。同时把已达脱贫标准即将摘帽的建档立卡户②，也作为收入略高户的统计口径。则人均收入高于 3840 元/年的农户定义为较富裕户，人均收入低于 3200 元/年的建档立卡户定义为未脱贫户。全

---

① 随机抽样时主要考虑建档立卡户、收入略高户，同时兼顾较富裕户。

② 现实中建档立卡户脱贫摘帽有一定的认定标准和程序，因此有部分贫困户已达脱贫标准但还未摘帽，本书中此部分样本占 3.6%。

样本中收入略高户占 37.7%，较富裕户占 11.31%、未脱贫户占 50.99%，乌蒙山区未脱贫户比例大，滇西山区收入略高户比例高，而石林县建档立卡户比例小（如表 5-1 所示）。

表 5-1　样本农户分类统计情况

	收入略高户		较富裕户		未脱贫户		总数	
	频数	比例	频数	比例	频数	比例	频数	比例
全样本	210	37.70%	63	11.31%	284	50.99%	557	100%
乌蒙山区	56	22.95%	2	0.82%	186	76.23%	244	100%
大关县	20	16.39%	2	1.64%	100	81.97%	122	100%
盐津县	36	29.51%	0	0.00%	86	70.49%	122	100%
滇西山区	117	51.09%	28	12.23%	84	36.68%	229	100%
隆阳区	66	53.23%	4	3.23%	54	43.55%	124	100%
云县	51	48.57%	24	22.86%	30	28.57%	105	100%
石林县	37	44.05%	33	39.29%	14	16.67%	84	100%

二、不同类别农户生计资本均值与交互性分析

通过前述生计资本的测量指标体系，获得了农户生计资本测量值（为避免数据不平稳的影响，先对原始数据进行标准化处理）。由表 5-2 可见，较富裕户的生计资本及其维度明显高于收入略高户和未脱贫户，如较富裕户的物质资本分别比收入略高户和未脱贫户高 42.52% 和 69.95%，其他依次为社会资本、人力资本、自然资本和金融资本。整体上，较富裕户的生计资本分别比收入略高户和未脱贫户高 24.62% 和 42.98%。这说明较富裕户无论在家庭可支配收入，还是内化为家庭生计的社会关系、受教育水平、掌握的自然资源等都高于另外两类农户，也表现出了更为丰富的生计策略和更好的生计结果。再对比收入略高户和未脱贫户，均值差异程度依次为社会资本（23.00%）、物质资本（19.25%）、自然资本（13.61%）、人力资本（7.00%）和金融资本（1.27%），整体上收入略高户的生计资本比未脱贫户高 14.73%。这验证了生计资本理论能很好解释不同类别农户的生计水平差异的作用。

但样本农户划分为收入略高户、较富裕户、未脱贫户三类，其生计资本均值是否有显著差异，这关系到后续计量分析的效果，故本书先进行了交互

性 T 检验。① 从收入略高户和较富裕户的 T 检验结果看，只有自然资本和金融资本高度显著差异（P<0.01），其他资本才并不显著。因为深度贫困区农户生计水平的差异反映在土地、林地面积及丰裕程度，自然条件相对较好的地区越容易发展，该地区农户越可能成为较富裕户。金融资本主要受存量（如年人均收入）和流量（如贷款和借款）影响，较富裕户比收入略高户拥有更多的年人均收入，获得更多的贷款和借款机会。问卷调查结果显示，14%的农户人均收入在 2000～3000 元（建档立卡户），36%的农户在 3000～5000 元（收入略高农户），32%的农户在 5000～10000 元（一般收入农户），12.5%的农户在 10000～20000 元（收入较高农户），5.5%的农户在 20000 元以上（高收入农户）。13.5%的农户不愿意到银行贷款，50%的农户短期贷款在 1 万元以下，10%的农户无法从亲戚朋友处借款（普遍都很贫困），65.5%的农户短期借款 1 万元以下。从收入略高户和未脱贫户的 T 检验结果看，5 种生计资本都有显著差异，说明了多重原因造成收入略高户的生计改善。自精准扶贫政策实施以来，产业扶贫、健康扶贫、教育扶贫、就业扶贫、易地扶贫搬迁等方式显著提高了农户的生计水平，减贫效果明显（收入略高户与未脱贫户生计资本已有明显分化）。从较富裕户和未脱贫户的 T 检验结果看，两者的显著差异在物质资本、金融资本、社会资本，较富裕户无论在家庭收入、贷款余额，还是家庭财产丰富程度、社会关系宽广程度，都比未脱贫户大很多，导致生计资本产生显著差异（生计资本分别为 1.640 和 1.147）。

表 5-2　不同类别农户生计资本均值及 T 检验

	收入略高户 D_1		较富裕户 D_2		未脱贫户 D_3		D_1-D_2 T 检验	D_1-D_3 T 检验	D_2-D_3 T 检验
	均值	标准差	均值	标准差	均值	标准差			
自然资本	0.167	0.004	0.182	0.007	0.147	0.003	0.001***	0.000***	0.868
人力资本	0.260	0.006	0.326	0.011	0.243	0.003	0.675	0.010**	0.207
物质资本	0.254	0.005	0.362	0.010	0.213	0.004	0.145	0.000***	0.001***
金融资本	0.159	0.004	0.168	0.013	0.157	0.003	0.000***	0.000***	0.000***
社会资本	0.476	0.010	0.623	0.019	0.387	0.005	0.644	0.014**	0.031**
生计资本	1.316	0.019	1.640	0.010	1.147	0.009	0.201	0.000***	0.000***

注：***、**、*分别表示在 P<0.01、P<0.05、P<0.1 置信水平上显著。

---

① T 检验（Student's t test），主要用于样本量较小，总体标准差 σ 未知的正态分布。T 检验是用 t 分布理论来推论差异发生的概率，从而比较两个平均数的差异是否显著。

三、收入略高户的计量分析

受样本区域经济基础、人文社会环境、家庭特征等影响，直接比较深度贫困区生计资本无条件均值可能会产生偏误①。通过计量经济模型，可以得到条件均值的比较，即在其他因素相同的情况下，进一步比较乌蒙山区和滇西山区生计资本的差异。鉴于本书划分的三类农户为二分变量，故设定 Logit 模型如下：

$$ln\left(\frac{Y_i}{1-Y_i}\right) = \beta_0 + \beta_1 Area_1 + \beta_2 Area_2 + \beta_3 x_{i1} + \beta_4 x_{i2} + \beta_5 x_{i3} + \mu_i \qquad (式5-1)$$

这里建立了一组嵌套模型，其中 Y_i 表示三类农户，即收入略高户、较富裕户、未脱贫户，以较富裕户为参照。Area 表示地区解释变量，包括乌蒙山区、滇西山区和石林县，以石林县为参照。X_{i1} 表示控制变量，包括户主因素：性别、年龄、文化程度、民族；家庭因素：人口数量、劳动力数量、家庭成员最高文化程度；风险因素：上学孩子人数、发生重病和长期疾病、欠债规模。X_{i2} 表示 5 种生计资本构成，即自然资本、人力资本、物质资本、金融资本和社会资本。X_{i3} 表示生计资本交互项，包括新生代②、地区、技术③的交互。

收入略高户的回归分析结果如表 5-3 所示，模型 1 中地区的解释变量非常显著，乌蒙山区和滇西山区的收入略高户比参照县分别少 1.738、0.940 个单位，验证了深度贫困区脱贫难度仍然很大。收入略高户是从贫困转向富裕的过渡群体，但深度贫困区收入略高户比例偏低，可能会影响整体脱贫攻坚成效。模型 2 中地区解释变量仍然显著，但控制变量只有性别和家庭成员最高文化程度显著，即男性户主的收入略高户要低 1.315 个单位，家庭成员中学历越高越能帮助家庭脱贫致富（Ellis，2000；张大维，2011）使收入略高户低 0.174 个单位。模型 3 主要解释生计资本对收入略高户的影响关系，从回归结果看 5 种生计资本都有显著影响。自然资本、物质资本和金融资本每增加 1 个单位，收入略高户将增加 8.889、6.081 和 3.583 个单位，说明继续保持深度贫困区的扶持政策，帮助

---

① 黄志刚，陈晓楠．生计资本对农户移民满意度影响分析——以陕西南部地区为例［J］．干旱区资源与环境，2018（11）：47-52.

② 根据 2010 年 1 月 31 日，国务院发布的 2010 年中央一号文件《关于加大统筹城乡发展力度 进一步夯实农业农村发展基础的若干意见》，本书以 1980 年及以后出生的农户定义为新生代。

③ 实际测评时，依靠三点把握农户是否有技术，一是某种技艺能带来经济收入（如会盖房、贴瓷砖）；二是某种技能证明（如驾照、厨师证）；三是经营管理能力（如开商店、农家乐等）。

山区群众增加土地收益，确保劳动力稳定就业，持续改善山区生存环境，是巩固脱贫攻坚成果的重要举措。回归结果显示增加人力资本和社会资本将减少收入略高户（反向），原因在于教育和培训有助于人力资本增加，但教育支出的同步增加将减少年人均收入，由此产生所谓的"因学致贫"。社会资本与收入略高户的反向关系还需进一步验证，在本书中的主要原因是收入略高户已经达到了脱贫标准，不能获取现有政策扶持，这进一步限制了收入略高户提升社会资本，如何对收入略高户进行有效政策扶持，应该成为脱贫攻坚对接乡村振兴后的重要考虑。模型4主要验证交互项的影响，结果显示滇西山区生计资本的提高有助于收入略高户增加5.151个单位，由于地理位置不同，经济发展条件、文化教育基础迥异，致使深度贫困区的生计状况出现差异，滇西山区比乌蒙山区的收入略高户生计水平提高效果更显著。

表5-3　收入略高户的计量分析结果

变量	模型1	模型2	模型3	模型4
收入略高户 =1，是；=0，否				
常数项	0.606*** （0.227）	1.545 （1.230）	0.239 （1.573）	6.409**（2.891）
解释变量				
$Area_1$（乌蒙）	-1.738*** （0.272）	-1.815*** （0.457）	-1.733*** （0.569）	-5.278**（2.617）
$Area_2$（滇西）	-0.940*** （0.263）	-1.758*** （0.375）	-1.698*** （0.461）	-9.418*** （2.603）
户主因素				
Gender		-1.315*** （0.257）	-1.907*** （0.302）	-1.880*** （0.307）
Intergeneration		-0.135 （0.342）	-0.080 （0.361）	-0.634 （1.217）
Age		0.004 （0.017）	0.022 （0.019）	0.009 （0.020）
Education_ level		-0.145 （0.212）	-0.007 （0.232）	-0.150 （0.238）

续表

变量	模型 1	模型 2	模型 3	模型 4
Nation		−0.221 (0.487)	−0.325 (0.521)	−0.656 (0.583)
家庭因素				
Population_ size		0.137 (0.113)	0.217* (0.121)	0.264** (0.127)
Labor_ size		0.144 (0.126)	0.055 (0.139)	0.023 (0.144)
H_ education _ level		−0.174* (0.101)	−0.113 (0.112)	−0.028 (0.118)
风险因素				
Children_ learning		0.233 (0.149)	0.113 (0.162)	0.171 (0.166)
Illnesses		0.251 (0.251)	0.478* (0.274)	0.343 (0.281)
Debt		−0.037 (0.065)	−0.061 (0.073)	−0.009 (0.076)
生计资本				
N_ C			8.889*** (2.146)	6.775** (2.638)
H_ C			−3.272* (1.886)	−6.330*** (2.435)
M_ C			6.081*** (2.040)	1.974 (2.606)
F_ C			3.583** (1.824)	−0.988 (2.589)
S_ C			−4.582*** (0.915)	−9.109*** (1.774)
交互项				
L_ C * INTERG ENERATION				0.283 (0.872)

续表

变量	模型 1	模型 2	模型 3	模型 4
L_ C * AREA1				2.117（1.870）
L_ C * AREA2				5.151***（1.666）
L_ C * TECHNOLOGY				0.163（0.178）
LR 统计量	46.384***	105.039***	153.140***	165.495***
McFadden R²	0.063	0.142	0.207	0.224

注：***、**、*分别表示在 P<0.01、P<0.05、P<0.1 置信水平上显著，括号内为标准误差。

四、未脱贫户的计量分析

表 5-4 展示了未脱贫户的计量分析结果，在整体上模型拟合效果优于收入略高户。模型 1 中，乌蒙山区和滇西山区未脱贫户比非贫困县分别高 1.720 和 1.109 个单位，意味着深度贫困区的贫困发生率更加显著。计算结果显示，深度贫困地区生计资本具有明显的脆弱性，生计资本仅为 1.2153 比非贫困县低 30.7%（石林县生计资本为 1.5889）。模型 2 中绝大多数控制变量变得显著，这说明户主因素、家庭因素和风险因素都对贫困户产生重要影响。男性、汉族和新生代户主对深度贫困区未脱贫户有正向激励作用，与调研情况相符，男性贫困户比例远远大于女性贫困户，且乌蒙山区汉族家庭贫困程度更大。农村中贫困代际传递现象明显，独立分户后新生代家庭未脱贫户增加 0.596 个单位。劳动力数量的多寡直接决定了家庭年人均收入，每增加 1 个单位，未脱贫户减少 0.312 个单位。风险因素与未脱贫户呈现反向关系，即孩子读书数、发生重大疾病和债务都将显著增加未脱贫户概率，产生"因学致贫""因病致贫"和"因债致贫"现象。模型 3 中生计资本的回归结果相当显著，自然资本、物质资本和金融资本越低越不容易脱贫。深度贫困区世代以土地为生，农业生产劳动是最根本的生计来源，精准脱贫的关键点在于帮助贫困山区农户增加土地收益。农户房屋简陋、家具破旧，物质资本不足是社会经济发展落后的直接反映。由于贫困户收入有限，金融资本的存量不足，而农户严重的"惜贷""惜借"行为，也使金融资本的流量不足，金融资本严重不足是农户难以提高生计水平的根本原因。受扶贫政策影响，未脱贫户的人力资本（如受培训机会）和社会资

本（如资金、技术帮扶）相对较高，这与收入略高户形成了对照。模型 4 交互项中，相对非贫困县乌蒙山区生计资本提高 1 个单位，其未脱贫户将降低 5.881 个单位，对于滇西山区则降低 4.839 个单位。由于地理位置不同，经济发展条件、文化教育基础迥异，致使深度贫困地区生计状况出现差异。整体上滇西山区比乌蒙山区生计状况略好，滇西山区气候温暖湿润、土壤肥沃，利于种植经济作物，路面硬化程度高且多年来享受少数民族地区扶持政策。乌蒙山区人多地少，经济林果产业不发达，外出务工为主要收入来源，农机设备和交通工具奇缺。

表 5-4　未脱贫户的计量分析结果

变量	模型 1	模型 2	模型 3	模型 4
未脱贫户 =1，是；=0，否				
常数项	-1.179*** (0.256)	-3.374*** (1.273)	-0.954 (1.947)	-8.013** (3.630)
解释变量				
Area1（乌蒙）	1.720*** (0.288)	0.933** (0.462)	2.190*** (0.704)	10.484*** (3.349)
Area2（滇西）	1.109*** (0.288)	2.763*** (0.474)	4.866*** (0.733)	12.704*** (3.534)
户主因素				
Gender		1.679*** (0.279)	3.009*** (0.405)	3.010*** (0.417)
Intergeneration		0.596** (0.348)	0.059 (0.416)	-0.069 (1.488)
Age		0.024 (0.018)	-0.028 (0.024)	-0.023 (0.025)
Education_ level		0.183 (0.212)	-0.178 (0.259)	-0.147 (0.265)
Nation		1.534*** (0.571)	2.763*** (0.724)	3.336*** (0.783)

续表

变量	模型 1	模型 2	模型 3	模型 4
家庭因素				
Population_ size		−0.104 (0.113)	−0.376*** (0.140)	−0.408*** (0.144)
Labor_ size		−0.312** (0.126)	−0.147 (0.156)	−0.064 (0.165)
H_ education _ level		0.075 (0.103)	0.149 (0.137)	0.059 (0.143)
风险因素				
Children_ learning		−0.259** (0.149)	−0.066 (0.182)	−0.117 (0.185)
Illnesses		−0.783*** (0.255)	−1.558*** (0.343)	−1.415*** (0.363)
Debt		−0.121** (0.068)	0.082 (0.087)	0.045 (0.092)
生计资本				
N_ C			−11.654*** (2.527)	−6.601** (3.178)
H_ C			7.655*** (2.464)	10.729*** (2.982)
M_ C			−7.298*** (2.532)	−1.350 (3.359)
F_ C			−27.320*** (3.106)	−23.584*** (3.606)
S_ C			7.577*** (1.242)	12.072*** (2.374)
交互项				
L_ C * INTERGE NERATION				0.160（1.088）

续表

变量	模型 1	模型 2	模型 3	模型 4
L_ C * AREA1				−5.881 * * （2.386）
L_ C * AREA2				−4.839 * * （2.139）
L_ C * TECH NOLOGY				−0.316（0.211）
LR 统计量	42.274 * * *	145.376 * * *	314.185 * * *	323.336 * * *
McFadden R^2	0.055	0.188	0.407	0.419

注：* * *、* *、*分别表示在 P<0.01、P<0.05、P<0.1 置信水平上显著，括号内为标准误差。

五、结论与建议

随着脱贫攻坚战的持续推进，深度贫困区在各方面力量的帮扶下，群众生计状况获得显著改善，不同类别农户（收入略高户、较富裕户和未脱贫户）正在力图通过各种方式来增强自身生计资本，改变生计策略，以此提高生存和发展能力。但是深度贫困地区具有天然的生计资本脆弱性，也产生了生计资本的差异性。本书通过设计生计资本量表，并利用乌蒙山区和滇西山区 4 个深度贫困县及 1 个非贫困县的调研数据，对三种类别农户生计资本进行交互 T 检验，对收入略高户和未脱贫户分别进行计量分析，深入研究生计资本的分化原因及影响机理。

1. 通过生计资本的交互 T 检验，可以发现收入略高户和较富裕户只有自然资本和金融资本高度有显著差异（P<0.01），整体上收入略高户生计资本仍然偏低（1.316）。深度贫困区中自然条件相对较好地区的农户才能转化为较富裕户，但区域普遍人力资本匮乏、物质资本不足、社会资本薄弱，收入略高户可能因为生计水平提高缓慢而又滑入"贫困陷阱"。收入略高户和未脱贫户 5 种生计资本有显著差异，间接反映出精准扶贫政策推动贫困户生计资本多方面改善，减贫效果明显。较富裕户和未脱贫户在物质资本、金融资本、社会资本有显著差异，导致较富裕户（1.640）比未脱贫户（1.147）生计资本高 42.98%。

2. 通过对收入略高户的计量分析发现，乌蒙山区和滇西山区的收入略高户比非贫困县分别少 1.738 和 0.940 个单位。收入略高户作为从贫困转向富裕的过渡群体，增加其所占贫困人口比重将大大有利于巩固扩大脱贫攻坚成果。大部分控制变量并不显著，可能的解释是建档立卡户在不同的扶贫政策帮扶下，不断走出生计困境脱贫摘帽，收入略高户是多因素联合作用的结果。5种生计资本对收入略高户有显著影响，保持一定政策扶持延续性，应该成为脱贫攻坚对接乡村振兴后的重要考虑。从生计资本交互项看，深度贫困区生计水平呈现差异化，滇西山区要优于乌蒙山区。

3. 未脱贫户的模型拟合效果优于收入略高户，乌蒙山区和滇西山区未脱贫户比非贫困县分别高1.720和1.109个单位。深度贫困区主要地处偏远深山和高寒地带，水资源条件、土地质量等都相对贫瘠，贫困面广而深，脱贫难度较大。绝大多数控制变量非常显著，户主因素、家庭因素和风险因素都对贫困户产生重要影响，产生"因学致贫""因病致贫"和"因债致贫"的现象。生计资本的回归结果相当显著，自然资本、物质资本和金融资本越低越不容易脱贫，未脱贫户的人力资本和社会资本相对高。生计资本交互项中，滇西山区比乌蒙山区生计状况略好。

鉴于上述讨论，本书认为在精准扶贫政策的作用下，深度贫困区中收入略高户、较富裕户、未脱贫户已经出现了明显的分化现象，未脱贫户的致贫原因更个性化、特殊化，应继续围绕"两不愁三保障"的脱贫目标，不断增加贫困户在收入、生活质量、居住环境、社会地位的获得感，巩固扩大脱贫攻坚成果。构建防止返贫、稳定脱贫长效机制，推动深度贫困区2020年同步建成全面小康社会。由于缺乏政策"眷顾"，收入略高户的人力资本和社会资本偏低，当脱贫攻坚过渡到乡村振兴战略时，政策安排应优先关注收入略高户的可持续生计发展，即脱贫攻坚任务完成后更需制定灵活的帮扶政策。建议搭建以乡村种植、栽培、经营等为主题的人才竞技平台，培育有知识、懂技术、善经营、会管理、能创业的新型职业农民，努力提高收入略高户的人力资本（如技能培训）和社会资本（如汲取新技术、新观念的能力）。发挥乡土能人的鲶鱼效应，以乡情乡愁为纽带，以人才政策为抓手，引导走出农村的能人大户、企业家、大学生回到农村建功立业、造福一方，从而促进更多收入略高户向较富裕户转化。尽管受区域相似的自然环境、经济环境和人文环境的影响，但乌蒙山区和滇西山区生计资本呈现明显的分化现象。不仅建议脱贫攻坚要精准施策，而且乡村振兴也要精准施策，因时因地调整政策力度和方向。结合农村资源变资产、资金变股金、农民变股东的"三变"改革，乌蒙山区以喀斯特地貌为主，土地比较贫瘠，应以县域为单位，统筹协调区域产业布局，避免同质化发展。通过"三变"改革，实现土地流转提高土地规模化经营，拓宽群众增收渠道。滇西山区气候温暖湿润、土壤肥沃，适合栽培经济作物，但近年来产品市场滞销问题越来越突出，说明产业同质化引发的"负外部性"已经显现。因此滇西山区的特色高原农业应在改良品种、提高品质、创建品牌上做文章，走差异化的发展道路，同时政府要想方设法帮助农户消化农业产能，引导群众适应市场供求调节机制。利用滇西山区优势的自然条件，积极进行碳汇造林和参与碳汇交易，从而真正把绿水青山变成金山银山。

第六章

云南深度脱贫区农户的多维贫困分析

一、研究价值

2013 年习近平总书记总结我国扶贫工作的历史性成就，适时提出了精准扶贫方略，为今后一段时期国家扶贫工作的痛点点亮了航灯，精准扶贫的内涵才得以不断地丰富和延展。力图使贫困地区不仅摘帽而且保证经济、社会发展的持续性；贫困户共享精准扶贫政策的红利，获得感不断提升，成为各地精准扶贫工作含金量的标准之一。[①]

农村精准扶贫的前提是将真正的贫困识别出来，但精准扶贫往往出现"瞄不准"现象，原因是贫困户识别程序，分别由扶贫办、村干部和驻村干部执行，而在这三重对焦机制中，福利均分原则、村庄政治结构以及扶贫考核压力都限制了完全按照经济收入来进行贫困识别[②]。学术界主张在农村精准扶贫理论与实践中将脆弱性纳入贫困动态理论体系，通过设置贫困脆弱线，建立社会保护机制、生产稳定机制、精准扶贫动态管理机制对农村脆弱性贫困加以治理[③]。

二、国内外研究评述

扶贫要想做到精准，必须要把握两点：一是贫困瞄准要从以往单一的收入维度转向多维福利的视角。根据已被学术界广为接受的能力贫困理论，贫困不仅意味着收入的低下和基本生活资源的匮乏，而且更是可行能力的剥夺。只有从多维角度来分析贫困，才能精准定位贫困户、精准透析致贫原因、精准设计

---

① 罗绒战堆，陈健生. 精准扶贫视阈下农村的脆弱性、贫困动态及其治理——基于西藏农村社区案例分析 [J]. 财经科学，2017（1）：93-104.

② 王雨磊. 精准扶贫何以"瞄不准"？——扶贫政策落地的三重对焦 [J]. 国家行政学院学报，2017（1）：88-93.

③ 黄英君，胡国生. 金融扶贫、行为心理与区域性贫困陷阱——精准识别视角下的扶贫机制设置 [J]. 西南民族大学学报（人文社会科学版），2017，38（2）：1-10.

脱贫机制。二是贫困分析要从传统静态分析转向动态分析，即要考虑时间要素，将总量贫困分解为长期贫困和暂时贫困，这样才能精准靶向"真贫""暂贫""返贫"人口。[①]

多维贫困分析起始于阿马蒂亚·森的能力贫困理论，他认为贫困不仅是收入水平的低下，更是可行能力被剥夺，进一步提出了能力贫困观和权利贫困观。斯蒂芬（Stefan）、麦卡洛奇（Mcculloch）、郭熙保研究认为，贫困陷阱的精准破解应是塑造和提升个人的可行能力，为人们创造权利关系以及扩展参与经济社会分享的机会。岳映平深入剖析了阿马蒂亚·森的理论，提出该理论为新时期精准扶贫政策设计提供了理论启示。学术界和国际机构已开始构建和发布包含多维信息的指数，从多维角度来度量贫困程度，例如能力贫困指数和人类贫困指数等。从 2010 年开始，联合国开发计划署和牛津大学贫困与人类发展研究中心（OPHI）合作开发推出了多维贫困指数（MPI），也称 A-F 贫困指数，由阿尔基尔（Alkire）和福斯特（Foster）于 2011 年提出，公布了通过 10 个指标测算的全球各国的 MPI。目前，国内学术界对贫困的研究大多按 A-F 多维贫困测评方法展开，如伍艳研究发现不同生计策略的选择取决于农户所拥有的生计资本，经济作物种植面积每增加 1 个单位，从事农业生产的概率就会相应提高3.472。[②] 张焱等借鉴 DFID 的可持续生计发展理论，开发出生计资本量表，并对样本数据进行探索性和验证性因子分析[③]。

虽然现有的关于多维贫困的研究取得了很多有价值的成果，但还存在着明显的不足。其一，多维贫困的测评方法并未呈现学术共识，如张立冬采取了 5 个维度 10 个指标，张全红采取了 3 个维度 10 个指标，尽管使用相同的数据库但指标选择、权重确定及剥夺值的设定不尽相同，横向深入研究的借鉴作用不断减弱。其二，关于农户多维贫困的测评往往从城乡居民对比分析来展开（即剥夺值是以城市居民福利程度为基准），然而城乡居民在基本公共服务的可获得性和质量上存在显著差异，对城乡居民采用完全相同的多维贫困识别标准并不适宜，且未考虑到不同农村地区福利的巨大差异性（如东部农村普遍比西部农村受教育程度高，剥夺值有显著差异），因此有必要根据农村的实际情况来设定相

---

① 李志平，吴凡夫. 继续增加财政转移性支出可以提高脱贫质量吗——基于生计抗逆力和 CFPS 数据的实证 [J]. 农业经济问题，2020，491（11）：65-76.

② 伍艳. 贫困山区农户生计资本对生计策略的影响研究——基于四川省平武县和南江县的调查数据 [J]. 农业经济问题，2016，37（3）：88-94.

③ 张焱，罗雁，冯璐. 滇南跨境山区农户生计资本的量表开发及因子分析 [J]. 经济问题探索，2017（8）：134-143.

应的多维贫困识别标准，以准确地反映中国农村多维贫困的真实状况。其三，关于多维贫困指标的设定上，大多数研究的指标数量偏少，且设定标准较低，已不符合实际，如教育维度上，我国于 2006 年在全国范围内全面实施九年义务教育，家庭中 6 岁以上 18 岁以下未完成 6 年教育的剥夺标准明显偏低；健康维度上，农户病情轻重是影响贫困发生率的一个重要原因，但家庭成员是否患有一般或相当严重疾病的剥夺标准，并未反映农户因病致贫的程度；生活维度上，根据所处环境，农户可能兼用柴、煤、电、沼气等，运用做饭燃料非清洁燃料的剥夺标准显然不适宜。其四，国内多维贫困指数的研究主要是利用中国营养与健康调查（简称为 CHNS）数据，它是一套涉及中国农村经济社会的面板数据，包括农户多个福利维度的信息，但仅有 1989、1991、1993、1997、2000、2004、2006、2009 和 2011 年黑龙江、辽宁、江苏、山东、河南、湖南、湖北、广西和贵州等 9 个省份的调研数据，数据滞后且不能反映全国集中连片特困区真实的贫困状况。基于上述四点，本书基于 MPI 的指标设定方法，从教育、健康、生活、收入、资产五个维度，并结合新时代农户特点，开发出一套 5 分剥夺值量表，深入乌蒙山区和滇西边境山区进行入户调查，重点分析了集中连片山区新时代农户的多维贫困问题，以弥补现有研究的不足。

三、多维贫困测评方法

与单一维度的贫困测评相比，多维贫困的测评更为复杂，需要对调研农户家庭进行多个维度的贫困识别、计分及加总。多维贫困测评包括三个步骤：一是单维指标剥夺值的确定，即在一个既定的标准下判断一个农户家庭处于何种贫困状态，确定相应的剥夺值；二是单维剥夺值的计算，即运用加权方法对全部样本进行加总以获得反映该维度整体贫困状态的剥夺值；三是综合剥夺值（贫困剥夺率）的计算，即对单维剥夺值加权计算以获得反映整体贫困程度的总指标。

1. 多维贫困识别指标

假设调研对象由 n 个农户组成，农户的福利水平由 d 个指标来决定，x_{ij} 表示第 i 个农户在第 j 项维度指标下的剥夺值，显示为：

$$x_{ij} \geq 0 \ (i=1, \cdots, n; j=1, \cdots, d) \qquad (式6-1)$$

n 个农户在所有 d 个维度上的贫困状况可以用 n 行 d 列的矩阵 X 来表示，行数代表农户户数，列数代表贫困维度指标数，即矩阵 X 的第 i 行可表示为：

$$x_i = (x_{i1}, x_{i2}, \cdots x_{id}) \qquad (式6-2)$$

同理，所有农户在第 j 项贫困维度指标上的取值可用列向量 x_j 来表示。

2. 单维剥夺值的计算

当按设定标准识别出农户的贫困状况后，并确定某个单维指标的剥夺值，则 x_{ik} 表示第 i 个农户在第 k 个维度下的剥夺值，$\overline{\omega}_{kj}$ 为第 k 个维度第 j 项指标的权重，计算公式：

$$x_{ik} = \overline{\omega}_{kj} \times x_{ij} \qquad (式6-3)$$

3. 综合剥夺值的计算

设 x_i 为第 i 个农户多维度下的剥夺值，$\overline{\omega}_d$ 为第 d 个维度的权重，计算公式：

$$x_i = \overline{\omega}_d \times x_{ik} \qquad (式6-4)$$

同理，可获得样本整体分维和综合维的平均剥夺值。

4. 多维剥夺发生率的计算

在多维贫困分析时，如果采用贫困等级赋分法，可以构造一个 $n \times d$ 维的剥夺矩阵，其元素为 $g_{ij}(0) = 1, 2, \cdots l$。若用 z_{lj} 表示样本中第 l 个贫困等级第 j 项贫困维度指标下的统计个数，则可得该样本中第 l 个贫困等级第 j 项贫困维度指标下的剥夺发生率：

$$P_{lj} = z_{lj} / n \qquad (式6-5)$$

亦可得不同贫困等级下的单维和综合维贫困的剥夺发生率：

$$P_{lk} = \overline{\omega}_{kj} \times P_{lj} \qquad (式6-6)$$

$$P_l = \overline{\omega}_d \times P_{lk} \qquad (式6-7)$$

四、多维贫困测评量表

基于多维贫困测评指标的设计方法，并结合李克特量表的五级量分特点（满意、较满意、一般、较不满意、不满意），本书开发了一套测评多维贫困的五级量表（0-无剥夺、1-较小剥夺、2-小剥夺、3-一般剥夺、4-较大剥夺、5-大剥夺），如表6-1所示。

表6-1 多维贫困等级划分及分值

剥夺分	剥夺等级
0	无剥夺
1	一级剥夺（较小）
2	二级剥夺（小）
3	三级剥夺（一般）

续表

剥夺分	剥夺等级
4	四级剥夺（较大）
5	五级剥夺（大）

在维度和指标的选择上，根据联合国千年发展目标的相关规定，并充分考虑集中连片特困区农村的实际情况和数据的可获性，本书共选择了 5 个维度 28 个指标，具体如表 6-2 所示。在具体测评指标的选择依据上有以下几点：

1. 教育维度是家庭人力资本的重要部分，是影响家庭当前及未来福利水平的重要因素，共有 3 个测评指标。目前农村分户后，家庭成员一般为 3-4 人，剥夺 0 分，人口多寡可能会剥夺受教育机会，因此设定每增加 1 人剥夺 1 分，单身或离异剥夺 2 分。家庭受教育程度在大专及以上剥夺 0 分，小于大专学历（含未完成相应的学历层次）依次赋予剥夺分，文盲剥夺 5 分。家庭有辍学或未完成 9 年义务教育的，依人数确定剥夺分。

2. 健康维度直接影响家庭人力资本，健康状况恶化是因病致贫的导引，共有 3 个测评指标。考虑到家庭成员的病情轻重，设定无疾病剥夺 0 分，有先天性疾病或生活不能自理等剥夺 5 分。家庭成员购买合作医疗人数越多开支越大，将影响支付意愿，有购买合作医疗之外的商业保险剥夺 0 分，家庭购买合作医疗的人数越多剥夺分递增。家庭成员生病能及时得到诊治剥夺 0 分，依看病便利程度赋予剥夺分。

3. 生活维度是直接或间接影响农户福利水平的维度，与卫生质量相关的饮用水、卫生设施和炊事燃料以及耐用品的改善能明显提高农村居民的基本生活水平，共有 11 个测评指标。这里充分考虑了现实农村生活不同情况的剥夺，如饮用水是未经消毒、杀菌处理的自来水设定剥夺 1-2 分，地表水剥夺 5 分；通电但经常出现跳闸断电的情况设定剥夺 3-4 分，没通电剥夺 5 分；混合使用柴、煤、电、气等燃料又有不同剥夺分，纯粹使用清洁能源剥夺 0 分；危房、泥土房、砖混房等有不同剥夺分，钢筋水泥房剥夺 0 分；使用公共厕所、家庭简易厕所（屋内或屋外）等有不同剥夺分，使用带化粪池的冲水厕所剥夺 0 分；所列常用家庭耐用消费品只有 1 项或没有设定剥夺 5 分，有 6 件以上剥夺 0 分；视孤寡老人及子女赡养老人的经济条件设定不同剥夺分，赡养条件较好剥夺 0 分。

4. 收入维度共有 5 个测评指标，规避了单一指标的不足，注意到农户常出现虚减收入虚增支出，以及考虑到欠债对可支配收入的影响，对不同情况设定了不同剥夺分，如家庭年总收入超过 3 万剥夺 0 分，家庭人均年收入不足 2000

剥夺 5 分。

5. 资产维度反映了农户维持生计抵御冲击的能力，根据农村一般状况设定房屋、耕地、林地的剥夺标准，共有 6 个测评指标。视拥有的生产资源（如经济作物、经济林果、养殖等）产生的经济收入（土壤是否肥沃）设定不同剥夺分，如家庭总耕地少于 3 亩剥夺 5 分，家庭总林地超过 15 亩剥夺 0 分。根据拥有的农机设备、交通工具的个数（经济价值），设定不同剥夺分，如拥有 1 部摩托车，依新旧和动力状况剥夺 1-3 分。

根据联合国 2011 年人类发展报告中关于多维贫困权重设定采取相应的方法，本书将总权重设为 1，并认为 5 个维度同等重要给予相等的权重，且维度内测评指标也给予相等权重。

表 6-2 维度、指标、识别基准、权重的确定

维度	指标	识别基准	指标权重	维度权重
教育	家庭人口数量 A_1	3-4 人/户，剥夺 0 分	1/3	1/5
	家庭最高受教育程度 A_2	具有大专及以上学历，剥夺 0 分	1/3	
	家庭适龄入学 A_3	完成 9 年义务教育，剥夺 0 分	1/3	
健康	家庭患病情况 B_1	健康无疾病，剥夺 0 分	1/3	1/5
	家庭购买医疗保险情况 B_2	购买商业保险，剥夺 0 分	1/3	
	家庭看病便利程度 B_3	离卫生所很近，剥夺 0 分	1/3	
生活	饮用水来源 C_1	饮用净化的自来水，剥夺 0 分	1/11	1/5
	电力情况 C_2	无不正常断电，剥夺 0 分	1/11	
	生活燃料来源 C_3	纯使用清洁能源，剥夺 0 分	1/11	

续表

维度	指标	识别基准	指标权重	维度权重
生活	住房条件 C_ 4	钢筋水泥房，剥夺0分	1/11	1/5
	卫生厕所条件 C_ 5	使用冲水厕所，剥夺0分	1/11	
	垃圾处理条件 C_ 6	使用集中垃圾堆放点，剥夺0分	1/11	
	住房道路情况 C_ 7	可通车的柏油或水泥路，剥夺0分	1/11	
	住房面积 C_ 8	人均高于22平方米，剥夺0分	1/11	
	生活用品 C_ 9	有较好家具，剥夺0分	1/11	
	耐用消费品 C_ 10	有6件以上的耐用消费品，剥夺0分	1/11	
	家庭养老情况 C_ 11	家庭赡养条件较好，剥夺0分	1/11	
收入	家庭年总收入 D_ 1	高于30000元以上，剥夺0分	1/5	1/5
	家庭人均年收入 D_ 2	高于10000元以上，剥夺0分	1/5	
	家庭非农经营与务工年收入 D_ 3	高于13000元以上，剥夺0分	1/5	
	家庭年总支出 D_ 4	低于5000元以下，剥夺0分	1/5	
	家庭欠债情况 D_ 5	低于5000元以下，剥夺0分	1/5	

续表

维度	指标	识别基准	指标权重	维度权重
资产	房屋情况 E_1	房屋5间及以上，剥夺0分	1/6	1/5
	耕地情况 E_2	耕地8亩及以上，剥夺0分	1/6	
	林地情况 E_3	林地15亩及以上，剥夺0分	1/6	
	生产资源情况 E_4	有3种及以上可产生经济收入的资源，剥夺0分	1/6	
	农机设备情况 E_5	有3种及以上的农机设备，剥夺0分	1/6	
	交通工具情况 E_6	有2种及以上的交通工具，剥夺0分	1/6	

五、实证分析

1. 数据来源

地处西南边陲的云南省，集边疆、民族、山区、贫困于一体，由于历史及社会的原因，经济社会发展欠发达，贫困人口多、贫困面广、贫困程度深、扶贫开发难度大，特别是西部边境、乌蒙山区、迪庆藏区、石漠化片区以及人口较少的民族，都是我国脱贫攻坚主战场。"贫困不除、愧对历史""群众不富、寝食难安"，这是前云南省委书记陈豪对全省扶贫工作的殷殷嘱托。2016年底，云南仍有363万农村贫困人口，居全国第二位；有88个国家扶贫开发工作重点县，居全国第一位；全国14个集中连片特困地区中云南就占了3个。贫困人口多、贫困面广、贫困程度深，是云南最基本的省情。2021年4月，云南省实现现行标准下农村贫困人口全部脱贫，88个贫困县全部脱贫摘帽、8502个贫困村全部出列，11个直过民族和人口较少民族实现整族脱贫，困扰云南千百年的贫困问题得到了历史性解决。

为了全面分析集中连片特困区农户的多维贫困问题，本书选取了云南省乌蒙山区的昭通大关县，滇西边境山区的保山瓦马乡、临沧云县的8个行政村为研究面。调研时间为2018年4月–7月，每份问卷均为课题组亲自入户调查，每户调研时间在半小时以上，确保采集的数据真实可靠及有丰富信息量。入户调查186户，经甄别有5户数据不全或失真，确认181户为有效问卷，可转化为量表分值，基本情况如表6-3所示。

表6-3　样本农户总体情况

地区/行政村	入户调查数	有效问卷数	建档立卡户	比例%
保山瓦马上拉堡村	49	49	30	27.07
临沧云县昔宜村	15	15	4	8.29
昭通大关安乐村	42	40	24	22.10
昭通大关打瓦村	16	16	13	8.84
昭通大关毛坝村	16	14	12	7.73
昭通大关双河村	16	16	13	8.84
昭通大关营盘村	16	16	12	8.84
昭通大关寨子村	16	15	14	8.29
总数	186	181	122	100.00

2. 单维贫困测评分析

（1）教育维度

本部分计算了新时代农户教育维度的剥夺发生率，具体如表6-4所示。经量化打分，41.44%的农户在家庭人口数量（A_1）无剥夺，24.86%和20.99%的农户认为在此项有较小或小的剥夺，说明分户后当前农户家庭以3-4人居多，家庭人口负担已经不再是剥夺成员受教育机会的主要因素了。所调查的农户有66.3%仅为初中及以下学历（含未完成学业，A_2），20世纪70年代以前的人口文盲比例很高，是教育维度最重要的剥夺项。国家实施九年义务教育，尤其是农村地区免费接受义务教育以来，家庭失学或辍学现象已经鲜见（57.46%的农户无剥夺，A_3），但仍然有22.1%的农户反映以前由于家庭贫困，小学未毕业而辍学。总体来看，32.97%的农户在教育维度无剥夺（主要是新生代农户），22.47%的农户处于一般剥夺（主要是中老年农户）。

表6-4　教育维度剥夺发生率（%）

剥夺分	A_1	A_2	A_3	教育维度
0	41.44	0.00	57.46	32.97
1	24.86	9.94	1.66	12.15

续表

2	20.99	14.36	2.76	12.71
3	12.15	33.15	22.10	22.47
4	0.55	33.15	13.26	15.65
5	0.00	9.39	2.76	4.05

（2）健康维度

农村居民健康状况不容乐观，如表 6-5 所示，28.73% 的农户常年被疾病困扰（B_1，主要是风湿、高血压及胃肠道疾病等疾病）；26.52% 的农户小病不断，医药费累计开销大；12.71% 的农户因干活受伤，并影响劳动生产活动；28.73% 的农户患有慢性病。购买医疗保险能够反映出农户对医疗保障的重视程度（B_2），绝大多数农户都怀有"有保障能就医"的想法而自觉购买新型农村合作医疗，但 40.33% 的农户认为家庭人口多购买医疗保险开支大，这部分人群不能保证每年每人足额缴纳保费，处于较大的剥夺状态。从表 6-5 可见，新型农村合作医疗对农户患有重大疾病有保障，但对日常小病无保障，小病可能拖成大病，从而对健康造成一定剥夺。贫困山区的卫生所相对较远，很多农户要走 10 多公里的泥泞山路才能到达附近镇上的卫生所看病（40.88% 的农户有 4 分剥夺，B_3）。整体上，健康维度处于一般或较大的剥夺状态，当前因病致贫、因病返贫是贫困山区精准扶贫的痛点问题之一。

表 6-5　健康维度剥夺发生率（%）

剥夺分	B_1	B_2	B_3	健康维度
0	19.34	0.55	0.00	6.63
1	26.52	19.89	11.60	19.34
2	12.71	11.05	8.29	10.68
3	28.73	28.18	33.15	30.02
4	8.29	40.33	40.88	29.83
5	4.42	0.00	6.08	3.50

（3）生活维度

本部分从 11 个方面测试生活维度的贫困剥夺，如表 6-6 所示。近年来国家非常重视三农问题，其中农村基础设施的建设与改造是重点工作，即通路、通电、通水（俗称"三通"工程）。调查结果显示，农户饮水从以往的地表水和地窖水慢慢过渡到饮用自来水（C_ 1），但受条件限制，却是未经净化、杀菌处理的水，51.93%的农户认为农村普遍存在的肠道疾病与水质不洁净有关。随着农村电网的改造升级，大部分农村已经告别不通电或电力严重不足的历史（C_ 2），现在主要问题是电价高，55.25%的农户承受能力有限，影响农户生活燃料的清洁化使用（C_ 3），39.78%的农户以干柴、煤为主要燃料，少量用电。本次研究选取集中连片的特困地区农户，这些样本农户有相似的贫困共同点，37.02%的农户住房条件很差（C_ 4），是泥土房或危房，其中上拉堡村一个社地处半山腰的地质沉降带，全社48户均为贫困户。46.96%的农户仍然在使用木头搭建的屋外简易厕所（C_ 5），48.07%的农户无固定垃圾堆放点（C_ 6），选择向外界随意排放垃圾的传统方式。74.59%的农户住房道路状况极差（C_ 7），很多山区的贫困户通往外界只有一条由人踩踏出来的泥泞小路，或是劈山开路后未经硬化的崎岖道路。"晴天一身灰，雨天一身泥"是山区道路的真实写照。调研量表设定人均住房面积低于12平方米属于五级剥夺（C_ 8），数据显示各级剥夺均有不同程度的显现，这与地区自然条件、家庭人口数量、收入状况有关。45.86%的农户仅有年代久远、老式简易家具（C_ 9），28.18%的农户家庭除了一张桌子和几把椅子，基础上无任何家具；30.39%的农户家里仅有彩电和电磁炉（C_ 10），20.99%的农户仅有1部老旧电视机。农村"养儿防老"的观念根深蒂固，儿子需承担赡养老人的主要责任，34.81%的农户认为子女收入低，赡养老人困难（C_ 11），20.99%的农户认为自身很贫困无法提供很好的赡养条件。整体分析，生活维度中不同指标剥夺水平有较大差异，导致二、三、四级剥夺均有主要分布（25.92%、23.71%、26.72%）。

表6-6　生活维度剥夺发生率（%）

剥夺分	C_ 1	C_ 2	C_ 3	C_ 4	C_ 5	C_ 6	C_ 7	C_ 8	C_ 9	C_ 10	C_ 11
0	0.00	0.00	0.55	12.71	2.76	0.00	1.66	17.68	0.55	0.55	4.42
1	0.55	24.86	12.71	3.31	0.55	0.00	1.10	15.47	1.10	13.81	9.39
2	51.93	55.25	20.44	22.10	16.02	16.57	10.50	20.99	15.47	27.07	28.73
3	23.76	13.26	17.68	7.73	32.04	27.07	3.87	24.31	45.86	30.39	34.81
4	23.20	4.42	39.78	37.02	46.96	48.07	8.29	16.02	28.18	20.99	20.99
5	0.55	2.21	8.84	17.13	1.66	8.29	74.59	5.52	8.84	7.18	1.66

（4）收入维度

本部分从收入与支出的角度来测评农户的收入维度剥夺程度（如表6-7所示）。调研的农户中，存在极端贫困人群，25.41%的农户年总收入不超过10000（D_1）；介于贫困线上下徘徊的人群占1/3，30.94%的农户人均年收入在2000~3000元，15.47%的农户人均年收入不足2000元（D_2）。现阶段贫困山区脱贫致富的有效途径是非农经营与务工，但受学历、技能、经济环境、产业发展不成熟等因素制约，农户外出打工不利，年总收入低于7000元的有46.96%（D_3）。为了规避调研农户虚减收入虚增支出对数据分析的影响，这里加上了家庭年总支出和家庭欠债两个测评指标。有25.97%的农户年总支出在20000元以上（主要是生重病就医或孩子教育的花销大），25.41%的农户年总支出在10000~15000元（与年总收入大体匹配，D_4）。34.81%的农户无欠债（已还清），29.83%的农户借款在5000元以下（亲戚朋友的暂时性借款），23.20%的农户借款在20000元以上（与年总支出大体匹配，D_5）。整体分析，收入维度属于五级剥夺，由于贫困山区农户收入少，家庭开支大，多数农户处于收入正抵支出的窘境，更多的时候是入不敷出，很难积攒稳定的家庭存款，这是贫困户在新贫、脱贫、返贫中徘徊的重要原因。

表6-7　收入维度剥夺发生率（%）

剥夺分	D_1	D_2	D_3	D_4	D_5	收入维度
0	2.76	0.00	2.21	0.00	34.81	7.96
1	24.31	6.63	28.18	4.42	3.31	13.37
2	10.50	18.78	6.08	22.10	29.83	17.46
3	14.92	28.18	6.63	25.41	8.29	16.69
4	22.10	30.94	9.94	22.10	0.55	17.13
5	25.41	15.47	46.96	25.97	23.20	27.40

（5）资产维度

本部分从6个指标来测评资产维度的剥夺状况，如表6-8所示。35.36%的农户家里保持1间客厅和2间卧室的格局，按照农村一般家庭里有两层至少6间房的标准，属于小剥夺（E_1）。所调研的样本地区，为高寒山区缺乏大规模种植经济作物的平地，35.91%的农户反映其耕地仅有3~5亩（E_2），59.67%的农户林地不足5亩（E_3），35.91%的农户认为自身耕地和林地产生的经济效益少（E_4），53.59%的农户仅有一台电动打谷机或粉碎机用于农副业生产（E_5），61.33%的农户没有任何交通工具（E_6），27.62%的农户有一部摩托车，2.21%的富裕农户拥有轿车。整体分析，贫困山区农户缺少有价值的资产，资产维度为五级剥夺。

表6-8　资产维度剥夺发生率（%）

剥夺分	E_1	E_2	E_3	E_4	E_5	E_6	资产维度
0	9.94	3.31	3.87	1.66	1.10	2.21	3.68
1	17.13	8.29	6.08	6.63	3.87	1.10	7.18
2	35.36	12.15	6.08	32.04	1.10	0.00	14.46
3	28.18	13.81	7.18	22.10	16.57	27.62	19.24
4	6.63	35.91	17.13	35.91	53.59	7.73	26.15
5	2.76	26.52	59.67	1.66	23.76	61.33	29.28

3. 多维贫困测评分析

以上考察了各个维度的贫困剥夺率，通过上述指标综合而成可得出集中连片特困区的多维贫困程度，如图6-1所示。通过比较发现：

（1）收入维度不是农户家庭贫困的唯一维度，资产、生活、健康维度都呈现一定的贫困面。收入维度中27.40%的农户处于五级剥夺；在资产维度，29.28%农户处于五级剥夺；在生活维度，26.72%农户处于四级剥夺；在健康维度，59.85%的农户处于三级或四级剥夺。

（2）有89.01%的农户至少存在2个维度的贫困，绝大部分农户家庭存在7个以内维度指标的贫困。除了教育维度，90%以上的农户都存在其他维度的剥夺。

（3）5个维度中，教育维度是剥夺程度最小的维度，这归功于多年来国家普及9年义务教育的巨大成效，新生代农户受教育年限已经获得很大提升。但家庭成员最高受教育程度的提高不明显，84.08%的农户最高文化水平为初中及以下（含未毕业）。

（4）健康维度的剥夺比较显著，29.83%的农户中患有先天性疾病、慢性疾病、残疾或伤病而影响劳动力生产活动，为四级剥夺。

（5）从综合维度分析，剥夺率依次为15.33%（五级剥夺，大），23.10%（四级剥夺，较大），22.42%（三级剥夺，一般），16.24%（二级剥夺，小），

11.92%（一级剥夺，较小），说明在国家精准扶贫机制作用下，特困区农户贫困状况出现了分化，绝大部分农户已经走出绝对贫困（收入贫困），而其他维度的贫困日渐成为扶贫工作的主要维度。

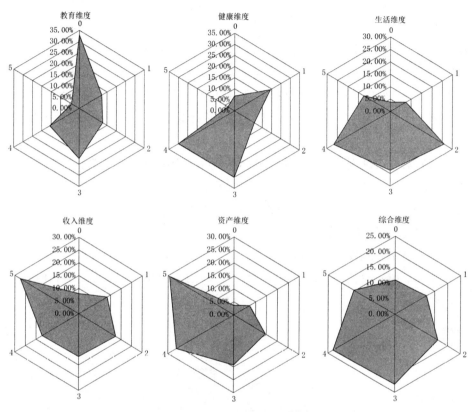

图6-1 多维贫困发生率雷达图

4. 多维贫困维度分解分析

从教育、健康、收入、生活和资产五维度对集中连片特困区样本农户的多维贫困剥夺值进行了分解，各维度的具体贡献度如图6-2所示。通过对比5个维度，可以发现：

（1）资产维度剥夺值最大为3.4484，收入、生活和健康三个维度次之，其剥夺值分别为3.0387、2.9940和2.6759。说明特困区农户告别极端贫困后，收入维度的剥夺已经退居到第二位。从现代人居环境、生活水平和健康条件来看，特困区农户距离富裕县农户有相当大的差距，与城市居民相比剥夺更大。很多特困区农户可谓是"一贫如洗"，除了维持生存的土地，家里几乎没有有价值的资产。

（2）收入维度和生活维度是姐妹维度，98.78%的农户同时具有这两个维度的贫困剥夺，对总体多维贫困的贡献度为42.9%。近几年来，我国加快推进以保障和改善民生为重点的社会建设，在教育、就业、社会保障、医疗、住房、"三农"等领域出台了一系列的惠民政策，农村公共基础设施、居住条件显著改善，农户的"钱袋子"慢慢鼓起来了。但冰冻三尺非一日之寒，特困区政策到位滞后，农户收入来源有限，制约生活水平的进一步提升。

（3）考虑到农村地区卫生所稀缺、医疗设施落后、医务人员缺乏、卫生条件差等因素，健康维度对多维贫困的高贡献率不足为奇，特困区农户相比坝区农户离卫生所更远，道路交通非常不便利，而且卫生意识淡漠，卫生条件更差，受疾病侵扰的概率更大。

（4）教育维度剥夺值最小为1.8785，归因于中国农村未完成小学教育的劳动力年龄段人口存量逐年减少，样本农户中34.97%具有小学及以下学历，49.11%具有初中学历，9.8%具有高中学历，6.12%具有大专及以上学历，近年来几乎未发生因贫辍学的情况。

（5）从综合维度分析，剥夺值为2.8071接近3，说明特困区农户整体为三级剥夺（一般），反映出农村居民资产、收入、生活、健康的剥夺是需直面解决的问题。

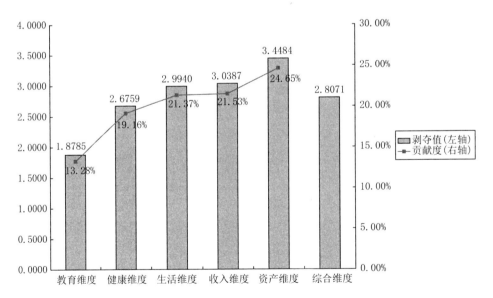

图6-2 集中连片特困区样本农户多维贫困维度分解

5. 多维贫困地区分解分析

表6-9展示了两个集中连片特困区样本农户多维贫困测评的地区分解结果。通过分析获得以下启示：

（1）受区域相似的自然环境、经济环境和人文环境的影响，教育和健康维度呈现明显的分形现象，乌蒙山区大关县六个行政村的样本农户有较为强烈的教育脱贫的理念，新生代农户汲取上一辈人教育程度低的教训，秉承"再难也要供孩子读书"的观念，教育维度的剥夺值仅为1.6250～1.8890。因地处高寒山区，看病就医极其不易，致使健康维度的剥夺值为2.4375～2.8542。所调研滇西边境山区的保山和临沧两个行政村，为彝族、布朗族、傣族等少数民族聚居区，由于历史、语言等原因，少数民族聚居区比汉族聚居区文化程度更低，约30.12%的农户是文盲，42.8%的农户只有小学文化程度，教育维度剥夺值为2.0～2.1361，且在少数民族聚居区"读书无用论"的观念盛行，仍然有很多90后孩子未读完初中就自愿放弃上学，教育贫困的代际传递比其他维度更甚。少数民族聚居区居民患有慢性疾病的比例高，家庭人口一般多为5-7人，某些农户认为购买医疗保险的负担重，进行选择性购买而未全员购买，健康维度剥夺值为2.7823～3.1333。

（2）相对而言，乌蒙山区样本农户的生活质量更为低下，普遍饮用未经净化处理的地窖水，仍然使用干柴为生活燃料，贫困面广而深，绝大多数建档立卡户家里基本无家具，家当仅有一部破旧的电视机或者什么没有，生活维度剥夺值在3.0341以上。滇西边境山区居住环境较为温暖湿润，土壤肥沃，利于开展经济作物的种植，再加上路面硬化程度高，享受免费修建、使用太阳能和沼气的民族政策，生活维度剥夺值在2.497～2.8089。滇西边境山区样本农户以经济作物为主要收入来源，但易受自然灾害和市场行情的影响，收入不稳定，缺乏现代化的农机设备和交通工具，收入维度在2.6667～3.2816，资产维度在3.1463～3.3667；乌蒙山区样本农户耕地稀少，经济林果产业不发达，以打工为主要收入来源，但受学历层次低、技能水平低的影响，收入不高，现代化的农机设备和交通工具更加奇缺，收入维度剥夺值在2.5217～3.6875，资产维度剥夺值在3.0313～3.8576。

（3）综合维度分析，乌蒙山区比滇西边境山区的贫困程度更大，乌蒙山区贫困剥夺值在2.7035～2.9665，滇西边境山区贫困剥夺值在2.7327～2.8310。

表6-9　集中连片特困区样本农户多维贫困测评的地区分解结果

区域	行政村	分维度剥夺值					综合剥夺值	贡献度（%）					
		教育	健康	生活	收入	资产		教育	健康	生活	收入	资产
滇西	上拉堡村	2.1361	2.7823	2.8089	3.2816	3.1463	2.8310	15.18	19.84	19.77	23.00	22.21
	昔宜村	2.0000	3.1333	2.4970	2.6667	3.3667	2.7327	14.66	23.01	18.19	19.36	24.78
	安乐村	1.8890	2.4820	3.2093	2.5217	3.8576	2.7919	13.36	17.88	23.05	17.89	27.83
	打瓦村	1.7292	2.7500	3.1648	2.7625	3.6667	2.8146	12.16	19.55	22.57	19.53	26.20
乌蒙	毛坝村	1.8542	2.6667	3.0511	3.6875	3.5729	2.9665	12.17	17.95	20.75	24.89	24.25
	双河村	1.7500	2.4792	2.9716	3.4250	3.3333	2.7918	12.41	17.74	21.33	24.64	23.88
	营盘村	1.6250	2.8542	3.1875	3.3625	3.0313	2.8121	11.53	20.18	22.74	23.96	21.60
	寨子村	1.7500	2.4375	3.0341	2.8375	3.4583	2.7035	12.80	18.20	22.63	20.87	25.51

六、结论

本章设计了一套多维贫困的五级量表，通过对乌蒙山区和滇西边境山区进行入户调查，获取了181户农户的有效量表数据，以分析集中连片特困区农户的多维贫困状况。研究发现：

1. 资产维度是农户多维贫困剥夺的第一维度，收入维度退居第二，生活、健康、教育有一定剥夺面。大多数农户仅有维持生存的土地而缺乏有价值的物质资产，收入少且难以形成稳定的积蓄，致使农户很难有足够的资金来改善租住环境、提高生活水平。农户越穷，家里越是一贫如洗，资产、收入、生活维度越会陷入"贫困陷阱"。

2. 农户健康状况不良，越穷越不敢看病，越贫困的地区就医越远，时常使小病拖成大病。农户文化程度不高，缺乏现代化种养殖技术，务工时候仅能从事简单力气活，健康和教育维度的剥夺对其他维度的贫困产生了促进作用。

3. 从维度分解来看，资产维度贡献度最大，收入、生活、健康维度次之，教育维度贡献度最小。这受益于精准扶贫政策的推进大大降低了极端贫困人口数量，九年义务教育政策的实施提高了农户学历层次，农户"两不愁三保障"的基本目标已经实现，而产业不兴旺、不发达，已然影响到多维贫困。

4. 从地区分解来看，乌蒙山区自然条件恶劣，农户主要以外出务工为生，教育脱贫的意愿浓郁；滇西边境山区自然条件较好，主要以经济作物为生。为少数民族聚居区，受历史、语言的制约，教育水平更为落后。总体上乌蒙山区比滇西边境山区贫困程度大。

鉴于上述关于集中连片特困区农户多维贫困的分析，相关政策建议如下：第一，2020年全国消除极端贫困人口后，扶贫工作随即转入到相对贫困的治理，实现乡村振兴，城市与农村共荣共生。因此贫困户的识别与认定应通过资产、收入、生活、健康、教育5个维度予以量化打分，建立"五位一体"的扶贫新机制，巩固精准扶贫的阶段性成果。

第二，调研中发现，长期以来交通不便一直是制约贫困山区经济发展的主要因素，"车难行路难走"使贫困山区农户资产和生活维度遭受了很大剥夺，奇高的物流成本严重制约贫困山区与现代农村接轨，越贫穷落后的地方居住环境越差，经济发展水平越低。要推动贫困山区经济与社会发展，改变贫穷落后的面貌，就必须加快当地公路基础设施建设，其中提高道路硬化率是改善贫困山区生产、生活水平的关键点，道路硬化不仅是实现财路通的重要载体，而且是改善村容村貌的重要举措。

第三，收入贫困是影响农户贫困状态的重要维度，在调查样本中，多数贫困户的收入水平在现行贫困线上下徘徊，对稳定脱贫造成很大不确定性。为了长久减弱收入贫困，贫困山区可持续性的脱贫必须依靠产业兴旺，而产业兴旺必须坚持整合资源、整体推进，提高村级集体经济发展的整体水平。可行的做法是以县为单位统筹推进有实力、有作为、有奉献的龙头企业进驻，大力推行"龙头企业+合作社+贫困户"发展模式，实现第一二三产业融合发展。即依托龙头企业，以发展绿色、生态、有机农业为重点，实现从发展标准化种养殖基地向产品加工销售、餐饮娱乐、旅游观光延伸，延长产业链、提升价值链。

第四，调查样本反映出因病致贫、因病返贫的农户很多，或身患慢性疾病，医疗支出大的农户生活状况会急剧恶化。目前国家政策对建档立卡户医疗负担兜底，而对非建档立卡户无优惠政策，导致农村争当贫困户的现象屡见不鲜。因此要完善新型农村合作医疗制度，加强对贫困山区农户关于新型农村合作社制度的具体内容、筹资方式、补偿方案、权利与义务等相关规定的教育培训，确实研究解决健康状况较好的农民选择性参合，高危人群进攻性参合的"逆向选择"现象，促进新农村医疗制度基金的筹集及合理统筹。在实现新型农村合作社全覆盖的同时不断提高其保障水平，要加大对贫困人口的医疗救助力度，着实降低贫困农户的医疗负担，以进一步降低健康保险指标的贫困。

第五，通过调查分析，贫困山区适龄儿童九年义务教育辍学率很低，但比较城市或较为发达的农村地区，初中毕业后再进行升学的意愿减弱，66.3%的样本农户学历在初中及以下。如若贫困山区的文化程度不能提高，可能出现新型的贫困代际传递，即上一代的文化程度不高、收入支付能力有限，无法为下一代提供充足的受教育机会而产生贫困。因此建议教育主管部门制定相关政策，选送贫困山区的初中毕业生到内地优质高中学习，打通贫困山区教育衔接通道，并鼓励这部分学生以后回乡创业或服务，实现教育反哺。

第三篇

03

非线性分析：农户生计系统的发展演化

第七章

云南深度脱贫区农户生计系统的时空分异分析

一、研究区域范围

1. 乌蒙山区行政区划

乌蒙山区是指乌蒙山集中连片的特殊困难地区，行政区划跨云南、贵州、四川三省，是国家新一轮的扶贫开发攻坚战主战场之一。乌蒙山区中，包括 15 个牧业、半牧业县，13 个民族县，是我国彝族、苗族等少数民族的主要聚集区。该地区是我国比较贫困的地区之一，在 14 个片区中，贫困发生率排在第二位，气候和自然环境恶劣多变，山高路险，交通不便，土地贫瘠，自然灾害频繁。乌蒙山区包括云南、贵州、四川三省毗邻地区的 38 个县（市、区），如表 7-1 所示。

表 7-1　乌蒙山区所辖州市（县区）

省份	州市	县区
云南省	昆明市（2） 曲靖市（2） 昭通市（10） 楚雄州（1） 遵义市（3）	禄劝县、寻甸县 会泽县、宣威市 昭阳区、鲁甸县、巧家县、盐津县、大关县、永善县、绥江县、镇雄县、彝良县、威信县 武定县 桐梓县、习水县、赤水市
贵州省	毕节市（7） 泸州市（2） 乐山市（2）	毕节市、大方县、黔西县、织金县、纳雍县、威宁彝族回族苗族自治县、赫章县 叙永县、古蔺县 沐川县、马边彝族自治县
四川省	宜宾市（1） 凉山州（8）	屏山县 普格县、布拖县、金阳县、昭觉县、喜德县、越西县、美姑县、雷波县

2. 乌蒙山云南片区行政区划

本章的研究区域为乌蒙山云南片区的 15 个县，即昆明市的禄劝县、寻甸县；曲靖市的会泽县、宣威市；昭通市的昭阳区、鲁甸县、巧家县、盐津县、大关县、永善县、绥江县、镇雄县、彝良县、威信县；楚雄州的武定县，占乌蒙山区总县数的 39.5%。

2019 年 3 月，乌蒙山云南片区已经陆续有 13 个县脱贫摘帽，仅剩会泽、镇雄两个县尚未达到脱贫标准。2020 年 11 月，会泽、镇雄两县，达到贫困县退出标准。符合贫困县退出条件，批准退出的贫困县，如表 7-2 所示。

表 7-2 乌蒙山云南片区脱贫情况

年份	州市	县（市、区）
2017	昆明市 昆明市	寻甸县 禄劝县
2018	昭通市 曲靖市	绥江县、威信县 宣威市
2019	昭通市 楚雄州	昭阳区、鲁甸县、巧家县、盐津县、大关县、永善县、彝良县 武定县
2020	昭通市 曲靖市	镇雄县 会泽县

二、研究区域概况

1. 自然资源概况

（1）自然地理条件

乌蒙山云南片区位于云南省东北部，是国家划定的集中连片的特困区之一，辖区内共有 15 个县（市、区），国土面积 3.9 万 km²，最高海拔 3353 m，最低海拔 270 m，属亚热带、暖温带高原季风气候，光热水土资源非常丰富。乌蒙山云南片区山高谷深、地势陡峻，地形地貌多样，是典型的高原山地构造地形，生态环境极其脆弱，许多作物不适宜生长，经济作物相对较少，主要农作物有玉米、马铃薯等，土地利用程度较低。

（2）自然资源状况

正是由于独特的自然地理和气候条件，使得该片区的生物多样性极为丰富，动植物种类甚多，拥有多处自然保护区，如三江口省级自然保护区、朝天马省级自然保护区、海子坪省级自然保护区、小岩方市级自然保护区、罗汉坝市级自然保护区等，天然林资源丰富，森林覆盖率较高，部分林木都极具典型性与代表性。除此之外，保护好该片区典型的天然森林生态系统和天然的物种基因库意义重大。

（3）农业生产条件

乌蒙山云南片区山地面积比例大，耕地面积比例小且质量不高，该片区耕地自然质量等级趋于中等偏低，其中，中等地面积最多，占片区耕地总面积的55.85%，优等地面积最少，仅占0.49%；且中、低等地共涉及236个乡镇，占该片区乡镇总数的90.42%，包括21个民族乡镇，占该片区总乡镇8.04%。人均耕地面积尤其高产，但稳产面积小，仅为0.46亩，大多地处岩石山区，气候复杂多变，日照时间短缺，农田水利设施落后，投入产出比例严重失衡，自然灾害频发，是干旱、冰雹、洪涝、滑坡、泥石流、地震等自然灾害的多发区域。

乌蒙山云南片区的自然地理条件较差，生态环境脆弱，缺少平坦、适宜耕种的土地，生活环境恶劣，自然灾害频发，制约了该片区经济社会的协调发展，限制了区域资源开发和结构调整。然而该片区农户世代以土地为生，从事农业生产是最根本的生计来源，使得该片区经济发展滞后，出现恶性循环的情况。该片区自然资源丰富，但很多区域处于尚未开发阶段，实际上极具开发潜力，可以在保护生态环境的前提下进行合理地开发利用。

2. 社会经济概况

（1）经济发展状况

乌蒙山区具有独特的气候和丰富的物种资源条件，独特的立体气候孕育了丰富的物种资源，为该片区林业产业基础建设和发展提供了有利条件，特别是昭通市北部片区的竹资源、昭通市南部片区及曲靖市会泽、宣威等县（市、区）的核桃资源、昭通市江边河谷的花椒资源、昭通市以小草坝为中心的天麻资源以及曲靖市罗平等县的杉木资源等，是该片区特色林产业发展的优势。但由于该片区大部分的耕地为陡坡耕地，经济林的造林难度较大，很难大面积种植，再加上产业资金投入严重不足，产业经营水平落后，相关技术力量十分薄弱，缺乏相应人才的输入与培养，且缺乏龙头企业带动，很难形成完整的产业结构。该片区道路曲折，运输成本相对较高，无法发挥其得天独厚的资源优势，导致经济发展滞后，落后的状况很难依靠农户自身的力量改善。

（2）农户生活状况

乌蒙山云南片区农户在2010年之前住房质量较差，以泥土房为主，有些甚至是土木结构的房屋，家中耐用消费品数量很少，只能维持基本的生活水平。自2011年起，该片区农户在政府的帮扶下，利用贴息贷款自建房屋，将原有房屋翻新再建，房屋结构以砖瓦砖木、砖混为主，部分家庭还改盖起了钢筋混凝土的房屋，还有些农户则搬进了易地搬迁的房屋，较原先的居住水平有了大幅度的提升，家中耐用消费品数量有所上升，少数家庭还有了太阳能。除此之外，该片区农户的人均可支配收入增长到了9559元，人均消费支出增长到7764元，如表7-3所示。

表7-3　2015-2018年乌蒙山云南片区农户收入与消费情况 （单位：元）

指标	2015	2016	2017	2018
人均可支配收入	7014	7905	8750	9559
工资性收入	1888	2341	2618	2967
经营净收入	3448	3706	3889	3932
财产净收入	20	26	67	64
转移净收入	1659	1832	2176	2597
人均消费支出	5733	6266	7471	7764
食品烟酒	2497	2769	2976	2727
衣着	268	286	313	323
居住	1041	1092	1285	1585
生活用品及服务	307	292	373	352
交通通信	495	518	993	780
教育文化娱乐	578	745	943	1191
医疗保健	508	510	533	729
其他用品和服务	39	54	54	78

（数据来源：2017年至2019年《云南调查年鉴》）

由表7-4可知，该片区农户在食品烟酒、衣着、居住、生活用品及服务的基本生活方面的消费比重逐步下降，在2018年，这部分比重下降，为64.23%；交通通信、教育文化娱乐、医疗保健及其他用品和服务方面的消费比重上升，2018年为35.78%，较2015年上升7.52%，消费结构发生改变，说明农户逐步开始重视教育、医疗、通信等方面，生活水平逐步提高。但该片区农户工资性收入依然较低，消费占收入的比重依然很高，基本保持在80%以上，收入依然仅能用来维持基本生活，存款基本为零，基本达到解决温饱问题，因此，提高农户生活水平依然是重中之重的任务。

表 7-4 2015-2018 年乌蒙山云南片区农户消费比重 （单位:%）

指标	2015	2016	2017	2018
食品烟酒	43.55	44.19	39.83	35.12
衣着	4.67	4.56	4.19	4.16
居住	18.16	17.43	17.20	20.41
生活用品及服务	5.35	4.66	4.99	4.53
合计	71.73	70.84	66.21	64.22
交通通信	8.63	8.27	13.29	10.05
教育文化娱乐	10.08	11.89	12.62	15.34
医疗保健	8.86	8.14	7.13	9.39
其他用品和服务	0.68	0.86	0.72	1.00
合计	28.25	29.16	33.76	35.78
消费/收入	81.74	79.27	85.38	81.22
总计	99.98	100.00	99.97	100.00

（此表为计算所得）

3. 教育发展概况

（1）思想观念

乌蒙山云南片区农户的主要问题是思想保守陈旧。贫困通常是历史沉淀下来的结果，从传统的生产方式到观念和意识形态，这些问题在很大程度上影响了该片区农户的生产甚至生活方式，并且成为阻碍经济发展的壁垒。该片区处于"老、少、边、山、穷"地带，人口文化水平程度低、生产技能掌握不足，而影响该片区发展的更主要因素是，农户愚昧落后的传统思想、胆小怕事的思维定式和保守陈旧的落后观念。相当一部分农户安贫乐困，极度缺乏竞争意识，小农经济意识根深蒂固，"等、靠、要"思想甚为严重，对新思想、新事物难以迅速接收，这些落后的思想观念严重阻碍了该片区的经济发展，即使政府在此投入了大量人力、物力、财力，也依然难以取得预期的效果。

（2）教育状况

乌蒙山云南片区农户对教育的重视程度不够，部分家庭认为孩子读书不如出去打工赚钱，有些孩子完成义务教育之后就外出务工，补贴家用，家中劳动力虽然人数增加，但知识水平依然相对较低。但随着政府在教育方面的政策优惠力度逐渐增强，年轻一代的农户思想有所改变，相信知识改变命运，宁愿自己辛苦也愿意孩子继续读书，该片区农户上大学及以上的人数有明显提升。农户文化程度的提升势必会有助于该片区的长远发展。

然而，该片区的教育状况依然落后。教学层次单一、师资力量薄弱、教学基础设施简陋、学校硬件设施老旧、交通条件受阻等一系列问题依然突出。由于该片区农户住处较为偏僻，道路不畅，很多孩子只能步行上学，在路上就要花费几个小时。该片区属于教育弱势区域，教育群体属于弱势群体，优质教育资源稀缺，政府提供的教育条件与发达地区相比差距明显，教育群体难以享受优质教育资源。

三、生计资本测量指标体系的构建

在遵循动态性、易获性、综合性、科学性原则的基础上，建立生计资本指标体系，用以分析乌蒙山区农户的生计资本状况，量化农户的生计资本，从而对农户的生计资本进行定量分析。

基于可持续生计分析框架，将农户的生计资本分为自然资本、物质资本、人力资本、社会资本、金融资本。国内外众多学者对5种生计资本的可测量指标进行了探索。由于生计资本涵盖面广、复杂性强，国内外学者对于这5种生计资本的指标体系尚未达成共识，因此，本书借鉴其他学者的生计资本测量指标，结合研究区域的实际情况，开发了以下量表，量表采用李克特5分制，量化了农户5种生计资本的主要指标。

1. 自然资本

自然资本主要指农户拥有的土地资源等方面。结合乌蒙山区情况来看，该片区农户拥有林地和耕地两种土地资源，因此，本书将土地资源分设为2个指标，即"耕地数量""林地数量"，从最直接的角度反映农户的自然资本拥有量。

表7-5 自然资本测量量表

测量指标	指标值	指标描述及量化处理
耕地数量	NC1	0分（x=0亩）；1分（0<x≤3亩）；2分（3<x≤5亩）；3分（5<x≤8亩）；4分（8<x≤10亩）；5分（x>10亩）
林地数量	NC2	0分（x=0亩）；1分（0<x≤5亩）；2分（5<x≤8亩）；3分（8<x≤10亩）；4分（10<x≤13亩）；5分（x>13亩）

2. 物质资本

物质资本主要指农户的基本生产资料和基础设施建设。乌蒙山区的基础设施正在逐步完善，与对照组差距不大，基本不存在本质性的差异，但农户的生活与生产使用工具方面却存在较大差异，可以反映出农户物质资本的状况。因此，本章结合实际情况，将物质资本设置为"交通工具""农用机械数量""家用电器数量"这3个指标。

表7-6 物质资本测量量表

测量指标	指标值	指标描述及量化处理
交通工具	MC1	0分（无）；1分（自行车）；2分（电动车）；3分（摩托车）；4分（轻型货车）；5分（轿车）
农用机械数量	MC2	0分（0件）；1分（1件）；2分（2件）；3分（3件）；4分（4件）；5分（5件及以上）
家用电器数量	MC3	0分（0件）；1分（1件）；2分（2件）；3分（3件）；4分（4件）；5分（5件及以上）

3. 人力资本

人力资本主要指农户的文化程度、知识、技能等。本书设置了3个指标对农户的人力资本进行测量，"家庭成员获得培训的机会"用于测量农户学习技能、参与培训的机会，"家庭成员最高受教育年限"用于测量农户的文化程度与知识水平，"家庭成员掌握的非农技术"用于测量农户掌握技能的多少。以上3个指标能够较全面的反映农户人力资本的状况。

表7-7 人力资本测量量表

测量指标	指标值	指标描述及量化处理
家庭成员获得培训的机会	HC1	0分（无机会）；1分（难）；2分（较难）；3分（一般）；4分（较容易）；5分（容易）
家庭成员最高受教育年限	HC2	0分（文盲）；1分（6年以下）；2分（小学毕业）；3分（初中6-9年）；4分（高中9-12年）；5分（12年及以上）
家庭成员掌握的非农技术	HC3	0分（无）；1分（1门）；2分（2门）；3分（3门）；4分（4门）；5分（5门及以上）

4. 社会资本

社会资本主要包括农户获得的保障及社会关系网络。养老保险、医疗保障的完善，事关农户得到的社会保障，是重要的参数，而调查农户可求助的人数，能够了解农户的社会关系网络，了解农户可利用的社会资源，关系到农户在实现生计目标过程中所能利用的关系。本书设置了 3 个指标来测量农户的社会资本，分别是"参加养老保险人数""参加新型农村合作医疗人数""需求资金及找工作可求助的人数"。

表 7-8　社会资本测量量表

测量指标	指标值	指标描述及量化处理
参加养老保险人数	SC1	0 分（0 人）；1 分（1 人）；2 分（2 人）；3 分（3 人）；4 分（4 人）；5 分（5 人及以上）
参加新型农村合作医疗人数	SC2	0 分（0 人）；1 分（1 人）；2 分（2 人）；3 分（3 人）；4 分（4 人）；5 分（5 人及以上）
需求资金及找工作可求助的人数	SC3	0 分（0 人）；1 分（1 人）；2 分（2 人）；3 分（3 人）；4 分（4 人）；5 分（5 人及以上）

5. 金融资本

金融资本主要指农户实现生计目标所拥有的资金情况。人均年收入可以反映农户收入状况，并了解农户收入是否在贫困线以上，年总支出可以反映农户家庭支出的状况，也可以了解农户是否存在入不敷出的情况，生活支出在很大程度上能够真实地反映农户的生活状况。因此，本书设置了"人均年收入""年总支出"两指标对农户的金融资产进行了测量。

表 7-9　金融资本测量量表

测量指标	指标值	指标描述及量化处理
人均年收入	FC1	0 分（1000 元以下）；1 分（1000~1500 元）；2 分（1500~3000 元）；3 分（3000~4500 元）；4 分（4500~6000 元）；5 分（6000 元以上）

续表

测量指标	指标值	指标描述及量化处理
年总支出	FC2	0 分（3000 元以下）；1 分（3000～6000 元）；2 分（6000～9000 元）；3 分（9000～12000 元）；4 分（12000～15000 元）；5 分（15000 元以上）

四、研究数据与方法

1. 数据获取

2018 年 12 月，课题组对全校经济困难学生的家庭进行了问卷调查，问卷的主题为"西南林业大学经济困难学生家庭情况调查问卷"，主要内容包括 2010 年、2018 年贫困生家庭生计资本情况的各类问题。

课题组以学院为单位发放调查问卷，课题组成员负责问卷的讲解与填写说明，并将需要说明的问题告知各学院问卷负责人，以确保问卷的真实性及客观性。然后，在规定时间内，将问卷按学院收回，并分配给课题组成员录入问卷数据，在录入过程中将填写模糊、数据不全、内容不真实等无效问卷进行标记，以便后续进一步分析。最后课题组成员将所有问卷进行汇总与整合。

参与此次问卷调查的贫困生家庭，来自北京、天津、重庆、安徽、甘肃、广西、四川、河北、河南、湖南、湖北、云南等多个省份，最终收回问卷共计 4272 份，其中云南省贫困生问卷共 3602 份。

2. 数据筛选

为了保证数据的全面性、真实性、有效性以及后续对比分析的合理性、科学性，本书选择利用"西南林业大学经济困难学生家庭情况调查问卷"的基础数据，以云南省为主要的研究范围，选定乌蒙山云南片区共计 15 个县为实验组，选定云南省的非贫困县为对照组。

剔除城镇户口、缺失数据、填写模糊、内容不真实等无效问卷，仅保留农村户口、数据真实完整的问卷，最终两组一共得到有效问卷共 1004 份，其中实验组贫困生问卷数量 604 份，对照组贫困生问卷数量 400 份，每一份问卷代表一户家庭。

由表 7-10 可知，实验组的样本量为 604 户，其中昭通市占 58.61%，曲靖市占 31.13%，昆明市占 8.61%，楚雄州占 1.66%。建档立卡户共计 318 户，占总样本量的 52.65%。

表 7-10 实验组样本数量

州市	县区	样本数（户）	比例（%）	建档立卡户
昭通	大关	12	1.99	8
	鲁甸	18	2.98	11
	巧家	32	5.30	23
	绥江	12	1.99	8
	威信	24	3.97	9
	盐津	23	3.81	11
	彝良	27	4.47	15
	永善	18	2.98	10
	昭阳	39	6.46	23
	镇雄	149	24.67	97
合计		354	58.62	215
曲靖	会泽	49	8.11	36
	宣威	139	23.01	37
合计		188	31.12	73
昆明	禄劝	17	2.81	11
	寻甸	35	5.79	12
合计		52	8.6	23
楚雄	武定	10	1.66	7
总计		604	100.00	318

经过筛选问卷，最终整理发现对照组经济困难学生家庭来自 12 个州市的 34 个县区，由表 7-11 可知，对照组样本数量为 400 户，其中建档立卡户为 78 户，占总样本数量的 19.5%。

表 7-11 对照组样本数量

州市	样本量（户）	比例（%）	建档立卡户
保山	75	18.75	20
楚雄	44	11.00	5
大理	11	2.75	1

州市	样本量	比例（%）	建档立卡户
德宏	7	1.75	4
红河	60	15.00	18
昆明	32	8.00	1
丽江	11	2.75	3
普洱	4	1.00	0
曲靖	83	20.75	11
西双版纳	2	0.50	0
玉溪	68	17.00	14
昭通	3	0.75	1
合计	400	100.00	78

3. 样本描述性统计

表 7-12 给出了样本指标的描述性统计结果。横向来看，在 2010 年对照组的绝大部分指标均值都要高于实验组，说明对照组的农户生计资本拥有量基本高于实验组，在 2018 年实验组部分指标均值接近甚至超过对照组，说明实验组农户生计资本存量在增长，并且乌蒙山云南片区扶贫政策成效较为显著。纵向来看，实验组 2018 年的各项指标均值对比 2010 年均有所增长，但 2010 年及 2018 年的各项指标均值差异依然明显，说明实验组农户生计资本虽增长显著，但整体依然呈现发展不均衡的态势。

表 7-12 样本描述性统计

年份	指标	实验组				对照组			
		最小值	最大值	均值	标准差	最小值	最大值	均值	标准差
2010	NC1	0	3	1.34	0.542	0	5	1.39	0.709
	NC2	0	3	1.13	0.359	0	3	1.11	0.345
	PCI	0	5	1.5	0.951	0	4	2.02	1.015
	PC2	0	2	1.19	0.395	0	3	1.32	0.53
	PC3	0	5	2.75	1.515	0	5	2.55	1.388

年份	指标	实验组				对照组			
		最小值	最大值	均值	标准差	最小值	最大值	均值	标准差
2010	HC1	0	3	1.31	0.556	0	3	1.42	0.535
	HC2	0	5	2.9	0.862	0	5	3.09	0.842
	HC3	0	4	1.73	0.799	0	5	1.75	0.744
	SC1	0	5	2.07	1.479	0	5	2.03	1.291
	SC2	0	5	3.25	1.66	1	5	3.62	1.71
	SC3	0	4	3.16	1.033	0	4	3.29	0.967
	FC1	0	5	2.12	1.052	1	5	2.21	0.913
	FC2	1	5	2.92	1.208	1	5	3.04	1.082
2018	NC1	0	3	1.46	0.563	0	5	1.45	0.73
	NC2	0	3	1.15	0.378	0	3	1.29	0.498
	PCI	0	5	2.21	1.145	0	5	2.57	0.946
	PC2	0	3	1.4	0.568	0	4	1.29	0.656
	PC3	0	5	4.05	1.168	1	5	3.64	1.168
	HC1	0	4	1.56	0.797	0	4	1.58	0.855
	HC2	1	5	3.9	1.069	2	5	3.8	0.841
	HC3	0	5	1.91	0.909	0	5	1.9	0.87
	SC1	0	5	2.76	1.394	1	5	2.92	1.398
	SC2	1	5	4.22	1.296	1	5	4.41	1.083
	SC3	0	5	2.64	1.852	1	5	2.33	1.64
	FC1	0	5	3.07	1.239	1	5	3.15	1.067
	FC2	1	5	3.58	1.224	1	5	3.47	1.029

4. 双重差分模型的构建

本书使用的分析方法是双重差分模型。这是一种用于分析政策效果的、把制度和政策视为外生于经济领域的"自然实验"，被西方经济学界广泛运用于诸多领域的研究方法——双重差分模型（DID），这种方法由于其思路简洁且估计方法成熟被广泛运用。[①]

---

① 周晶，陈玉萍，丁士军."一揽子"补贴政策对中国生猪养殖规模化进程的影响——基于双重差分方法的估计 [J]. 中国农村经济，2015（04）：29-43.

本书设置了实验组与对照组两个组别，运用双重差分模型对实验组、对照组农户生计资本进行时空分异研究，这是考察乌蒙山区农户长期贫困问题的一个重要视角，一方面能评价扶贫政策的成效，准确了解政策本身的有效性及政策对作用对象的针对性，便于把握扶贫政策的实施效果及意义，为决策部门提供参考依据；另一方面能了解长时间以来农户生计资本的变化情况，从而找到长期制约发展的致贫因素。

（1）模型原理

双重差分法（DID），又叫倍差法。双重差分作为常用的科学衡量政策效果的研究工具，具有很多优点。双重差分模型的理论框架是建立在自然实验之上，可以避免政策作为自变量可能存在的内生性问题，在控制被解释变量和解释变量之间的相互影响效应方面非常有效。自然实验利用外生事件的冲击进行研究，其样本分组和处理变量均独立于个体异质性，组间样本包含了对政策事前和事后的两种差异，所以仅仅凭借政策前后的纵向比较和组间是否接受政策影响的横向比较都会忽视这种差异，造成对这项政策效果评估的偏差。双重差分法既能控制样本之间不可观测的个体异质性，又能控制随时间变化的不可观测总体因素的影响，所以能得到对政策效果的无偏估计。[①]

进行自然实验的过程中，首先要进行随机或近似于随机的样本分组，在制度政策的评价中，实验变项或实验处理就是指实施了该项政策，受到新政策影响的样本就是实验组或处理组，未采取政策的为控制组或对照组。

双重差分模型一般可以表达为：

$$y_{it} = \beta_0 + \beta_1 D_{it} \cdot T_{it} + \beta_2 D_{it} + \beta_3 T_{it} + \mu + \varepsilon_{it} \qquad （式7-1）$$

其中，分组虚拟变量记作为 D_{it}，实验组的 $D_{it}=1$，意思是该组样本受到政策影响，控制组的 $D_{it}=0$，意思是没有受到政策冲击；时间虚拟变量记作为 T_{it}，受到政策冲击前 $T_{it}=0$，受到政策冲击后 $D_{it}=1$，表明政策冲击已发生。双重差分估计量，即 $D_{it} \cdot T_{it}$，是政策的实施对于被解释变量影响是否显著判别的关键。

（2）计量模型设定

本书运用双重差分模型分析乌蒙山区扶贫政策的成效，并分析该片区农户生计资本的时空分异特征。

时空分异，即从时间与空间结合的角度分析其存在的差异。本章以2010年与2018年农户生计资本的对比体现时间分异，以乌蒙山区云南片区的15个县

---

①　翟黎明，夏显力，吴爱娣. 政府不同介入场景下农地流转对农户生计资本的影响——基于 PSM-DID 的计量分析［J］. 中国农村经济，2017（2）：2-15.

与云南省其他地区的非贫困县的对比体现空间分异。双重差分模型可以将时间与空间分异相结合，由交互项体现时空分异特征值。

因此，构建的双重差分模型为：

$$Y_{it}=\beta_0+\beta_1 D_{it}\cdot T_{it}+\beta_2 D_{it}+\beta_3 T_{it}+\varepsilon_{it}\qquad(式7-2)$$

其中，Y_{it} 为第 i 个农户在 t 时期的自然资本、人力资本、物质资本、社会资本、金融资本及生计资本总和的值，即被解释变量；D_{it} 为分组虚拟变量，$D_{it}=1$ 表示实验组的农户，即乌蒙山云南片区的农户，$D_{it}=0$ 表示对照组的农户；T_{it} 为时间虚拟变量，$T_{it}=1$ 表示 2018 年，$T_{it}=0$ 表示 2010 年；$D_{it}\cdot T_{it}$ 表示交互作用，也就是扶贫成效及时空分异特征值；ε_{it} 为随机扰动项。

五、结果分析

1. 基础分析

经过熵值法的计算，得出生计资本 13 个指标的权重，如表 7-13 可见。

表 7-13　生计资本权重及计算

资本类型	指标值	权重	计算方式
自然资本	NC1	0.06451	NC1×0.06451+NC2×0.03569
	NC2	0.03569	
	PC1	0.11489	
物质资本	PC2	0.05857	PC1×0.11489+PC2×0.05857+PC3×0.08761
	PC3	0.08761	
	HC1	0.07714	
人力资本	HC2	0.03711	HC1×0.07714+HC2×0.03711+HC3×0.07463
	HC3	0.07463	
	SC1	0.13285	
社会资本	SC2	0.06943	SC1×0.13285+SC2×0.06943+SC3×0.10809
	SC3	0.10809	
金融资本	FC1	0.08231	FC1×0.08231+FC2×0.05717
	FC2	0.05717	
生计资本	L	1	L＝N+P+H+S+F

由各指标的权重，经过表 7-13 中的计算方式，得出实验组与对照组农户 5 种生计资本的平均存量状况，如表 7-14 所示。

表 7-14 生计资本存量状况

组别	资本类别	2010	2018	增加值
实验组	自然资本	0.12715	0.13484	0.00769
	物质资本	0.48332	0.69011	0.20679
	人力资本	0.33779	0.40765	0.06985
	社会资本	0.87202	0.94698	0.07496
	金融资本	0.34139	0.45790	0.11652
	生计资本	2.16167	2.63748	0.47581
对照组	自然资本	0.12929	0.14058	0.01130
	物质资本	0.53280	0.69147	0.15866
	人力资本	0.35482	0.40622	0.05140
	社会资本	0.87664	0.94596	0.06932
	金融资本	0.35569	0.45764	0.10195
	生计资本	2.24924	2.64187	0.39264

由表 7-14 可见，2018 年实验组农户的 5 种生计资本与 2010 年相比，物质资本与金融资本增加得最多，人力资本次之，社会资本与自然资本最少。其中，物质资本的增加值为 0.20679，金融资本增加值为 0.11652，而自然资本存量在 2010 年仅为 0.12715，2018 年也仅提高到 0.13484。

将实验组农户 2010 年与 2018 年的 5 种生计资本状况，通过更直观的生计资本五边形来展现，如图 7-1（a）与图 7-1（b）所示。

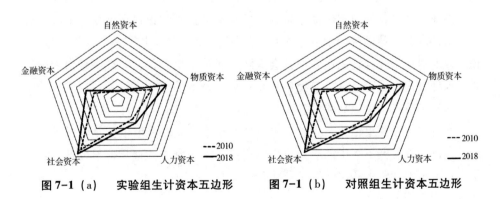

图 7-1（a） 实验组生计资本五边形   图 7-1（b） 对照组生计资本五边形

由图 7-1（a）与图 7-1（b）可知，2010 年实验组农户的物质资本、人力资本、金融资本明显低于对照组，而在 2018 年，与对照组农户基本相同，人力资本存量超过对照组。

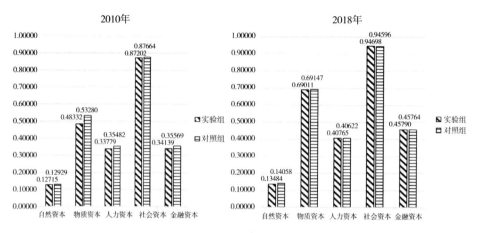

图7-2　2010年与2018年的实验组与对照组农户生计资本对比

综上所述，实验组农户2018年与2010年相比，物质资本与金融资本增加最为明显，人力资本次之，社会资本与自然资本增长最少。其中物质资本增长十分明显，说明乌蒙山云南片区基础设施建设逐步完善，道路情况明显改善，农户对交通工具的需求较以前相比更大，同时政府扶贫政策实施到位，农户生活条件明显提高，有更多的资金可以用于购买生产、生活所需的农用机械、家用电器及交通工具，也从侧面反映出了农户的收入水平提高，消费结构发生改变；金融资本的显著增加，说明农户的收入与支出明显增长，直接体现了农户生活水平与生活质量有所改善；人力资本虽然增加不多，但是已超过对照组，说明政府加大对集中连片特困区农户技能培训的力度，从知识技术方面改善农户，实现造血式扶贫，同时提供助学贷款、免学费等扶贫政策也帮助农户解决了因学致贫的问题，帮助贫困学生有学上，有书读；社会资本增长虽小，但存量大，说明政府对集中连片特困区农户社会保障的政策实施到位，实现医疗保险全覆盖，保证农户享受养老保险制度的优惠；自然资本的小幅度增长，说明实验组的自然资本较差，可提高的可能性较小，可发展的空间不大，因此改善不大。

实验组与对照组相比，生计资本整体呈现增长趋势，但依然基本低于对照组，整体呈现发展不平衡的态势，自然资本与人力资本的存量依然较低，限制了农户整个生计资本的协调发展和灵活转换。

2. 计量分析

表7-15给出了变量描述性统计的结果。本书主要关注解释变量的系数估计值及其显著性，以便后续分析。

表7-15 变量定义及统计特征描述

变量类别	变量名称	变量取值与描述	最小值	最大值	均值	标准差
被解释变量	自然资本	数值变量	0.10020	0.35826	0.13256	0.04673
	物质资本	数值变量	0.26107	1.12965	0.59684	0.20907
	人力资本	数值变量	0.18888	0.79264	0.37583	0.10437
	社会资本	数值变量	0.31037	1.65994	0.91022	0.28207
	金融资本	数值变量	0.13948	0.69738	0.40244	0.13283
	生计资本	5种生计资本之和	1.12472	3.91377	2.41789	0.49126
解释变量	组别（D_{it}）	实验组=1；对照组=0	0	1	0.60	0.490
	时期（T_{it}）	2010年=0；2018年=1	0	1	0.50	0.500
	交互项（$D_{it} \cdot T_{it}$）	扶贫成效及时空分异特征值	0	1	0.30	0.459

本书运用 Stata 软件进行计量经济学分析。运用双重差分模型对实验组与对照组数据进行相关分析，结果如表7-16所示，表中的模型分别为以各个生计资本作为被解释变量进行双重差分估计的结果。

表7-16 双重差分模型估计结果

变量	系数	自然资本	物质资本	人力资本	社会资本	金融资本	生计资本
常数	β_0	0.12929***	0.53280***	0.35481***	0.87664***	0.35569***	2.2492***
		(24.3)	(27.41)	(47.12)	(34.94)	(32.05)	(52.52)
$D_{it} \cdot T_{it}$	β_1	-0.00360	0.15866***	0.05140***	0.00564	0.10195***	0.39263***
		(-0.40)	(6.10)	(3.70)	(0.11)	(6.3)	(6.54)
D_{it}	β_2	-0.00214	-0.04947**	-0.01702*	-0.00462	-0.01430	-0.08756*
		(-0.34)	(-2.00)	(-1.66)	(-0.14)	(-0.96)	(-1.60)
T_{it}	β_3	0.11296*	0.04812*	0.01844	0.06932**	0.01456	0.08317
		(1.49)	(1.42)	(1.02)	(1.88)	(0.67)	(1.05)

变量	系数	自然资本	物质资本	人力资本	社会资本	金融资本	生计资本
R^2		0.0116	0.2085	0.0931	0.0167	0.1754	0.2072
F		1.86	44.12	16.93	2.84	35.18	44.64

注：括号内为 t 值，*、**、***分别表示显著性水平为 10%、5%、1%。

由表 7-16 可知，自然资本模型的 F 值为 1.86，说明模型的拟合效果一般，$D_{it} \cdot T_{it}$ 项的 t 值为 -0.40，未通过显著性检验；物质资本模型的 F 值为 44.12，说明模型的拟合效果很好，$D_{it} \cdot T_{it}$ 项的 t 值为 6.10，通过 1% 的显著性水平；人力资本模型的 F 值为 16.93，说明模型的拟合效果较好，$D_{it} \cdot T_{it}$ 项的 t 值为 3.70，通过 1% 的显著性水平；社会资本模型的 F 值为 2.84，说明模型的拟合效果一般，$D_{it} \cdot T_{it}$ 项的 t 值为 0.11，未通过显著性检验；金融资本模型的 F 值为 35.18，说明模型的拟合效果很好，$D_{it} \cdot T_{it}$ 项的 t 值为 6.3，通过 1% 的显著性水平；生计资本模型的 F 值为 44.64，说明模型的拟合效果很好，$D_{it} \cdot T_{it}$ 项的 t 值为 6.54，通过 1% 的显著性水平。

综上所述，扶贫在物质资本、人力资本、金融资本三方面的效果最为显著，在社会资本与自然资本两方面不显著，该结果与生计资本测算的结果基本一致。

3. 归纳分析

（1）乌蒙山云南片区的扶贫效果在自然资本方面有不显著的负向影响，时空分异特征值为负。根据模型的估计结果可知，$D_{it} \cdot T_{it}$ 的系数 β_1 为 -0.00360，说明该片区扶贫效果在自然资本方面的增加小于对照组的增加值，该片区扶贫效果在自然资本方面并不显著，主要与该片区的自然资源及地理条件有关。

（2）乌蒙山云南片区的扶贫效果在物质资本方面有显著的正向影响，时空分异特征值为正。根据结果可得，$D_{it} \cdot T_{it}$ 的系数 β_1 为 0.15866，说明该片区的扶贫效果在物质资本方面的增加要大于对照组的增加值，净值为 0.15866，这也是扶贫对该片区农户物质资本增加的净效果。物质资本增加的主要原因是在于实施的扶贫政策，改善了农户的生活条件、消费结构等，同时也促进农户自己添加必要的耐用消费品及交通工具等，从而增加了农户的固定资产。

（3）乌蒙山云南片区的扶贫效果在人力资本方面的影响是正向的，时空分异特征值为正。$D_{it} \cdot T_{it}$ 的系数 β_1 为 0.05140。说明扶贫在人力资本方面的净效果为 0.051400。主要原因是，该片区的扶贫政策有利于农户获得培训机会，帮助农户学习非农知识技术，使农户增加了通过非农技术获得的收入，且在教育方面，政府的助学贷款、免学费等扶贫政策，帮助农户解决因学致贫的大问题。

（4）乌蒙山云南片区的扶贫效果在社会资本方面的影响不显著，时空分异特征值为正。$D_{it} \cdot T_{it}$ 的系数 β_1 为 0.00564，该片区农户社会资本的增加幅度与对照组的增加幅度之间的差异并不明显。由于加大保障的力度，在社会资本方面，贫困地区基本相同。

（5）乌蒙山云南片区的扶贫效果在金融资本方面有显著的正向影响，时空分异特征值为正。$D_{it} \cdot T_{it}$ 的系数 β_1 为 0.10195，说明该片区农户金融资本的增加较为明显，农户的收入有较为明显的提升，支出也较几年前有明显的增长，农户的生活水平有所提高。

（6）乌蒙山云南片区农户的生计资本总和有显著的净增效果，时空分异特征为正。根据估计结果，$D_{it} \cdot T_{it}$ 的系数 β_1 为 0.39263，说明该片区农户生计资本增加的净效果为 0.39263，主要是该片区农户在物质资本、人力资本、金融资本方面的增加。由此可见，乌蒙山云南片区减贫的总体效果较为显著。

六、提高乌蒙山区农户生计资本的建议

根据实证分析结果可以看出，乌蒙山云南片区农户的生计资本时空分异特征基本为正，扶贫效果较为显著，农户的物质资本、人力资本、社会资本都有明显地增长，农户直接收入提高，生计资本积累逐渐增加，更多农户实现了脱贫。然而，该片区的扶贫工作依然存在困难。农户生计资本虽然有显著增长，但整体发展不均衡，5 种生计资本呈现出不同程度的缺失，自然资本、人力资本方面等依然较低，存在返贫风险。解决乌蒙山区的贫困问题，重点在于解决生计资本发展不均衡的问题，应着重提高乌蒙山区农户的自然资本与人力资本，实现农户生计的可持续发展，才能真正提高该片区农户的生计水平，在这个过程中政府的作用不可忽略，政府需要采取更加精准的扶贫政策措施，完善管理制度，提升治理能力和水平，来保障农户的生产生活。

1. 大力发展教育，加强技能培训

乌蒙山区农户脱贫效果显著，这与教育水平的提高密切相关，有大学生的家庭，在人际交往等方面的改变更加明显，脱贫动力更大，更能够较快地摆脱贫困，说明乌蒙山区在教育方面的扶贫政策效果良好。由此可见，乌蒙山区普及义务教育、高中教育的重要性，帮扶、培养大学生的必要性非常显著。乌蒙山区农户人力资本 2018 年与 2010 年相比，虽然有所增长，但依然低于整体水平。结果显示，乌蒙山区农户受教育水平有所提高，但依然较低，培训机会少、掌握非农技术不够，成为该片区农户人力资本存量低的主要原因。因此，政府

应继续大力发展教育，加强对农户的技能培训，解决代际贫困问题。

乌蒙山区应注重"扶智"。在该片区开展农村文化软实力提升工程，加强基础教育设施建设，普及幼儿教育、义务教育，阻断代际贫困。加强农村文化人才的培养，为构建农村文化活动输送相关人才，举办以脱贫典范为题材的文化下乡活动，鼓励农户参加传统文化、农业科技以及就业技能培训等。倾力打造"一村一所"（一个行政村，一所农民讲习所）工程，定期举办农民教育及科普宣讲活动，提升农户的思想认识，让农户真正从自身想脱贫、愿行动、能脱贫，增强农户战胜贫穷、改变落后面貌的信心和决心，克服"等、靠、要"的依赖思想。同时帮助农户以主人翁的身份参与扶贫开发规划制定、扶贫项目建设、管理和监督的全过程，充分尊重其脱贫意愿，调动自我脱贫致富的积极性、主动性和创造性，使农户始终作为行动主体参与精准扶贫整个过程。

加强技能培训，培养人才回流带动脱贫，技能培训人才培养具有针对性而且学制短、研学实践率高的特点，是教育脱贫的重要途径。要引导他们学习结束后返回所在地，投入脱贫实践中去，达到"培养一批技能人才，带动一批贫困群众"的脱贫效果，具体到每个家庭的扶贫项目规模还要考虑家庭的成员结构、教育水平、资金能力等诸多因素，借助"雨露"计划和农村远程教育平台，大力加强劳动力转移培训、农业技能培训、农村电商培训等，帮助农户以家庭为单位有效规避各类生计风险。

2. 发展特色农业，帮助农户增收

乌蒙山区农户的自然资本存量长期不足，农户无法通过自然资本来提高收入，实现脱贫。乌蒙山区的自然条件虽然严重影响了农户自然资本的拥有量，但也因此保持了独特的生态环境优势，政府可以通过发展乌蒙山区的特色农业，帮助农户实现增收。

乌蒙山区应以特色农业发展带动第一、二、三产业融合发展。通过发展产业链，拓宽农户增收的渠道。大力发展新的产业形态，例如有机农业、休闲农业、乡村旅游、农村电商等，满足中高收入人群对有机农业、乡村旅游、休闲观光的需求。同时，以发展优势特色农业为契机，将特色经济作物、山地牧业、特色林业和中药药材等传统农业发展起来，有机结合农业观光旅游、乡村生态旅游等项目，逐步实现产业化。

另外，可以通过"政府+企业+农户"三位一体的协作方式，解决当前传统农业发展散乱的问题，解决当前扶贫产业缺乏外来资金的难题，以政府投入产业形成资金池，农户可以成立资金互助社或以土地、人力和资金等入股，企业投入扶贫产业保证金并建设产业基地的形式，帮助乌蒙山区特色农业的发展，增强农户参与市场经济的信心，加强对龙头企业的扶持和引导，真正做到促进第一、二、三产业融合，发挥农业拓展带动其他产业发展的优势，拓宽乌蒙山区农户增收路径。

3. 实施农地流转，改变生计策略

乌蒙山区农户 2010 年与 2018 年的自然资本拥有量几乎没有增长，说明农户的自然资本拥有量长期以来较低，这与该片区的自然条件、资源环境等有着很大的关系。农户虽然拥有耕地、林地，但因自然条件问题而无法充分利用其提高生活水平，农户又不能放弃赖以生存的土地，依然花费大量时间和精力坚持种植。因此，对于部分不适宜发展特色农业的地区，政府可以实施农地流转制度，帮助农户改变以农为生的生计策略。

农地流转可以将撂荒闲置、零碎的农地集中起来，进一步优化农地资源配置、提高农地利用效率、促进农业结构调整，并在一定程度上可以提高农户收入。与依靠传统种植业为主的农业型生计策略相比，农地流转使得农户失去了赖以生存的土地，农户必须投入更多的时间和精力学习非农知识技能，从事非农生产活动，比如务工、养殖业或搞家庭副业，以此获得更多的家庭收入来源，从而实现生计策略的多样化。

农地流转可以帮助农户从繁重的种植业活动中得以解放，然后有更多时间和精力从事非农生产活动，生计策略由单一化走向多样化，从传统的主要依赖种植业到经营养殖业、从事建筑业、交通运输业、批发零售业等非农行业，多元化了农户的收入来源。

4. 衔接乡村振兴，解决生计脆弱

2010 年与 2018 年乌蒙山区农户的社会资本方面最高，自然资本、人力资本方面等始终较低，金融资本增加，收入提高，但生计资本整体依然发展不均衡，呈现出农户的生计脆弱性，生计能否可持续发展依然存疑。因此，应做好脱贫攻坚与乡村振兴的衔接工作，解决乌蒙山区的农户生计脆弱问题。

农村地区贫困治理不仅能提高农户收入水平，而且能大力发展区域经济，在发展中补齐民生短板，促进社会公平正义。贫困治理是外源动力和内生动力两种机制共同作用下达成的，精准扶贫为外源动力，乡村振兴为内生动力，应加强对这两种动力机制的有效融合。就乌蒙山区的精准脱贫而言，脱贫攻坚从外力帮扶，给农户注入了发展动力，已完成了"输血"功能，乡村振兴则是要有效激发农户的内生发展动力，彻底实现"造血"功能，"以人民为中心"让农户在乡村振兴中更好的发挥主体性作用。

做好乌蒙山区脱贫攻坚与乡村振兴的衔接工作，加强乡村振兴内生动力机制的作用，在统筹落实体制机制、鼓励多元产业发展、积极培育主体意识上精准发力，促进农户内生发展动力的形成，提高农户的自我发展能力，使农户拥有凭借自身努力解决生计脆弱的能力，实现乌蒙山区农户生计的可持续。

第八章

云南深度脱贫区农户生计资本的探索性因子分析

一、探索性因子分析的原理

探索性因子分析（EFA）是采用降维处理提取公共因子，只有相关矩阵的相关系数满足要求时，才适用此分析方法来处理数据。因此在使用探索性因子分析之前，首先要验证是否适合做因子分析，通常认为适用条件是要同时满足以下两个条件：

第一，KMO 测度值：该测度值是通过比较原始变量之间简单相关系数平方和与偏相关系数平方和的相对大小（该值变化范围是从 0 到 1），当变量间的简单相关系数平方和越大于偏相关系数平方和时，KMO 值越接近于 1，则变量间的相关性越强，越适合做探索性因子分析；反之，当 KMO 值越接近于 0，则变量间的相关性越弱，越不适合做探索性因子分析。学术界通常认为当 KMO 值大于 0.6 时，适合做探索性因子分析。[1]

第二，巴特莱特球形检验：该检验通过校验整个相关矩阵，当相关矩阵是单位矩阵时，各变量独立，无法使用探索性因子分析。学术界通常认为检验结果中 Sig<0.05 时（即：显著性<0.05），各变量间具有相关性，可以使用探索性因子分析。

二、生计资本量表的开发

在本次研究中，为更好地对调研数据展开定量分析，因而采用便于数据标准化处理的量表作为调研中使用的调查工具，并引入生计资本理论，作为贫困地区农户生计资本调查量表设计开发的指引，按生计资本的 5 个维度，把调查量表总共分为 5 个部分，即：自然资本部分、人力资本部分、物质资本部分、

---

① 陈卓，续竞秦，吴伟光. 农村居民主观幸福感影响分析——来自浙江省 4 县（市）的证据 [J]. 农业技术经济，2016（10）：38-48.

金融资本部分和社会资本部分。但由于生计资本存在多面性和复杂性，学术界关于生计资本5个维度中每部分的具体指标选取并未达到一个共识，所以此次调查量表的设计开发，是在整理大量文献、借鉴前人研究和充分考虑了贫困地区农户生产生活现状的前提下，结合本次研究的主要对象和研究重点设计而成的。在量表设计开发过程中，借鉴了李克特6点量表的形式，以"非常差""差""较差""一般""较好""好"分别对应每一项测量指标中的"0分至5分"，从而保证对调查地区农户生计资本5个部分的情况能进行有效测量和反映。

1. 自然资本测量指标

自然资本指农户拥有的可以为家庭带来收入增加的自然资源和周边环境，如：土地资源、水资源、空气资源等环境资源和与之相配套的基础设施。量表设计开发中主要考虑到两方面：一是农户家庭土地的数量、肥力、种植情况，二是水资源、是否易受自然灾害影响、交通便利程度等外部条件情况，两者共同决定了该农户家庭所拥有的主要自然资源产出能力，为此在自然资本部分共设置了6个测量指标，如表8-1所示。

表8-1　自然资本测量指标

测量指标	指标编号	量分依据
土地总面积	NC-A1	0分（x≤1亩）；1分（1亩<x≤3亩）；2分（3亩<x≤5亩）；3分（5亩<x≤8亩）；4分（8亩<x≤10亩）；5分（x>10亩）
种植经济作物面积	NC-A2	0分（x≤1亩）；1分（1亩<x≤3亩）；2分（3亩<x≤5亩）；3分（5亩<x≤8亩）；4分（8亩<x≤10亩）；5分（x>10亩）
土地质量（土壤肥沃程度、农作物产量）	NC-A3	0分（非常差）；1分（差）；2分（较差）；3分（一般）；4分（较好）；5分（好）
土地的可利用水资源便利程度（水源质量、远近程度）	NC-A4	0分（非常差）；1分（差）；2分（较差）；3分（一般）；4分（较好）；5分（好）
种植农作物受自然灾害影响程度	NC-A5	0分（非常大）；1分（大）；2分（较大）；3分（一般）；4分（较小）；5分（小）
土地的交通便利程度	NC-A6	0分（非常差）；1分（差）；2分（较差）；3分（一般）；4分（较好）；5分（好）

2. 人力资本测量指标

人力资本指农户为达到不同的生计目标，而拥有的知识、技能、劳动能力等方面，人力资本的多寡对农户的可持续生计能力会产生重要的影响，在很多时候，直接决定了农户家庭的综合收入能力。因考虑到参加培训、获得技术资格证书、教育经历、劳动力等都可以影响农户家庭的人力资本，进而影响到其综合收入，故在量表人力资本部分围绕以上几个方面设置了 6 个测量指标，如表 8-2 所示。

表 8-2 人力资本测量指标

测量指标	指标编号	量分依据
近 3 年来参加农业技术培训的频次（如：种植技术培训、养殖技术培训等）	HC-B1	0 分（没有参加过）；1 分（少）；2 分（较少）；3 分（偶尔/一般）；4 分（较多）；5 分（经常参加）
近 3 年来参加非农业技术培训的频次（如：施工技能培训、生产技能培训、计算机使用培训等）	HC-B2	0 分（没有参加过）；1 分（少）；2 分（较少）；3 分（偶尔/一般）；4 分（较多）；5 分（经常参加）
家庭成员是否掌握一门及以上非农技术（如：砌墙、汽修、驾驶等）	HC-B3	0 分（无）；1 分（1 门）；2 分（2 门）；3 分（3 门）；4 分（4 门）；5 分（5 门及以上）
家庭成员是否拥有一种及以上技术资格证书（如：技能证书、驾照等）	HC-B4	0 分（无）；1 分（1 门）；2 分（2 门）；3 分（3 门）；4 分（4 门）；5 分（5 门及以上）
家庭成员最高受教育程度	HC-B5	0 分（小学以下）；1 分（小学）；2 分（初中）；3 分（高中/中专）；4 分（本科/大专）；5 分（研究生及以上）
劳动力对家庭经济收入的贡献	HC-B6	0 分（非常小）；1 分（小）；2 分（较小）；3 分（一般）；4 分（较大）；5 分（大）

3. 物质资本测量指标

物质资本指农户在生产和生活中所需要的各类物资设备及场所，包括农户所拥有的住房、交通工具、大件耐用消费品等。为能反映调查地区农户能获得的基本公共服务水平，在量表物质资本部分除上述测量指标外，还设置了公共基础设施满意度测量指标，共计 5 个测量指标，如表 8-3 所示。

表8-3　物质资本测量指标

测量指标	指标编号	量分依据
家庭住房质量	PC-C1	0分（无房、危房）；1分（茅草房、木板房）；2分（泥土房）；3分（石头房）；4分（砖混房）；5分（钢筋水泥房）
家庭拥有住房情况（间数）	PC-C2	0分（无）；1分（1间）；2分（2间）；3分（3间）；4分（4间）；5分（5间及以上）
家庭拥有交通工具的情况	PC-C3	0分（无）；1分（自行车或人力三轮车）；2分（电动车、摩托车）；3分（拖拉机）；4分（微型车、皮卡车或货车）；5分（轿车、SUV）
家庭拥有耐用消费品的数量包括：彩电、洗衣机、冰箱、空调、电扇、计算机、手机（电话）、照相机、厨房用具类（燃气灶、电灶、微波炉、电饭煲、高压锅等可合并记做一件）、太阳能等	PC-C4	0分（1件及以下）；1分（2-3件）；2分（4-5件）；3分（5-6件）；4分（7-8件）；5分（9件及以上）
家庭所在地区公共基础设施条件	PC-C5	0分（非常不满意）；1分（不满意）；2分（较不满意）；3分（一般）；4分（较满意）；5分（满意）

4. 金融资本测量指标

金融资本指农户为了满足生计目标和生产生活需要，具备的可支配收入、筹集资金渠道和能力。主要包括了农户在维持生计以及生产生活活动中，通过劳动获得的可支配收入，以及可从银行贷款、民间借款、补贴资助等各类渠道中获得资金的能力。量表设计开发从金融资本的可支配性和可筹措性两方面出发，兼顾考虑了贫困地区农户相对容易获得外界资金帮扶的情况，在金融资本部分一共设置了8个测量指标，如表8-4所示。

表 8-4 金融资本测量指标

测量指标	指标编号	量分依据
家庭年人均可支配收入	FC-D1	0分（2000元以下）；1分（2000—3000元）；2分（3000—5000元）；3分（5000—10000元）；4分（10000－20000元）；5分（20000元及以上）
家庭成员是否有打工经历（经历/时长）	FC-D2	0分（没有打工）；1分（少/短）；2分（较少/较短）；3分（偶尔/一般）；4分（较多/较长）；5分（常年打工）
家庭向银行或信用社申请贷款情况（难易程度）	FC-D3	0分（非常难）；1分（难）；2分（较难）；3分（一般）；4分（较容易）；5分（容易）
家庭向亲友借款的情况（难易程度）	FC-D4	0分（非常难）；1分（难）；2分（较难）；3分（一般）；4分（较容易）；5分（容易）
家庭可以向其借款的亲友人数	FC-D5	0分（无）；1分（1人）；2分（2-3人）；3分（4-5人）；4分（6-7人）；5分（8人及以上）
家庭获得外界资助的情况（难易程度）	FC-D6	0分（非常难）；1分（难）；2分（较难）；3分（一般）；4分（较容易）；5分（容易）
家庭获得扶贫资金帮扶的情况（难易程度）	FC-D7	0分（非常难）；1分（难）；2分（较难）；3分（一般）；4分（较容易）；5分（容易）

5. 社会资本测量指标

社会资本指农户在达成自身生计目标过程中，能利用的各类社会资源。根据对之前研究文献的整理，发现对社会资本方面开展的研究所包涵的角度很多、差异性较大，且相对来说比较难以量化；本次研究结合调研地区实际，考虑到贫困地区影响社会资本因素的复杂性和多样性，决定着重从农户的人际关系和社会关系（涉及包含人、财、物在内等因素）、参加社会团体和组织的情况、所享受到的社会公共保障体系服务等几个方面开展研究，在量表社会资本部分一共设置了10个测量指标，如表8-5所示。

表 8-5　社会资本测量指标

测量指标	指标编号	量分依据
家庭中有干部关系的情况（包括：公务员、事业单位人员、国有企业人员等）	SC-E1	0分（无）；1分（少）；2分（较少）；3分（一般）；4分（较多）；5分（多）
家庭中有富裕的亲朋好友的情况	SC-E2	0分（无）；1分（少）；2分（较少）；3分（一般）；4分（较多）；5分（多）
家庭参与村里或合作社决策的情况	SC-E3	0分（几乎不参与）；1分（很少参与）；2分（偶尔参与）；3分（一般参与）；4分（经常参与）；5分（很多次参与）
家庭参与农业合作社的情况	SC-E4	0分（几乎不参与）；1分（很少参与）；2分（偶尔参与）；3分（一般参与）；4分（经常参与）；5分（很多次参与）
家庭获取农产品价格信息的情况（难易程度）	SC-E5	0分（非常难）；1分（难）；2分（较难）；3分（一般）；4分（较容易）；5分（容易）
家庭获得生产技术帮助的情况（难易程度）	SC-E6	0分（非常难）；1分（难）；2分（较难）；3分（一般）；4分（较容易）；5分（容易）
家庭获得物质帮助的情况（难易程度）	SC-E7	0分（非常难）；1分（难）；2分（较难）；3分（一般）；4分（较容易）；5分（容易）
家庭参加农村合作医疗保险的情况	SC-E8	0分（不参保）；1分（几乎没人参保）；2分（少数人参保）；3分（多数人参保）；4分（几乎都参保）；5分（全部参保）
家庭参加农村社会养老保险的情况	SC-E9	0分（不参保）；1分（几乎没人参保）；2分（少数人参保）；3分（多数人参保）；4分（几乎都参保）；5分（全部参保）
家庭与邻里之间的关系	SC-E10	0分（非常差）；1分（差）；2分（较差）；3分（一般）；4分（较好）；5分（好）

三、样本数据描述

1. 样本地概况

云南省昭通市大关县，坐落于云南省东北部的云贵川三省结合部乌蒙山区腹地，金沙江下游沿岸，域内群山林立，属喜马拉雅山脉乌蒙山系和五莲峰山系，是集山区与深度贫困地区于一体的乌蒙山连片特困地区的国家扶贫开发重点县之一。大关县下辖8镇1乡，84个村（社区），总人口28.6万人，其中农业人口24.4万人，贫困发生率居昭通市第2位，云南省第12位，人均公共财政收入是云南省倒数第2位。①

2. 数据来源

本次研究数据来源于课题组，2019年1-3月期间在云南省昭通市大关县和云南省昆明市石林县的调研数据，其中大关县数据为实验组，石林县数据为对照组。选取石林县作为对照组，因为石林县是云南省会昆明市所辖县中经济社会发展较好的非贫困县，用贫困县农户和非贫困县农户的生计资本来对比研究，对相对贫困研究来说比较具有代表性。

本次调研在昭通市大关县下辖的其中4个乡镇（天星镇、木杆镇、翠华镇、上高桥乡）的行政村（社区）中采用分层随机抽样的方法来选取入户访谈的农户。为确保数据在采集过程中真实地反映农户的实际情况，避免受访农户因方言（或少数民族语言）导致的语言障碍及理解困难、地域差别等因素影响，造成数据采集过程中出现偶然误差，进而导致数据采集结果产生偏差。课题组结合前期调研中积累的经验，在出发前给每位参与调研的人员进行了量表调研方法培训，并把课题组分为5个小队，在每个小队中配备一个当地生源的学生。鉴于此次调研工作量较大，为便于得到当地农户的配合，课题组通过积极协调，争取到了当地村干部和驻村扶贫队员的帮助，邀请他们与课题组一同进行入户调查。调研中一共实际调查316户，经整理有19户数据有异样给予剔除，有效样本297户，其中天星镇75户、木杆镇71户、翠华镇76户、上高桥乡75户（如表8-6所示）。在此要说明的是：本次调研在随机抽样时，遵循科学性和代表性原则，兼顾到了建档立卡户、边缘户、普通农户和较为富裕农户四个群体，且遵从农户意愿决定是否受访，访谈中采取非署名访谈调查方式进行。

---

① 数据来源于《昭通市经济社会发展概况》。

表8-6 入户调查统计表

县/区	乡/镇	入户调查数（户）	有效样本数（户）	有效比例（%）
大关县	天星镇	79	75	94.94%
	木杆镇	75	71	94.67%
	翠华镇	82	76	92.68%
	上高桥乡	80	75	93.75%
	总计	316	297	93.99%
石林县	西街口镇	52	48	92.31%
	圭山镇	47	45	95.74%
	鹿阜街道	28	26	92.86%
	总计	127	119	93.71%

四、自然资本的探索性因子分析

1. 数据分析

课题组经实地入户调研采集到的农户自然资本有效数据，通过统计分析软件 SPSS 19.0 进行探索性因子分析，得到分析结果经整理后，如表8-7、表8-8、表8-9、表8-10所示。

表8-7 探索性因子分析适用性检验

KMO 和 Bartlett 检验	
KMO 测度值	0.680
巴特利特（Bartlett）球形度检验 Sig 值（显著性）	0.000

从表8-7探索性因子分析适用性检验中可知：在自然资本维度，KMO 测度值为 0.680（大于 0.6），巴特利特（Bartlett）球形度检验的 Sig 值（显著性）为 0.000（小于 0.05），同时满足做探索性因子分析的两个前提条件，表明农户自然资本部分适合做探索性因子分析。

表8-8 自然资本维度解释的总方差

	初始特征值			提取平方和载入			旋转平方和载入		
成分	合计	方差的%	累积%	合计	方差的%	累积%	合计	方差%	累积%
1	2.571	42.850	42.850	2.571	42.850	42.850	2.317	38.620	38.620
2	1.839	30.647	73.497	1.839	30.647	73.497	2.093	34.877	73.497
3	0.631	10.523	84.020						
4	0.381	6.354	90.374						
5	0.325	5.413	95.788						
6	0.253	4.212	100.000						

提取方法：主成分分析。

解释的总方差就是因子对于测量指标解释的贡献率，可以理解为需要多少个因子才能把测量指标表达为100%，从表8-8自然资本部分解释的总方差中可知：只有前2个因子的特征值大于1，可以提取为公共因子。2个公共因子对测量指标解释的贡献率为73.497%，满足社科领域研究对解释量贡献率60%以上的要求，因此量表自然资本部分中的6个测量指标可以归纳到2个公共因子中，从而达到降维的目的，便于开展进一步的分析。

表8-9 自然资本维度的旋转成分矩阵

测量指标	公共因子1	公共因子2
土地总面积	0.891	
种植经济作物面积	0.828	
土地质量	0.767	
土地的可利用水资源便利程度		0.889
土地的交通便利程度		0.824
种植农作物受自然灾害影响程度		0.663

续表

旋转成分矩阵[a]
提取方法：主成分。 旋转法：具有 Kaiser 标准化的全体旋转法。
a. 旋转在 3 次迭代后收敛。

　　为进一步明确公共因子，采用极大方差正交旋转法，对因子载荷矩阵进行具有 Kaiser 标准化的正交旋转变换（旋转在 3 次迭代后收敛），经过降维处理后，各个测量指标的因子归属就更明确了（且每个测量指标的因子载荷都满足大于 0.5 的最小可接受值要求），整理得到自然资本部分旋转成分矩阵（如表 8-9 所示）。综合以上借助 SPSS 19.0 的统计分析结果可知，"土地总面积""种植经济作物面积"和"土地质量"3 个测量指标在第 1 个公共因子上都有较高的载荷，这 3 个指标当中都与农户拥有的土地数量和土地能产生的经济价值有关，因此把第 1 个公共因子命名为"土地因子"；"可利用水资源便利程度""交通便利程度"和"农作物受自然灾害影响程度"3 个测量指标在第 2 个公共因子上都有较高的载荷，这 3 个指标主要都集中在与农户土地相关的水、交通、气候及自然灾害等这些与土地有紧密联系的外部条件上，这些外部条件都能对土地的综合产出能力产生很大影响，为此把第 2 个公共因子命名为"土地外部条件"因子。

表 8-10　自然资本维度的综合得分

序号	指标名称	综合得分权重	大关县		石林县	
			调研数据平均分	综合得分	调研数据平均分	综合得分
NC-A1	土地总面积	0.302	2.608	0.787	3.316	1.001
NC-A2	种植经济作物面积	0.251	1.934	0.485	2.158	0.541
NC-A3	土地质量（土壤肥沃程度、农作物产量）	0.399	2.735	1.092	3.737	1.492
公共因子 1：土地因子（A1、A2、A3 得分合计）		0.952	7.277	2.364	9.211	3.034
NC-A4	可利用的水资源便利程度（水源质量、远近程度）	0.354	2.072	0.733	4.996	1.769

序号	指标名称		大关县		石林县	
NC-A5	种植农作物受自然灾害影响程度	0.370	3.182	1.176	3.947	1.459
NC-A6	土地的交通便利程度	0.097	2.055	0.199	4.211	0.408
公共因子2：土地外部条件因子（A4、A5、A6得分合计）		0.821	7.309	2.108	13.154	3.636
总综合得分			4.473		6.671	

使用 SPSS 19.0 统计分析软件，构建因子得分矩阵，建立综合得分数学模型，运用正交旋转法，建立因子得分系数矩阵，借助归一化处理，得到公共因子线性函数方程，经计算和整理最终得到如表8-10所示自然资本部分的综合得分。下一步将依据综合得分表对大关县农户相对贫困的形成原因展开具体分析和研究。

2. 自然资本维度产生相对贫困的原因

对比表8-10分析自然资本维度的综合得分，总体上来说，大关县农户在自然资本维度的总综合得分4.473明显低于石林县农户的6.671，表明大关县农户在自然资本方面是要明显弱于石林县农户，自然资本的差距也是造成两地经济社会发展差距的一大原因。下面就自然资本部分的各个指标来进行具体分析：

（1）从公共因子综合得分权重来看，土地因子（0.952）和土地外部条件因子（0.821）之间的差距并不大，说明对农户的自然资本而言，土地自身条件和土地外部条件两者都非常重要，共同对自然资本产生影响。

（2）从两个因子间比较来看，大关县农户与石林县农户在土地因子上的差距是"3.034-2.364=0.67"，在土地外部条件因子上的差距"3.636-2.108=1.528"，两地在土地外部条件因子上的差距更明显的影响到了两地间的自然资本，也从侧面反映出土地外部条件较差是大关县农户相对贫困的因素之一。另一方面，因为土地资源的数量多少更多是由当地的人口、地理位置等历史上形成的客观条件来决定，在短时间内进行人为改变的可能性较小；而土地外部条件，如：水资源便利程度、交通便利程度等与当地的基础设施建设水平有很大的关系，可以通过发挥人的主观能动性来加以改善，进而使两地间缩小在自然资本维度上的发展差距具备了较强可行性。

（3）从土地因子来看，无论是大关县还是石林县，两地农户都存在土地总面积得分大于种植经济作物得分的情况，说明两地农户都存在没有把土地全部用来种植经济作物的情况。进一步对比还可以发现，在土地总面积得分与种植经济作物得分的差值上，大关县差值是"2.608-1.934＝0.674"，石林县差值是"3.316-2.158＝1.158"，大关县农户把自有土地用来种植经济作物的情况明显多于石林县农户。但就两地农户的实际生活水平来看，大关县农户生活水平要偏低一些，从侧面反映出农户土地得不到更高效的利用，无法让单位面积土地产生更大的经济效益，也是大关县相对贫困的原因之一。

（4）从土地外部条件因子来看，大关县农户在土地的可利用水资源便利程度和交通便利程度上与石林县农户存在着很大的差距（两者得分分别为大关县：2.072和2.055，石林县：4.996和4.211），印证了大关县农户土地在水资源和交通条件等配套基础设施方面的差距是导致当地相对贫困的因素之一。进一步从土地的水资源便利程度与交通便利程度的综合得分权重比较来看，水资源条件的权重（0.354）远大于交通条件（0.097），说明土地的水资源条件对自然资本的影响是远大于交通条件的，水是生命之源的重要性决定了在解决水资源和交通条件困难时，应把前者放在更重要的位置优先解决。

五、人力资本的探索性因子分析

1. 数据分析

课题组经实地入户调研采集到的农户人力资本有效数据，通过统计分析软件 SPSS 19.0 进行探索性因子分析，得到分析结果经整理后，如表8-11、表8-12、表8-13、表8-14所示。

表8-11　探索性因子分析适用性检验

KMO 和 Bartlett 检验	
KMO 测度值	0.631
巴特利特（Bartlett）球形度检验　Sig 值（显著性）	0.000

从表8-11探索性因子分析适用性检验中可知：在人力资本维度，KMO 测度值为0.631（大于0.6），巴特利特（Bartlett）球形度检验的 Sig 值（显著性）为0.000（小于0.05），同时满足探索性因子分析的两个前提条件，表明农户人力资本部分适合探索性因子分析。

表 8-12　人力资本维度解释的总方差

成分	初始特征值			解释的总方差 提取平方和载入			旋转平方和载入		
	合计	方差的 %	累积 %	合计	方差的 %	累积 %	合计	方差的 %	累积 %
1	2.440	40.669	40.669	2.440	40.669	40.669	2.438	40.639	40.639
2	1.458	24.295	64.964	1.458	24.295	64.964	1.460	24.325	64.964
3	0.829	13.815	78.779						
4	0.595	9.910	88.689						
5	0.583	9.718	98.407						
6	0.096	1.593	100.000						

提取方法：主成分分析。

在表 8-12 人力资本维度解释的总方差中，只有前 2 个因子的特征值大于 1，可以提取为公共因子，同时 2 个公共因子对测量指标解释的贡献率为 64.964%（即：通过 2 个公共因子能把测量指标表达到 64.964% 的程度），已经到达社科领域研究对解释量贡献率 60% 以上的要求。因此，量表人力资本部分中的 6 个测量指标可以归纳到 2 个公共因子中，从而达到降维的目的，方便开展进一步的分析。

表 8-13 人力资本维度的旋转成分矩阵

旋转成分矩阵[a]		
测量指标	公共因子 1	公共因子 2
是否掌握一门及以上非农技术	0.919	
是否拥有一种及以上技术资格证书	0.887	
近 3 年来参加农业技术培训的频次	0.653	
近 3 年来参加非农业技术培训的频次	0.606	
家庭成员最高受教育程度		0.781
劳动力对家庭经济收入的贡献		0.647
提取方法：主成分。 旋转法：具有 Kaiser 标准化的正交旋转法。		
a. 旋转在 3 次迭代后收敛。		

为进一步明确公共因子，借助 SPSS 19.0 统计分析软件，采用极大方差正交旋转法，对因子载荷矩阵进行具有 Kaiser 标准化的正交旋转变换（旋转在 3 次迭代后收敛）。经过降维处理后，各个测量指标的因子归属就更明确了（且每个测量指标的因子载荷都满足大于 0.5 的最小可接受值要求）。在人力资本部分旋转成分矩阵（表 8-13）中，"是否掌握一门及以上非农技术""是否拥有一种及以上技术资格证书""近 3 年来参加农业技术培训的频次"和"近 3 年来参加非农业技术培训频次"这 4 个测量指标都在第 1 个公共因子上有较高的载荷，指标测量内容都集中在与农户接受过的技术培训和掌握技能方面，所以把第 1 个公共因子命名为"技术技能因子"。"家庭成员最高受教育程度"和"劳动力对家庭经济收入增加的贡献"这 2 个测量指标在第 2 个公共因子上都有较高的载荷，它们当中一个反映了农户家庭成员的受教育水平，另一个反映了农

户家庭中劳动力对家庭收入的影响程度，两个指标都与家庭中的劳动力这一要素产生交集，综合联系起来就将第 2 个公共因子命名为"劳动力受教育程度因子"。

表 8-14 人力资本维度的综合得分

序号	指标名称	综合得分权重	大关县		石林县	
			调研数据平均分	综合得分	调研数据平均分	综合得分
HC-B1	近 3 年来参加农业技术培训的频次	0.307	1.807	0.555	3.263	1.003
HC-B2	近 3 年来参加非农业技术培训的频次	0.271	1.309	0.354	2.263	0.612
HC-B3	是否掌握一门及以上非农技术	0.362	0.978	0.354	1.474	0.533
HC-B4	是否拥有一种及以上技术资格证书	0.386	0.950	0.367	1.368	0.528
公共因子 1：技术技能因子（B1、B2、B3、B4 得分合计）		1.326	5.044	1.630	8.368	2.677
HC-B5	家庭成员最高受教育程度	0.261	1.895	0.495	2.842	0.743
HC-B6	劳动力对家庭经济收入的贡献	0.160	3.641	0.583	3.653	0.584
公共因子 2：劳动力受教育程度因子（B5、B6 得分合计）		0.422	5.536	1.079	6.459	1.327
总综合得分				2.709		4.005

借助 SPSS 19.0 统计分析软件，构建因子得分矩阵，建立综合得分数学模型，运用正交旋转法，建立因子得分系数矩阵，经过归一化处理，得到公共因子线性函数方程，经计算和整理最终得到人力资本部分的综合得分（如表 8-14 所示）。接下来将以此为依据，对大关县农户相对贫困的原因展开具体分析和研究。

2. 人力资本维度产生相对贫困的原因

对比分析人力资本维度综合得分（表8-14），大关县农户的总综合得分2.709与石林县农户的4.005存在着较大差距，表明大关县农户在此维度上是有明显短板的，人力资本的匮乏是其脱贫致富能力欠缺的重要原因之一。下面对人力资本部分的各个指标来进行具体分析：

（1）从因子综合得分权重来看，技术技能因子是1.326，劳动力受教育程度因子是0.422，技术技能方面对人力资本的影响要明显高于劳动力受教育程度的影响。这在印证了对农户进行生产技能培训是快速提升其人力资本最为直接和有效的办法的同时，也从另一角度折射出。对于农户来说，进行教育投入存在投入大、周期长、回报慢的情况下，不如学习一门技术或技能对家庭收入增加效果来得快，这对让农户重视让孩子接受教育是一个不小的消极影响，对此要引起重视。

（2）从两个因子间的比较来看，在技术技能因子上，大关县农户与石林县农户的综合得分差距是"2.677-1.630=1.047"，而在劳动力受教育程度因子上，两者综合得分差距是"1.327-1.079=0.248"，大关县农户在两个方面都存在差距，且在技术技能掌握上差距更为明显，反映出农户掌握技术技能偏少和劳动力受教育程度较低都是大关县相对贫困的原因之一，且在技术技能方面差距较大，影响更为显著。

（3）从技术技能因子上来看，无论是近3年来参加农业技术与非农业技术培训频次，还是农民是否掌握一门技术或技能方面，大关县都全面落后于石林县，其中差距最大的一项是近3年来参加农业技术培训的频次（1.003-0.555=0.448），说明在补齐技术技能方面这一短板时，大关县需要全方位提升，并应着重加强农业技术培训这一部分。

（4）从劳动力受教育程度因子上来看，在家庭成员最高受教育程度这一指标中，大关县的平均值是1.895，而石林县达到了2.842，这一差距同样明显，结合调研量表中的选项来分析，大关县分值只接近于"初中"（2分）这一选项，而石林县分值接近于"高中/中专"（3分）这一选项。分值上的差距反映出家庭成员最高受教育程度相差了近3年，而相差的这3年恰恰又十分关键，完成初中教育仅仅是完成了义务教育，对一个初中毕业生来说，在当下社会就业竞争中，很难具备多少竞争力；而完成了高中或者中专教育的学生，要么有了读大学或者大专等进一步深造的机会，要么在中专教育中掌握了至少一项较为专业的知识或技能，相较于一个初中毕业生来说，大大增加了就业的竞争力。另一方面，在劳动力对家庭经济收入的贡献这一指标中，两地农户的得分非常接近（大关县3.641、石林县3.653），表明两地农户收入来源中都非常依赖家庭中劳动力的贡献。综合以上两个指标的分析，劳动力受教育程度不高导致的就业创收能力不足是造成大关县农户相对贫困的主要因素之一。

六、物质资本的探索性因子分析

1. 数据分析

课题组经实地入户调研采集到的农户物质资本有效数据，通过统计分析软件 SPSS 19.0 进行探索性因子分析，得到分析结果经整理后，如表8-15、表8-16、表8-17、表8-18所示。

表8-15 探索性因子分析适用性检验

KMO 和 Bartlett 检验	
KMO 测度值	0.716
巴特利特（Bartlett）球形度检验 Sig 值（显著性）	0.000

从探索性因子分析适用性检验（表8-15）中可知：在物质资本维度，KMO测度值为0.716（大于0.6），巴特利特（Bartlett）球形度检验的 Sig 值（显著性）为0.000（小于0.05），同时满足做探索性因子分析的两个前提条件，表明农户物质资本部分适合做探索性因子分析。

表 8-16 物质资本维度解释的总方差

成分	初始特征值			解释的总方差 提取平方和载入			旋转平方和载入		
	合计	方差的 %	累积 %	合计	方差的 %	累积 %	合计	方差的 %	累积 %
1	2.304	46.075	46.075	2.304	46.075	46.075	1.850	37.008	37.008
2	1.055	21.108	67.183	1.055	21.108	67.183	1.509	30.175	67.183
3	0.627	12.548	79.731						
4	0.558	11.160	90.891						
5	0.455	9.109	100.000						

提取方法：主成分分析。

从表8-16物质资本维度解释的总方差中可知：只有前2个因子的特征值大于1，可以提取为公共因子。2个公共因子对测量指标解释的贡献率为67.183%（即：2个公共因子能把测量指标表达为67.183%），满足社科领域研究对解释量贡献率60%以上的要求。因此可以把量表物质资本部分中的5个测量指标归纳到2个公共因子中，从而达到降维的目的，便于开展进一步的分析。

表8-17　物质资本维度的旋转成分矩阵

旋转成分矩阵ª		
测量指标	公共因子1	公共因子2
拥有耐用消费品的数量	0.840	
拥有交通工具情况	0.836	
拥有房屋情况（间数）	0.564	
住房质量		0.866
所在地区公共基础设施条件		0.704
提取方法：主成分。 旋转法：具有 Kaiser 标准化的全体旋转法。		
a. 旋转在 3 次迭代后收敛。		

采用极大方差正交旋转法，对因子载荷矩阵进行具有 Kaiser 标准化的正交旋转变换（旋转在 3 次迭代后收敛），进一步明确公共因子。经过降维处理后，各个测量指标的因子归属就更加明晰（且每个测量指标的因子载荷都满足大于0.5的最小可接受值要求）。借助 SPSS 19.0 统计分析软件，综合以上分析结果，在表8-17物质资本维度的旋转成分矩阵中，"拥有耐用消费品的数量""拥有交通工具情况"以及"拥有房屋情况（间数）"这3个指标在第1个公共因子上都有较高的载荷，且无论是耐用消费品、交通工具还是房屋间数都与农户所拥有物资的数量相关，所以把第1个公共因子命名为"物资数量因子"；在余下的两个指标中，"住房质量"和"所在地区公共基础设施条件"都在第2个公共因子上有较高载荷，它们都与农户拥有物资的质量有关，因此把第2个公共因子命名为"物资质量因子"。

表8-18 物质资本维度的综合得分

序号	指标名称	综合得分权重	大关县		石林县	
			调研数据平均分	综合得分	调研数据平均分	综合得分
PC-C4	家庭拥有耐用消费品的数量	0.212	1.453	0.308	3.947	0.838
PC-C3	家庭拥有交通工具的情况	0.120	3.304	0.397	4.263	0.513
PC-C2	家庭拥有住房情况（间数）	0.117	1.249	0.146	2.632	0.307
公共因子1：物资数量因子（C2、C3、C4得分合计）		0.449	6.006	0.852	10.842	1.658
PC-C1	家庭住房质量	0.201	3.210	0.646	3.842	0.774
PC-C5	家庭所在地区公共基础设施条件	0.188	3.039	0.571	4.316	0.810
公共因子2：物资质量因子（C1、C5得分合计）		0.389	6.249	1.217	8.158	1.584
总综合得分				4.138		6.485

利用 SPSS 19.0 统计分析软件，在此前基础上构建因子得分矩阵，建立综合得分数学模型，运用正交旋转法，获得因子得分系数矩阵，借助归一化处理，得到公共因子线性函数方程，经计算和整理后最终得到物质资本维度的综合得分（如表8-18所示）。下一步将在物质资本维度，对导致大关县农户相对贫困的原因展开具体分析和研究。

2. 物质资本维度产生相对贫困的原因

在即表8-18物质资本维度的综合得分表中，大关县农户的总综合得分4.138，明显低于石林县农户的6.485，物质资本总综合得分上的差距是两地农户在此维度上较大差距的具体表现，物质资本薄弱也是大关县相对贫困的原因之一。下面就对物质资本部分的各个指标来进行具体分析：

（1）从因子综合得分权重来看，物资数量因子和物资质量因子分别是0.449和0.389，两者相对接近且物资数量因子略高，说明对于增加农户家庭物质资本来说，质量和数量两方面都应得到重视，但物资数量应优先于质量，也就是说先解决了物资有无问题，再来谈物资质量好坏，才是稳步提高物质资本的有效途径。

（2）从两个因子间比较来看，在物资数量因子上，大关县农户的综合得分与石林县的差距是 0.806（1.658－0.852＝0.806），几乎相差一倍；而在物资质量因子上，双方差距是 0.367（1.584－1.217＝0.367），相对要小一些。通过对比发现，构成两地农户在物质资本上差距的主要是物资数量上的差距，再一次印证了增加物资数量的重要性和必要性。

（3）在物资数量因子的各个测量指标比较中，家庭拥有耐用消费品数量这个指标，大关县农户和石林县农户的平均分相比（两者分别为 1.453 和 3.947），前者还不到后者的一半，差距十分明显。而且就大关县农户的调研平均值 1.453 来说，仅接近 1.5，对应测量指标的选项来看就是在 3 到 4 件左右，结合调研实际，这 3 到 4 件也主要集中在厨房用具类、手机（电话）、电视、洗衣机这些生活中十分基础的耐用消费品，甚至冰箱、太阳能等都不算常见。另一方面，在已有的耐用消费品中，以低端档次为主，更令人感慨的是极少数特别贫困的农户，家中一贫如洗，除了破旧的桌椅之外几乎没有像样的家具，家中耐用消费品也都是用于维持生活的必需品。在余下的农户家庭住房间数和拥有交通工具情况这两个测量指标中，大关县农户同样不容乐观，特别是在住房间数上的平均分差距很大，也是不到石林县的一半。在此要说明的是，就课题组实际走访情况来看，虽然两地在房间数上存在明显差距，但两地的住房在面积上基本都能满足农户实际生活的最低需要，在这种情况下，住房质量对农户居住的安全性和舒适性的影响更为显著，对比两地的住房质量也更具有实际意义。

（4）在物资质量因子的测量指标中，两地差距主要是集中在公共基础设施条件的这一指标上，实际调研中发现主要是由于大关县一些偏远村落的道路还在建设当中，农户暂时还没有感受到修建道路带来的交通便利的变化，反映在平均分上就偏低一些。让人略感惊讶的是，两地在住房质量这一指标上的差距较小，且调研数据平均值都达到了 3 以上，为保障住房安全打下了坚实基础。与此同时也应该看到，在实际调研中两地住房内部的差异很大，大关县很多农户住房的装修较为简陋，舒适性偏低，这也是大关县相对贫困在物质资本维度上的直接体现。

七、金融资本的探索性因子分析

1. 数据分析

课题组经实地入户调研采集到的农户金融资本有效数据，通过统计分析软件 SPSS 19.0 进行探索性因子分析，得到分析结果经整理后，如表8-19、表8-20、表8-21、表8-22所示。

表8-19　探索性因子分析适用性检验

KMO 和 Bartlett 检验	
KMO 测度值	0.611
巴特利特（Bartlett）球形度检验　Sig 值（显著性）	0.000

从探索性因子分析适用性检验（表8-19）中可知：在金融资本部分，KMO 测度值为0.611（大于0.6），巴特利特（Bartlett）球形度检验的 Sig 值（显著性）为0.000（小于0.05），同时满足探索性因子分析的两个前提条件，表明农户金融资本部分适合做探索性因子分析。

表8-20 金融资本维度解释的总方差

成分	初始特征值			解释的总方差				旋转平方和载入		
	合计	方差的%	累积%	提取平方和载入				合计	方差的%	累积%
				合计	方差的%	累积%				
1	2.434	30.430	30.430	2.434	30.430	30.430		2.087	26.090	26.090
2	1.821	22.767	53.196	1.821	22.767	53.196		1.917	23.962	50.052
3	1.173	14.664	67.860	1.173	14.664	67.860		1.425	17.808	67.860
4	0.829	10.367	79.227							
5	0.633	7.918	88.145							
6	0.407	5.089	95.234							
7	0.317	3.959	100.000							

提取方法：主成分分析。

解释的总方差是因子对于测量指标解释的贡献率，反映了需要通过多少个因子才能使测量指标表达为100%。在金融资本维度解释的总方差（表8-20）中，前3个因子的特征值大于1，可以提取为公共因子。3个公共因子对测量指标解释的贡献率为67.860%，满足社科领域研究对解释量贡献率60%以上的要求，7个量表金融资本部分的测量指标可以归纳到3个公共因子中，从而达到降维的目的，从而便于开展进一步的分析。

表8-21　金融资本维度的旋转成分矩阵

旋转成分矩阵[a]			
测量指标	公共因子1	公共因子2	公共因子3
向亲友借款的情况	0.836		
可以向其借款的亲友人数	0.821		
向银行/信用社申请贷款情况	0.602		
获得扶贫资金帮扶的情况		0.802	
获得外界资助的情况		0.601	
年人均可支配收入			0.870
是否有打工经历（经历/时长）			0.776
提取方法：主成分。 旋转法：具有Kaiser标准化的正交旋转法。			
a. 旋转在4次迭代后收敛。			

为了进一步明确金融资本部分的公共因子，采用极大方差正交旋转法，对因子载荷矩阵进行具有Kaiser标准化的正交旋转变换（旋转在4次迭代后收敛）。经过降维处理后，各个测量指标的因子归属就更明确了（且每个测量指标的因子载荷都满足大于0.5的最小可接受值要求）。借助SPSS 19.0统计分析软件，可以整理得到金融资本维度的旋转成分矩阵（如表8-21所示），可以看出"向银行/信用社申请贷款情况""向亲友借款的情况"和"可以向其借款的亲友人数"这3个测量指标在第1个公共因子上有较高的载荷，且都与农户的借款和贷款有关，因此把第1个公共因子命名为"借款贷款因子"。"获得扶贫资

金帮扶的情况""获得外界资助的情况"这2个测量指标在第2个公共因子上有较高的载荷，它们与农户所获得的外部补贴和资助有关，所以第2个公共因子命名为"补贴资助因子"。余下的"年人均可支配收入"和"是否有打工经历（经历/时长）"2个测量指标在第3个公共因子上有较高的载荷，都主要反映了农户的收入情况，为此把第3个公共因子命名为"农户收入因子"。

表8-22　金融资本维度的综合得分

序号	指标名称	综合得分权重	大关县		石林县	
			调研数据平均分	综合得分	调研数据平均分	综合得分
FC-D4	向亲友借款的情况	0.141	2.939	0.414	2.632	0.371
FC-D5	可以向其借款的亲友人数	0.192	2.232	0.429	2.211	0.425
FC-D3	向银行/信用社申请贷款情况	0.211	2.403	0.506	2.842	0.599
公共因子1：借款贷款因子（D3、D4、D5得分合计）		0.544	7.575	1.349	7.684	1.395
FC-D7	获得扶贫资金帮扶的情况	0.235	3.263	0.766	3.116	0.731
FC-D6	获得外界资助的情况	0.236	3.474	0.821	2.641	0.624
公共因子2：补贴资助因子（D6、D7得分合计）		0.471	6.737	1.587	5.757	1.355
FC-D1	年人均可支配收入	0.290	2.564	0.744	3.263	0.946
FC-D2	是否有打工经历（经历/时长）	0.075	2.421	0.181	3.122	0.233
公共因子3：农户收入因子（D1、D2得分合计）		0.365	4.985	0.925	6.385	1.179
总综合得分				3.861		3.929

借助SPSS 19.0统计分析软件，构建因子得分矩阵，建立综合得分数学模

型，并运用正交旋转法，列出因子得分系数矩阵，经过归一化处理，得到公共因子线性函数方程，经计算和整理最终得到金融资本维度的综合得分（如表8-22所示）。下一步将依据金融资本部分综合得分情况，对导致大关县农户相对贫困的原因展开具体的分析和研究。

2. 金融资本维度产生相对贫困的原因

分析金融资本维度的综合得分表（即表8-22），两地农户的总综合得分（大关县3.861、石林县3.929）总体上来看数据十分接近，但金融资本有别于其他4种资本，它有很强的媒介属性，可以很容易地通过交换而转变成其他资本，这就使得从总综合得分上不足以反映出两地农户间的经济水平差距。因此十分有必要从因子要素和测量指标来进行具体的比较分析，从而找出隐含在其中的相对贫困原因，以便针对性地提出治理对策。

（1）从因子综合得分权重来看，在金融资本部分的7个测量指标中，年人均可支配收入（0.290）是所有指标中综合得分权重最高的，充分体现了年人均可支配收入在农户金融资本构成中举足轻重的地位。在经济活动中，自有资金是最重要的基石之一，年人均可支配收入的多少在某种意义上说直接决定了农户是富裕还是贫困。就这一测量指标来分析，大关县和石林县的调研数据平均分分别是2.564和3.263，两地之间相差0.699，存在明显差距，结合调研量表中的具体选项，"2分、3分、4分"分别代表了"3000元到5000元""5000元到10000元""10000元到20000元"这三档标准，做个简单的估计，两地的农户年人均可支配收入差距平均可能在3000元左右，这对一个农户家庭来说，并不是一个小数目。在调研的大关县农户中，大约3%的农户在2000~3000元（低收入农户），46%的农户在3000~5000元（收入略高农户），32%的农户在5000~10000元（一般收入农户），13.5%的农户在10000~20000元（收入较高农户），5.5%的农户在20000元以上（高收入农户），约一半的农户年人均可支配收入不到5000元，年人均可支配收入偏低，是大关县农户最主要和最直接的相对贫困原因。

（2）从因子间的互相比较来看，在借款贷款因子这一要素上，石林县农户的综合得分略高一些；而在补贴资助因子这一要素上，大关县农户的综合得分略高一些，两个要素在两地各有强弱，反映了相对贫困的大关县，农户在获得金融支持上，更依赖于传统的政府直接给予模式，这一模式受政府补贴资助的资金规模限制，要做到面面俱到十分困难，因此提高信贷等市场化的金融支持所占比重，显得很有必要。

（3）从借款贷款因子来看，在向亲友借款的难易程度和可借款的亲友人数两个测量指标上，大关县的综合得分要高于石林县，但在向银行或信用社申请贷款这一测量指标上，大关县的综合得分要低于石林县。说明了大关县农户在需要借钱的时候仍然更倾向于向熟人借钱而不是用更市场化更规范的信贷方式，信贷支持的利用不足也是大关县农户相对贫困的原因之一。

（4）从补贴资助因子来看，大关县农户在获得扶贫资金帮扶和外界资助两指标中的综合得分都高于石林县农户，这是脱贫攻坚工作对贫困地区帮扶后，群众获得感增强的实实在在的体现。

（5）从农户收入因子来看，年人均可支配收入和是否有外出务工经历这两项测量指标的综合得分，大关县农户都要低于石林县农户，侧面反映出外出务工与增加农户收入之间的正相关关系，外出务工程度不足和其他多种因素相叠加形成的年人均可支配收入偏低是大关县农户相对贫困的原因之一。

八、社会资本的探索性因子分析

1. 数据分析

课题组经实地入户调研采集到的农户社会资本有效数据，通过统计分析软件 SPSS 19.0 进行探索性因子分析，得到分析结果经整理后，如表 8-23、表 8-24、表 8-25、表 8-26 所示。

表 8-19　探索性因子分析适用性检验

KMO 和 Bartlett 检验	
KMO 测度值	0.724
巴特利特（Bartlett）球形度检验　Sig 值（显著性）	0.000

从探索性因子分析适用性检验（表 8-23）中可知：在社会资本部分，KMO 测度值为 0.724（大于 0.6），巴特利特（Bartlett）球形度检验的 Sig 值（显著性）为 0.000（小于 0.05），同时满足做探索性因子分析的两个前提条件，表明农户社会资本维度适合做探索性因子分析。

表8-24　社会资本维度解释的总方差

成分	初始特征值			解释的总方差 提取平方和载入			旋转平方和载入		
	合计	方差的%	累积%	合计	方差的%	累积%	合计	方差的%	累积%
1	3.285	32.850	32.850	3.285	32.850	32.850	2.543	25.434	25.434
2	1.724	17.239	50.089	1.724	17.239	50.089	2.226	22.263	47.698
3	1.250	12.503	62.592	1.250	12.503	62.592	1.489	14.895	62.592
4	0.843	8.429	71.021						
5	0.775	7.752	78.773						
6	0.655	6.554	85.326						
7	0.511	5.112	90.439						
8	0.403	4.026	94.465						
9	0.347	3.471	97.936						
10	0.206	2.064	100.000						

提取方法：主成分分析。

解释的总方差能显示出因子对于测量指标解释的贡献率，需要多少个因子才能把测量指标达到100%，从社会资本维度解释的总方差（表8-24）中可知：前3个因子的特征值大于1，可以提取为公共因子，且3个公共因子对测量指标解释的贡献率为62.592%，满足社科领域研究对解释量贡献率60%以上的要求。因此可以把量表社会资本部分中的10个测量指标归纳到3个公共因子中，从而达到降维目的，便于开展进一步的分析。

表8-25　社会资本维度的旋转成分矩阵

旋转成分矩阵ᵃ			
测量指标	公共因子1	公共因子2	公共因子3
获得生产技术帮助的情况	0.773		
获得物质帮助的情况	0.753		
与邻里之间的关系	0.704		
参加农村社会养老保险的情况	0.648		
参加农村合作医疗保险的情况	0.647		
参与农业合作社的情况		0.750	
参与村里或合作社决策的情况		0.740	
获取农产品价格信息的情况		0.726	
有干部关系的情况（包括公务员、事业单位人员、国有企业人员等）			0.821
有家境富裕的亲朋好友的情况			0.704
提取方法：主成分。 旋转法：具有Kaiser标准化的正交旋转法。			
a. 旋转在5次迭代后收敛。			

为了进一步明确社会资本维度的公共因子，采用极大方差正交旋转法，对因子载荷矩阵进行具有Kaiser标准化的正交旋转变换（旋转在5次迭代后收敛）。经过降维处理后，在社会资本部分旋转成分矩阵（表8-25）中，各个测量指标的因子归属就更明确了（且每个测量指标的因子载荷都满足大于0.5的最小可接受值要求）。借助SPSS 19.0统计分析软件，综合以上分析结果，农户"获得生产技术帮助的情况""获得物质帮助的情况""参加农村社会养老保险的情况""参加农村合作医疗保险的情况"和"与邻里之间的关系"5个测量指标都在第1个公共因子上有较高的载荷，都与农户参加的社会保险和所获得的

社会帮扶有紧密联系，所以把第1个公共因子命名为"社会保险和帮扶因子"。农户"参与农业合作社情况""参与村里或合作社决策情况""获取农产品价格信息情况"3个测量指标在第2个公共因子上有较高的载荷，农村基层组织和农业合作社，两者作为农村主要的社会组织形式，以上3个测量指标都与其紧密相关，因此把第2个公共因子命名为"参与社会组织因子"。农户家庭"有干部关系的情况"和"有富裕的亲朋好友的情况"两个测量指标在第3个公共因子上都有较高载荷，两指标主要反映了农户家庭的社会关系情况，所以第3个公共因子命名为"社会关系因子"。

表8-26 社会资本维度的综合得分

序号	指标名称	综合得分权重	大关县		石林县	
			调研数据平均分	综合得分	调研数据平均分	综合得分
SC-E6	获得生产技术帮助的情况	0.182	2.425	0.442	3.579	0.653
SC-E7	获得物质帮助的情况	0.334	2.586	0.862	3.053	1.018
SC-E10	与邻里之间的关系	0.142	3.884	0.550	4.684	0.664
SC-E9	参加农村社会养老保险的情况	0.233	3.586	0.836	4.474	1.042
SC-E8	参加农村合作医疗保险的情况	0.317	4.713	1.496	4.684	1.487
	公共因子1：社会保险和帮扶因子（E6、E7、E8、E9、E10得分合计）	1.208	17.194	4.186	20.474	4.864
SC-E4	参与农业合作社的情况	0.253	1.028	0.260	1.579	0.400
SC-E3	参与村里或合作社决策的情况	0.269	2.773	0.746	3.368	0.906

续表

序号	指标名称		大关县		石林县	
SC-E5	获取农产品价格信息的情况	0.215	2.011	0.432	4.526	0.973
	公共因子2： 参与社会组织因子 （E3、E4、E5得分合计）	0.737	5.812	1.438	9.473	2.279
SC-E1	有干部关系的情况	0.139	1.199	0.167	2.010	0.279
SC-E2	有家境富裕的亲朋好友的情况	0.255	1.354	0.345	2.421	0.616
	公共因子3：社会关系因子 （E1、E2得分合计）	0.394	8.365	1.950	13.904	3.174
	总综合得分			7.574		10.317

借助 SPSS 19.0 统计分析软件，构建因子得分矩阵，建立综合得分数学模型，运用正交旋转法，列出因子得分系数矩阵，再经过归一化处理，得到公共因子线性函数方程，经计算和整理最终得到社会资本维度的综合得分（如表8-26所示）。下一步将依据综合得分表，对大关县农户在社会资本维度的相对贫困原因展开具体分析和研究。

2. 社会资本维度产生相对贫困的原因

在社会资本维度的综合得分表中（即表8-26），在总综合得分上（大关县7.575、石林县10.317），两地的农户存在明显差距，这也是两地之间经济社会发展差距在社会资本维度上的直观反映。下面对社会资本部分的各个测量指标进行具体研究，分析大关县农户在社会资本维度相对贫困的原因。

（1）从因子综合得分权重上来看，在3个公共因子的综合得分权重中，社会保险和帮扶因子（1.208）明显高于参与社会组织因子（0.737）和社会关系因子（0.394）。这表明，广大农户所获得的社会保险服务和社会帮扶在其社会资本构成中起到了决定性的基础作用，要尽快补上在社会保险和帮扶方面的短板，对缓解大关县农户在社会资本维度上的相对贫困尤为重要。

（2）从因子间比较来看，在3个公共因子的综合得分中，大关县农户都处于相对较低的情况，但具体分析发现，在参与社会组织因子和社会关系因子中，大关县农户与石林县农户的综合得分差距（两个因素差距分别为：0.84 和 1.224）都要明显高于在社会保险和帮扶因子中的差距（0.5），说明大关县农户在这两方面需要得到更多的关注和支持。

（3）从社会保险和帮扶因子来看，两地农户在农村合作医疗保险这一指标上的综合得分几乎没有什么差距，甚至大关县还略高一点点，且调研平均分都在 4.5 以上，结合调研量表选项（4 分：几乎都参保、5 分：全部参保），说明无论是相对落后还是相对发达的农村地区，农村合作医疗保险实实在在极大地减轻了广大农民医疗负担，让农民享受到了实惠，农民参保积极性很高，推广效果很好，基本做到了全覆盖。与之形成对比的是，在农村社会养老保险这一指标上，大关县和石林县的调研平均分分别是 3.586 和 4.474，大关县明显偏低，分析其原因可能是因为广大农户不能短期内从参加社会养老保险中获益，且在家庭经济富余不多的情况下，农户的参保积极性相对不高，覆盖面还有待进一步地提高。另一方面，在获得生产技术帮助、物质帮助以及邻里之间关系 3 个指标中，大关县农户的综合得分也都是偏低的情况，说明通过自身社会关系得到的帮扶不足，也是当地相对贫困原因之一。

（4）从参与社会组织因子中来看，3 个测量指标大关县农户的综合得分都明显低于石林县农户，这表明在农村基层治理和农村合作经营上，大关县农户的参与度整体都偏低，这一情况在农产品价格获取情况这一指标中侧面得到了印证。因此农村基层治理和农村合作经营上参与度不足是相对贫困的原因之一。

（5）从社会关系因子来看，大关县农户在是否有干部关系和是否有家境富裕的亲朋好友这两个指标的综合得分上都低于石林县农户，这反映出可能是因为缺乏一些优秀榜样和致富带头人的激励和带动作用，使得当地在解决相对贫困问题中需要付出更多的努力，社会关系缺乏也是相对贫困的原因之一。

九、相对贫困治理对策

1. 自然资本维度

通过实证研究分析，在自然资本维度导致大关县相对贫困的主要原因有：农户土地得不到更高效的利用，当地农户所拥有土地的水资源条件和交通条件较差，下面将着重围绕这两个方面提出相对贫困治理对策。

（1）土地作为农民最重要的资产之一，是维持其基本生活的根本保障，对农民来说极端重要性不言而喻，提高农户土地利用效率的前提，必须是建立在保障农户土地权益不变的基础上，当地政府因地制宜落实好农村土地"三权分置"政策就显得格外重要。"三权分置"是指所有权、承包权、经营权分置并行，农村集体土地所有权仍归集体所有，将土地承包经营权分为承包权和经营权。农村土地集体所有权是土地承包经营权的前提，农户享有承包经营权是集体所有的具体实现形式，在土地流转中，农户承包经营权派生出土地经营权①。简单来说，就是落实土地集体所有权、稳定农户承包权、放活农户土地经营权，让农户的土地经营权可以进入市场流转，从而获得更多的土地财产权利。从大关县的实际情况来看，政府可以通过招商引资，引入一些具有当地特色农牧产品（如筇竹笋、生态黄牛养殖等）深加工企业在当地建厂，农户再把土地的经营权流转到有实力和有技术的企业或合作社，使农户在获得经营权流转带来的土地财产性收入的同时，可以把劳动力从传统的农业生产中解放出来。被释放出来的农村劳动力，一方面可以进入当地的农产品加工企业从事生产活动或者土地作业，获得一份劳动报酬，且是在当地从事劳动工作，农民会具有较高积极性；另一方面农民也可以进入城市务工，在获得劳动报酬的同时，补充了城市的劳动力，可以有力促进城乡一体发展。就土地的生产力效率来说，因采用了规模化农业生产经营，使农业生产向专业化和社会化生产转型，将极大提高土地的综合生产效率，最终实现土地提效、农户增收、企业获益、政府增税的多方共赢局面。

在此值得注意的是，一方面，当地政府稳步推进农村土地"三权分置"的前提是要做好农村土地确权工作。农村土地是农民最基本的生产资料，既是农民的资源，又是农民的资产，只有经过确权颁证之后，才能更加明确农民就是农村土地的物权权利人，为"三权分置"政策中的土地流转做到有据可依。另一方面，要警惕在没有优质生产企业或者合作社的情况下，一部分人利用经营权流转，与农户签订时效长、补偿低等不合理的转让合同，把大量农村土地收储囤积起来，不搞产业经营，只等土地价格上涨后再把土地转租出去的"新圈地"运动发生。因为这样既违背了中央"三权分置"政策的初衷，又在农村社会保障体系还处于较低水平的情况下，让农户失去了土地这个维持生存底线的保障，使其成为新的"失地农民"，当他们无法通过其他渠道获得相对稳定的收入来源时，会给当地经济社会的长期发展和长治久安带来巨大隐患。

（2）大关县的农户土地因地处乌蒙山区腹地，山岭丛聚，沟壑纵横，海拔落差较大，因而成片的平面耕地较少，分散的 15 度以上坡耕地、梯田较多，且长期以来当地经济社会发展较为落后，共同造成了农村土地在水和交通方面基

---

① 关江华，黄朝禧，胡银根. 农户宅基地流转意愿差异及其驱动力研究——基于农户可持续生计视角 [J]. 资源科学，2013，35（11）：2266-2272.

础设施条件较差的现状。农户土地的水资源条件和交通条件得到改善，将极大地从客观上提高土地的生产能力，为此可从政府资金和社会资金两方面同时入手。政府资金方面，当地政府可利用好国家关于支持贫困地区农林水利和交通基础设施建设推进脱贫攻坚的相关政策和指导意见，然后结合当地实际，积极向上级争取更多的资金和项目用于提升当地农村土地的用水和交通条件。社会资金方面，政府通过落实好"三权分置"政策，放活农户土地经营权，让土地遵循效率原则在市场上进行流动，促进土地的适度规模经营，当招商引资来当地的经营者有了稳定的经营权后，就有了改良土地肥力、进行农业基础设施建设投入的积极性。用经营权的权责促进土地的用水和交通条件的改善，既提升了当地农户土地的基础设施条件，又增加了经营企业的生产效益，形成促进共同发展的良性循环的局面。

2. 人力资本维度

通过实证研究分析，得出了大关县农户在人力资本维度相对贫困的主要原因是："技术技能因子"中缺乏相关技术技能培训机会，"受教育程度因子"中的受教育程度偏低以及对下一代教育的重视程度不足，接下来将就此提出相关治理对策。

（1）要想提升生产效率，就必须掌握必要的生产技能，这一规律不仅是对一个国家或是一个企业适用，对一个人来说也同样适用。不难发现，增加农户人力资本最为直接有效的办法就是加大对农户的技术技能培训，让广大农民至少掌握一项生产技能，这些生产技能或是通过农业生产技术的提高来增加土地的产出，或是具备了从事某项生产活动的能力，增强了在劳务市场上的竞争力，有更多的机会获得报酬相对较高的劳动岗位。既然提升农户技术技能的益处这么多，就有必要创造更多的培训机会让他们获得技术和技能，政府一方面可以协调当地的部分事业单位（如农技站等），定期派技术人员到较为贫困的村组进行农业技术培训，及时帮助农户解决他们在农业生产中遇到的技术困难，在培训中还可以适当增加一些符合当地气候、土壤等客观条件的高附加值农产品种植培训，让农户从种植农产品中获得更多的回报，提升他们对学习农业技术的积极性。另一方面，政府通过与企业进行对接，了解企业生产中对简单劳动力人员的需求情况，把这些信息及时向当地农户进行宣传，解决企业和农户间信息不畅通这一问题，让农户通过务工赚钱的同时，也一定程度上缓解了部分企业的招工难问题。如果在当地财政可承受的情况下，还可对招收贫困农户（如建档立卡户）进厂务工的企业给予一定的税收优惠政策，增加企业招工积极性。总之农民进入企业务工，就可以通过企业的培训和生产实践机会，让农民在获得务工收入的同时，由从事简单劳动力工作开始，逐步掌握一些生产技能，提升其以后在劳动力市场中的竞争力。

（2）"知识改变命运"已是社会共识，教育对一个国家和一个民族的重要性毋庸置疑，下面将着重研究如何提升大关县农户的整体受教育水平。在调研中发现，大关县广大农户的父母这一辈的文化很低，小学及以下学历占据大多数，有极少数还是文盲，这种情况在导致他们对新思想、新知识、新技术接受能力较差的同时，也让他们对子女教育的重视程度不足。特别是由于当前社会就业竞争激烈，他们听说一些孩子完成大专或者本科教育后仍不能较好就业，就觉得供孩子读书投入那么多，周期又很长，最终还没有达到预期的效果，那还不如让子女初中毕业后就外出打工，或是学门手艺谋生，尽早进入社会赚钱，对子女初中后继续学业的支持力度并不大，入户访谈中有贫困农户认为"孩子读不出来，初中毕业能找个工作就可以了"，这种新"读书无用论"的出现要引起高度重视和警惕。仔细分析过后，新"读书无用论"产生原因主要有以下三点，一是由于教育资源的分配不均衡，绝大多数的优质教育资源集中在城市，乡村教育更多的是处在一种维持正常教学运转的状态。这就出现了在各类选拔性的考试（如中考、高考）中，农村学生特别是贫困农户家庭的学生，由于接受不到优质教育资源，在同等努力的情况下，在竞争中处于一种弱势的状态，导致他们在升学过程中更难进入一所较好的学校，进一步拉大了与城市学生综合素质的差距，最终反映到就业上就是，读了一个十分普通或较差的大学或大专，在就业市场上没有竞争力，又不愿从事社会底层职业，高不成低不就，最终形成结构性失业。二是对于一个贫困农户家庭来说，培养一个大学生是一个很沉重的负担，因此贫困农户家庭希望其毕业参加工作后能给家庭带来较大的"回报"，对家庭形成"反哺"，当他们听到或者看到有大学生无法找到较好工作时，便产生失望情绪，不愿意支持子女在接受完义务教育后继续升学。三是贫困农户家庭学生由于缺乏社会资源和帮助，在思维、眼界等方面又不够开阔，在教育背景（如学校、学历等）不占优势的情况下，在进入社会后的就业竞争中存在很大劣势，较难找到一个比较好的工作，不利于带动贫困农户家庭增加收入。

以上现象为新"读书无用论"的滋生提供了土壤，助长了其传播，要纠正这一思想，解决现实中存在的问题，就必须社会、政府、企业、家庭多方共同努力。社会上要弘扬崇尚知识，尊重知识的风气。政府应统筹各方力量，在教育投入、教师待遇、城市师资力量轮换式的下乡支援、高中及大学的招生方式、采用远程教育相辅助等各方面，改善教育资源分配不均衡这一教育改革中的老大难问题。要继续加大对贫困学生的助学力度，扩大覆盖面、增大补助力度，让人感到欣慰的是，就课题组了解所知，目前各高校对贫困学生在助学金、奖学金、助学贷款等方面都有一定程度支持，有效减轻了贫困家庭的教育支出负担。政府协调并号召广大企事业单位在招聘时，同等条件下对来自贫困家庭的大学生给予一些倾斜，减轻他们的就业压力。就贫困家庭的大学生自身来说，要坚定理想信念，认识到学习知识的重要性，努力学习并注重实践，不断提升自身综合素质。总而言之，要解决新"读书无用论"这一问题是一个长期的系统性工程，需要社会多方协作，通过教育有力促进并有效阻断贫困的代际传递，构建社会阶层的良性流动。当然在本小节中对新"读书无用论"问题的形成原因和解决办法探讨，仅仅是一个十分浅显的分析，希望能为此问题以后更深入的研究起到一个抛砖引玉的作用。

3. 物质资本维度

在物质资本部分的实证分析研究中，大关县农户在耐用消费品数量、交通工具情况、住房情况、公共基础设施条件等几个方面都存在相对贫困和相对落后的情况。要解决这一困难，让他们日子越过越好，提升广大农户的物质生活水平（即物质资本）势在必行。

为了让广大农户分享到社会发展进步带来的红利，有更多获得感，增加农户收入必不可少，只有收入增加了，农户才可能有更强的消费能力去提升他们的物质生活水平。帮助农户增加收入的办法多种多样，其他4个生计资本维度研究中已有详细阐述，下面将从资金投入和政策帮扶两方面对物质资本的影响来进行分析。

在实际调研中发现，近几年大关县在公共基础设施条件上的改善十分明显，基本能达到村村通路的局面，只是有些较为偏远的村子，道路还在建设中，可以看到在政府资金的不断投入和政策的不断帮扶下，实现真正的村村通路指日可待。虽然有些地方道路条件较差，但解决了从无到有的问题，已然是十分巨大的进步。另外一个事实是，当地十年前有些片区，农户的住房情况很差，仍然是泥土房或是土木结构的老房子。自2011年起，在政府的政策和资金支持下，很多农户利用政府补贴和贴息贷款，通过将原有的房屋翻新、改造、拆除重建等手段，使房屋变成以砖瓦、砖木、砖混为主的，有些农户还搬进了易地搬迁的新房子中，虽然房屋居住条件还有很多需要提升的地方，但较之前来说已经得到了极大的改善。这两个事例充分印证了资金投入和政策帮扶在提升物质资本上的重要性和必要性。同理，要解决耐用消费品、交通工具、住房等方面面临的困难，还是要依托并利用好诸如家电下乡政策、购买农用机械补助政策和农村危房改造政策等一系列的政策和补助措施，做好政策宣传和落实，让广大农户以更高质量实现"两不愁三保障"，生活水平不断得到提高。

4. 金融资本维度

通过金融资本部分的实证分析研究，发现了大关县农户在金融资本维度存在的薄弱环节，接下来将展开具体的分析，提出有针对性的解决办法。

小康不小康，关键看老乡。大关县农户年人均可支配收入偏低是多种因素叠加形成的问题，需要多方多渠道的共同努力才可以逐步解决，本次研究中很多部分都提到了帮助农户增收的办法，在此就不再赘述。总之，千方百计帮助农户增加收入，是相对贫困治理工作的根本之策。

在调研中发现，广大农户对惠农信贷等金融扶贫方式利用不足，过于依赖政府补贴资助这种传统的帮扶方式，必然极大地增加了政府的帮扶负担，对帮扶的长期可持续构成了巨大压力。因此必须提高惠农信贷等金融扶贫的覆盖面，才有助于帮扶的长期可持续，让政府的补贴资助资金用到最需要的地方，提高帮扶资金使用效率。[1] 总体来看，广大农户不愿意接受惠农信贷主要有两方面原因：一方面是受长期以来生活相对贫困和根深蒂固的"能不欠就不欠"的传统观念影响，当地广大农户有严重的"惜贷"思想，他们宁愿生活水平低一些，也不愿去了解和申请金融机构的惠农金融政策和贷款；另一方面，由于部分金融机构存在不重视惠农金融业务的情况，有人存在小微惠农贷款风险相对不可控、利润空间不大的思想，不愿去开发更多的惠农金融产品，也不愿花大力气去推广惠农金融业务。这就造成了当地农户在需要资金支持的时候，既无法得到银行或信用社的贷款，又因为周围熟人邻居都不富裕而无法借到钱。

要改变农户的"惜贷"观念，就要积极开展农村金融知识的普及宣传。以农村金融机构网点为依托，加强对网点从业人员的金融知识培训，充分利用他们经常与农户打交道便于沟通的优势，利用农闲时间，把工作主动下沉到村社当中，采用有奖问答、举办讲座等多种形式，吸引广大农户参与到金融知识学习中，在讲授基本金融知识的同时，介绍适合当地的惠农金融产品，逐步培养农户的金融素养和信用意识，为金融机构自身更好地开展涉农业务打下基础。

要解决农户贷款难的问题，一是在目前尚未建立完善的农村信用体系的前提下，探索解决广大农户申请贷款时缺乏抵押物的问题，二是要解决惠农金融产品与广大农户需求不匹配的情况，调研中发现广大农户需要的是小规模短周

---

[1]　关江华，黄朝禧，胡银根.农户宅基地流转意愿差异及其驱动力研究——基于农户可持续生计视角［J］.资源科学，2013，35（11）：2266-2272.

期资金周转，一般来说资金的缺口都在 5 万元-10 万元左右，期限大都在半年至 5 年之间，但资金需求都比较急，都希望能在短时间内快速得到贷款；然而当前部分惠农贷款审批流程较长，放款速度较慢，不能有效满足农户需求。上述问题的解决需要政府和金融机构共同努力。

政府一方面应积极贯彻落实支农金融机构的减税、免税政策，简化支农金融机构申请与审批减免税收程序，增强金融机构涉农积极性；在部分有条件的地方，可以从地方财政中拨出部分资金建立政策性风险分担基金，降低涉农金融机构发展农村业务的风险，提高服务农村经济体的动力。另一方面要加快农户资产确权工作，耕地使用权、林地使用权、农户住房等是农村居民普遍拥有的资产，政府部门应尽快完成这些资产的确权工作，完善农村产权交易中心运营机制，使农户有资产可抵押，加快农户资产的有效流转，促进惠农金融服务的发展。

涉农金融机构应始终坚持服务农村的宗旨，一方面是利用好互联网这一重要资源，提供移动金融服务，解决在农村设置物理网点成本较高和地域限制的问题。另一方面是通过金融创新和服务优化，设计适合农业生产经营特点的金融产品，满足广大农户的贷款需求。以云南省某商业银行推出的涉农普惠金融业务"金果贷"为例进行分析说明，该银行通过业务创新和服务优化，极大地缓解了果农贷款难的问题。首先，"金果贷"业务主要是面向从事水果种植的农户、农业合作社和农业企业，在客户取得当地政府部门核发的承包土地经营权及林木果权等相关权利凭证且权属清晰无争议的前提下，通过担保模式创新，接受水果收益权作抵押物，极大地缓解了抵押物缺乏的问题；评估方式创新，抵押物价值评估依托历年水果产值数据，采用自评方式为主，取消第三方评估公司评估环节，简化流程的同时，提高评估准确度；优化服务流程，采用主动服务的方式，及时了解客户在生产经营过程中的信贷需求，优化业务流程，提高业务办理效率。其次，在贷款业务核心之一的风险控制环节，以承包土地经营权、林木果权作为抵押物，通过控制相关权利的流转来防范风险。个人类客户需经过村委会或农业合作社对贷款申请人的基本条件做出初审合格后进行推荐；企业类客户需引入担保公司进行担保增信。最后，在贷款期限和还款方式上充分考虑到水果产品的经营特点，在授信期限不超过承包土地经营权或流转合同剩余年限一半的前提下（原则上最长不超过 3 年），可依据贷款实际用途、生产经营周期和综合还款能力等因素确定具体贷款期限；单笔贷款支用在 1 年以内的，可采取按月付息到期还本或按月付息分期还本的还款方式，支用期超过 1 年的实行分次还款，贷款到期日原则上设立在水果上市售卖的季节。总之在保证业务风险可控和可持续开展的前提下，尽最大的可能突出普惠属性，让利于民，自"金果贷"业务开展以来，受到了水果种植农户、农业合作社和农业企业的极大欢迎，银行也收到了良好的社会效益和经济效益。

"金果贷"这一涉农普惠金融业务充分显示了通过金融创新和服务优化，能够有效解决农户贷款缺乏抵押物或抵押物不足面临的贷款困难，充分发挥了金融支持在促进农业产业升级中的重要作用，有效帮助农民增收致富，助推高原特色农业发展。

5. 社会资本维度

在社会资本部分的实证分析中，对导致大关县农户在社会资本维度相对贫困的原因作了探索和分析，下面针对性地提出解决办法。

（1）就当地比较缺乏优秀榜样和致富带头人的激励和带动，农户能得到的社会帮扶也较少的情况来说，这一现象的形成有很多历史原因，因而解决起来也是一个长期的过程。在这个过程中，教育作为阻断贫困代际传递最有效的办法，改善和解决贫困地区的教育落后现状迫在眉睫。因解决教育发展不平衡的问题已在前文中有过探讨分析，在此便不过多地赘述了。扶贫既要扶智，更要扶志，在加大对当地教育扶贫力度的同时，更需当地广大农民群众，特别是当中的青少年群体树立远大志向，通过长期坚持不懈的奋发努力，才能不断地涌现出更多优秀的榜样和致富带头人，通过先富带后富，使当地经济社会发展水平更上一台阶。

（2）完善加强农村社会保障体系是统筹城乡发展，推进乡村振兴战略的重要支撑之一，就调研中发现的农村社保体系存在的薄弱环节，需要多方努力，然后形成工作合力，统筹解决。一是积极探索拓宽资金筹措的有效途径，逐步建立多元化的资金筹措办法。筹集资金从单一主体走向多元化，按照部分积累的原则，在政府加大财政投入力度的同时，形成由政策引导、集体补助、个人负担相结合的多渠道资金筹集模式。二是要重视农村社保基金的保值增值，基金的使用要坚持安全性优先、兼顾收益性的原则，合理利用金融市场上的金融工具，实现保值增值。只有拓宽来源和保值增值相结合，才能让农村社会保障体系的建设更有持续性，为逐步提高投保农民的保障水平打下坚实的基础，让更多农民从参保中受益，吸引更多农民参保。针对调研中了解到的部分农民自我保障意识不强、对政策理解不够等实际情况，加大政策宣传力度，增强农民自我保障意识，提高农民参保自觉性的同时，还要积极引导，尤其是村干部要带头参保，发挥示范带动作用，尽最大可能地提高农村社会保障体系的覆盖面，缓解低收入农民的后顾之忧，激发其勤劳致富的积极性。

（3）提升农村基层治理水平，促进农业合作社发展，对实现农村社会和谐与稳定、农民增收有着重要意义。针对农民参与农村基层治理和农村合作经营程度不高的这一情况，可以从三方面加以提升。一是注重人才的培养使用，农村基层治理水平提升和农业合作社发展，都离不开人才的支撑作用。政府通过拓宽人才引进渠道、建立健全人才激励机制，在政策上给予人才更多的优惠和支持，解决他们在住房、医疗、教育等多方面的后顾之忧，让他们能全身心地投入到乡村建设中去，使外来人才不但引得进，还能留得住，让他们在农村基层治理和农业合作社经营中能大有作为。与此同时，当地人才的挖掘也必不可少，本土人才有着农村生长背景，他们对家乡有一份特殊的感情，如果能在当地，甚至是能在家门口大展才能，他们也不会再四处奔走。尤其是对于大关县这样的欠发达地区，挖掘培养当地现有人才，用好稳住当地人才，切实满足当地人才反哺家乡、建设家乡的愿望，特别具有现实意义。二是推进农村基层治理规范化，完善村级民主自治机制。建立健全既保证党的领导又保障村民自治权利的村级民主自治机制，积极探索新型农村治理机制，以"扩大有序参与、推进信息公开、健全议事协商、强化权力监督"为重点，健全农村民主管理制度，深入开展民主选举、民主决策、民主管理、民主监督四项实践，实行重大事项必须召开村民代表大会决定制度，听取和征求村民意见，深化民主监督工作。推进"阳光村务"工作，增强工作透明度，规范村级的党务、村务和财务等信息的公开形式、公开程序、公开时限和公开内容范围，将村里事务"晒"在阳光下，"亮"在人民心中。真正让农民知情，让农民参与，让农民监督，解决农民对村组织不信任，从而觉得与自己无关，不愿参与农村基层治理的情况。三是做大做强农业合作社，让更多的农民从中受益。农业合作社的发展壮大，离不开政府的大力支持，政府在加大财政、税收、信贷、产业技术等层面支持的同时，帮助畅通和扩大农业合作社销售渠道（如组织开展"农超对接现场会"活动），引导农业合作社利用互联网渠道开展电商营销。有条件的农业合作社，还可以实施品牌战略，通过申报有机食品、绿色食品，加大农产品商标注册力度等方式，着力打造一批名优品牌。农业合作社自身也要制定出台相关规章制度，在合作社的组织形式、内部运行机制、内外部利益关系等方面进行规范，提升农业合作社经营管理水平。总之要通过多方努力，共同为农业合作社营造良好的发展环境，使广大农户从参与合作社经营中获益，从而吸引更多农户参与进来，让农业合作社的经营发展不断向前。

第九章

云南深度脱贫区返贫风险估测研究

一、研究价值

2020 年是我国全面打赢脱贫攻坚战的收官之年，所有绝对贫困人口都将实现脱贫，但"贫困在人类历史上从未完全消失过，哪怕是发达国家"，脱贫目标的完成并不意味贫困的终结，相对贫困会长期存在，我国减贫事业的重点将由"绝对贫困"转向"相对贫困"。党中央指出要"巩固脱贫成果，建立实现稳定脱贫和解决相对贫困的长效机制"。然而，脱贫人口返贫的问题如影随形，影响扶贫开发的工作进程，返贫率居高不下已成为我国新型贫困问题的主要特征之一。2016—2018 年全国返贫人口数量分别达到 68.4 万人、20.8 万人和 5.8 万人，尽管返贫人数不断减少，但返贫问题不容忽视，并且中西部地区的返贫率达到 20%~40%，远高于全国 15%的平均水平。解决相对贫困，巩固脱贫成果"要把防止返贫放在重要位置"，杜绝贫困复归。深度贫困地区由于生态环境的脆弱性、基础设施和社会经济发展的滞后性、民族文化的独特性以及贫困程度的深沉性，返贫风险类型多样，异质性较强，一些深度贫困区的返贫率甚至超过了 50%。建立实现稳定脱贫的长效机制要充分关注深度贫困地区的返贫风险和贫困问题的发展，深度贫困地区是决定减贫事业进展和成效的关键区域。①

返贫问题是农村扶贫开发工作过程中出现的一种社会现象，是指已脱贫人口由于脱贫的稳定性不强，抵御风险的能力较弱，受内外多种风险因素的影响而重新陷入贫困状态，即一种"饱而复饥""暖而复寒"的现象。返贫问题是一个非常复杂的问题，贫困形成的多维性也决定了返贫原因的多样性。返贫既可能是由某一个重要因素所导致，也可能是多种因素相互交织共同作用的结果，

---

① 王君涵，李文，冷淦潇，等.易地扶贫搬迁对贫困户生计资本和生计策略的影响——基于 8 省 16 县的 3 期微观数据分析 [J].中国人口·资源与环境，2020，30（10）：143-153.

而且返贫因素在不同区域、不同贫困户家庭类型中的作用方向和作用强度也会呈现出差异性。结合返贫研究的高频词及典型文献的内容来看，因老返贫、因病返贫、因政策返贫和因个人能力返贫受到了学者们的较多讨论，返贫类型具有普遍性。我国已经步入老龄化社会，年龄的增长不可避免地会导致劳动能力下降、返贫户养老压力加重，农村老年人口比重上升是导致返贫的主要原因之一，特别是农村老龄无子女夫妇、老年单身户的养老问题突出；民族地区生态环境恶劣，疾病风险相当高，这是导致返贫的主要因素，医疗保障制度的缺失也会加大贫困人口疾病返贫的风险，医疗条件对返贫程度具有显著的影响作用；政府掌握扶贫的核心资本，是农村扶贫开发的主导者，在返贫治理上担当着重要的角色，政策保障是推进脱贫攻坚战和乡村振兴战略的重要优势，贫困人口实现"摘帽之后"，相关政策的撤出和变动会加大返贫风险，而贫困人口内生发展动力不足，将是脱贫攻坚战和乡村振兴战略面临的巨大挑战；贫困人口受教育水平普遍偏低，专业技能匮乏或水平较低，获得稳定收入的能力较差，是农村人口返贫的重要原因，人力资本水平的高低是影响持续性贫困的重要因素，而针对民族地区的返贫问题，返贫人口的教育短板更是成为关键致贫因素。

在脱贫攻坚战和乡村振兴战略的衔接阶段，返贫问题受到了学者的广泛关注，返贫风险研究的角度多元化，风险类型识别细化，学术观点丰富化。对于深度贫困区少数民族的返贫问题也多有研究，但依旧存在有待改善的地方。一是研究缺乏聚焦，对重点地区、重点人口的关注不够，难以为具体区域的返贫防治提供借鉴参考。二是缺乏实证研究，已有研究多基于可行能力理论、贫困脆弱性和可持续生计资本等贫困视角进行理论研究，较少从风险视角进行探索，同时也缺乏量化研究对理论分析的有效支撑。因此本书将以滇西边境山区少数民族国家级贫困县为研究对象，对农户家庭进行实地问卷调查，基于风险社会理论视角和社会风险的类型划分，从养老风险、疾病风险、政策风险和能力风险4个维度出发，利用问卷数据对整体返贫风险做出模糊性评价，并提出针对性的防治对策。

二、研究方法

1. 研究视角

"风险社会"由德国社会学家乌尔里希·贝克（Ulrich Beck）提出，是指随着人类实践活动次数的增加和范围的扩大，社会风险结构由以自然风险为主导演变为由人类活动的不确定性占主导地位。风险社会是人类实践导致的社会风险占据主导的社会发展阶段。在风险社会理论下，社会风险更多考量的是由人类实践活动所带来的风险。贫困问题是指由贫困所引致的一系列社会问题，贫困是产生社会风险的缘由之一。① 作为一种社会风险，返贫风险会造成阶级分化，拉大贫富差距，扭曲个人价值观，从而引发社会风险。故研究将基于社会风险视角对返贫风险进行研究。

在综合学者们对社会风险和返贫风险的研究基础上，本书将从养老风险、疾病风险、政策风险和能力风险 4 个维度出发，利用调查问卷对滇西边境山区少数民族贫困县的农户进行实地调查，通过模糊综合评价法对返贫风险进行界定。

模糊综合评价法即用模糊数学对处于复杂状态下的对象做出总体评价。它使用模糊数学综合决策的方法来对一个多指标的系统进行决策，对被评价对象用隶属等级情况进行评价。模糊综合评价法将用隶属度来反映指标的好坏，能够有效解决由风险系统本身状态的模糊性和内部的复杂性所带来的难以准确评价的问题。

2. 构建模糊评价指标体系

基于养老风险、疾病风险、政策风险和能力风险 4 个维度的 15 项评价指标，并采用课题组自行设计的调查问卷进行指标构建。

养老风险是指由于家庭成员的年龄增大，丧失劳动能力或劳动能力弱化，养老支出的增加会加重家庭负担，从而带来返贫的风险。子女赡养老人既是中华民族的传统美德，也是我国的法律要求，家庭养老情况的好坏与子女的多少和收入的多寡直接相关。同时，养老服务体系的建设情况对于农村老人"因老返贫"现象的扼制具有关键作用。因此养老风险维度的指标将从养老情况和养老保险参与情况两方面展开。

疾病风险是指由于家庭成员患病或残疾，高昂的医疗费给家庭带来的返贫风险，而大病、慢性病高发则有可能成为因病返贫的主因。同时，脱贫人口中因病返贫比例大的主因是高昂的医疗费用，医疗保险能够减免相当一部分的医疗费用，医疗保障能力的强弱对于返贫程度的影响具有显著性。所以将家庭成员患病情况和医疗保险购买情况作为评价指标。

政策风险是指原来脱贫不享受政策户和一般农户中产生纳入监测对象的风险消除后，不能再享受任何帮扶措施而可能造成的返贫风险。原来脱贫享受政策户纳入监测对象的标注风险消除后，可以继续享受"四个不摘"政策，帮扶

---

① 唐丽霞，张一珂，陈枫. 贫困问题的国际测量方法及对中国的启示 [J]. 国外社会科学，2020，342（6）：66-79.

基本不受影响，但不纳入监测对象的边缘户，由于缺少补贴等固定收入，政策的"断供"将使家庭失去政府的"给养"，重返贫困的风险增大。政策风险评价将从农户获得的扶贫收入及包括惠农补贴、退耕还林补贴和良种补贴等各项补贴两方面进行。

能力风险是指家庭劳动力个人能力较低、劳动技能短缺、获得稳定收入的能力较差，从而存在一定的返贫风险。专业技能少或水平不高、受教育水平偏低、致富能力弱，是脱贫人口返贫的重要原因。但近年来，民族地区为贫困人口提供了职业教育和技能培训平台，增强贫困地区人口的人力资本，增加生计选择，提升人口的知识技能水平。因此，能力风险将从农户的培训状况和受教育程度两方面进行衡量。评价维度与指标的含义和描述性统计如表9-1所示。

表9-1　返贫风险模糊评价指标体系

维度与指标名称	含义
养老风险	
家庭养老情况	0分=赡养条件较好；1分=2-3个子女赡养，子女收入较低；2分=2-3个子女赡养，子女收入低；3分=只有一个子女赡养，子女收入较低；4分=只有一个子女赡养，子女收入很低；5分=孤寡老人
家庭购买农村社会养老保险情况	0分=容易；1分=较容易；2分=一般；3分=较难；4分=难；5分=非常难
疾病风险	
家庭成员患病情况	0分=身体良好；1分=有小病；2分=有长期吃药或身体较差；3分=有慢性病，或轻微残疾但能从事较轻劳动；4分=有严重残疾或重病，影响劳动；5分=有先天性疾病、卧床、不能自理
家庭成员购买新型农村合作医疗保险情况	0分=容易；1分=较容易；2分=一般；3分=较难；4分=难；5分=非常难
政策风险	
家庭获得扶贫资金情况	0分=容易；1分=较容易；2分=一般；3分=较难；4分=难；5分=非常难
家庭获得各项补贴情况	0分=容易；1分=较容易；2分=一般；3分=较难；4分=难；5分=非常难
能力风险	

续表

维度与指标名称	含义
家庭培训机会情况	0分=容易；1分=较容易；2分=一般；3分=较难；4分=难；5分=非常难
家庭成员最高受教育程度	0分=研究生；1分=大学；2分=高中；3分=初中；4分=小学；5分=文盲或半文盲

3. 设定模糊函数

设定返贫风险为模糊集 X，返贫风险的具体指标为 X 的子集 W，那么第 n 个家庭返贫风险的函数为式9-1，其中，$x \in X$，$\mu_W(x)$ 是 x 对 W 的隶属度，$\mu_W(x) \in [0,1]$。返贫风险属于社会风险，故采用社会稳定风险划分标准来划分返贫风险。综合各类评估体系和学者的研究[1]，风险评价等级标准划分如表9-2所示。

$$W(n) = \{x, \mu_W(x)\} \qquad （式9-1）$$

表9-2　风险评价等级标准

隶属度	$\mu_W(x) < 0.3$	$0.3 \leqslant \mu_W(x) < 0.5$	$0.5 \leqslant \mu_W(x) < 0.7$	$0.7 \leqslant \mu_W(x) < 0.9$	$\mu_W(x) \geqslant 0.9$
风险等级	低风险	一般风险	中等风险	重大风险	特别重大风险

4. 设定隶属函数

隶属度是评价指标集 W 的各种指标相对于各评价等级标准的隶属程度，通常该值在0-1之间，而确定合适的隶属函数 $\mu_W(x)$ 是正确运用模糊综合评价方法的关键。鉴于本书数据皆为虚拟定性变量，且皆与返贫风险正向相关，因此设定隶属函数为：

$$\mu(x_{ij}) = \begin{cases} 0 & 0 \leqslant x_{ij} \leqslant x_{ij}^{\min} \\ \dfrac{x_{ij}^{\max} - x_{ij}}{x_{ij}^{\max} - x_{ij}^{\min}} & x_{ij}^{\min} < x_{ij} < x_{ij}^{\max} \\ 1 & x_{ij} \geqslant x_{ij}^{\max} \end{cases} \qquad （式9-2）$$

其中，表示第 i 个维度下第 j 个指标的风险水平，$\mu_W(x)$ 为指标的隶属

① 孙飞，陈玉萍. 中国农民发展水平模糊评价 [J]. 华南农业大学学报（社会科学版），2019，18（5）：45-58.

度，x_{ij}^{min} 和 x_{ij}^{max} 分别代表第 i 个维度下第 j 个指标的最小值和最大值。

5. 设定权重

在得到指标初级隶属度的基础上，需要确定指标权重，从而将指标隶属度求和加总得到维度隶属度和综合隶属度，而如何确定权重是运用模糊评价法的关键。权重的确定需要满足两个假设：一是评价指标的值表现出单调性时，综合发展指数随之也具有单调性；二是指标权重会随着指标值的增加而边际递减。相关学者推导出的幂函数 $f(x)=x^a$ $(-1<a<0)$ 权重公式，能够充分满足上述假设。同时该权重公式可以给予隶属度较小的指标以较大的权重，充分关注水平较低指标的作用和功能，可以克服指标值整体偏低导致权重偏低的现象。考虑到样本家庭在各指标下的差异较小，故选择指标隶属度的总体均值来计算权重，权重计算公式如下式 9-3 所示。

$$w_{ij}=\bar{\mu}\ (x_{ij})^{(-0.5)} \qquad (式9-3)$$

6. 综合隶属度得分计算

在得到指标隶属度和权重的基础上，便可通过式 9-4 得到各维度的隶属度，通过式 9-5 得到综合返贫风险的隶属度：

$$\mu(x_{i.})^{(n)}=\frac{\sum_{(j=1)}^{J(i)}(\mu(x_{ij})^{(n)}*w_{ij}^{(n)})}{\sum_{(j=1)}^{J(i)}w_{ij}^{(n)}} \qquad (式9-4)$$

$$W^{(n)}=\frac{\sum_{(i=1)}^{I}(\mu(x_{i.})^{(n)}*w_{i.})}{\sum_{(i=1)}^{I}w_{i.}} \qquad (式9-5)$$

其中 i 表示风险维度，总维度数为 I，J 表示发展维度共有 J 个指标。

三、研究数据

本书数据源于课题组 2018 年 12 月—2019 年 2 月对滇西边境山区的调查数据。滇西边境集中连片特困地区位于我国西南边陲，集边境地区和民族地区于一体，56 个国家级贫困县和 26 个世居少数民族，是脱贫攻坚战的"硬骨头"。滇西边境山区的贫困面广、程度深，基础设施匮乏，产业基础薄弱化，基本公共服务严重不足，是云南省"直过民族"和人口较少民族的主要分布地区，"能力性贫困"是该片区最为显著的贫困特征。截至 2018 年年底，滇西边境山区的贫困发生率仍高达 4.9%，明显高于全省及全国的平均水平。在独特的经济社会条件之下，滇西边境山区农户面临着多种返贫风险，易于返贫并陷入贫困陷阱。课题组在村干部和驻村扶贫工作人员的协助下进行入户调查，实际调查 563 户，经整理有 6 户数据有异样需要给予剔除，有效样本 557 户。有效问卷经统计涉及滇西边境山区的 6 个州市、17 个少数民族国家级贫困县。

四、研究结果

1. 样本描述性分析

调查数据的描述性统计如表 9-3 所示。第一，样本家庭存在一定程度的养老风险。有较多的家庭养老由 2~3 个子女共同承担，但子女的收入都较低，同时购买养老保险存在一定的难度，养老保障体系的健全和养老保险制度的改革对于滇西边境山区少数民族贫困县防范老龄化风险至关重要。第二，样本家庭存在着一定程度的疾病风险。有较多的家庭存在常年病人或残疾人，无法从事重体力劳动，且较难购买医保。没有医保兜底和保障，长年累月的医疗费用和相关支出加大了家庭的生存压力，在无稳定收入的情况下，易于重返贫困状态。第三，样本家庭存在相对较高的政策风险。样本家庭中有多数人获得扶贫资金和各项补贴的难易程度一般，说明有相对较多的家庭享受到了国家的兜底政策，当这些家庭实现了"摘帽"，随之便会失去政府的稳定补贴和稳定的收入来源，因政策脱离而返贫的风险上升。第四，样本家庭面临着一定程度的能力风险。农户不仅非常难以获得培训的机会，而且多数家庭的最高受教育程度仅为初中，知识技能水平较低，生计能力较差，存在因能力低下而返贫的风险。

表 9-3　样本描述性统计表

维度与指标名称	众数	频率	均值	标准差
老龄化风险				
家庭养老情况	2 分 = 2~3 个子女赡养，子女收入低	34.7%	2.059	1.305
家庭购买农村社会养老保险情况	2 分 = 一般	50.4%	2.054	1.104
疾病风险				
家庭成员患病情况	3 分 = 有慢性病患者，或轻微残疾但能从事较轻劳动	31.8%	2.531	1.144
家庭成员购买新型农村合作医疗保险情况	3 分 = 较难	40%	2.895	1.138

续表

维度与指标名称	众数	频率	均值	标准差
政策风险				
家庭获得扶贫资金帮助情况	2分=一般	40%	2.916	1.254
家庭获得各项补贴情况	2分=一般	35.9%	2.971	1.19
能力风险				
家庭获得农业或非农业培训的机会	5分=非常难	38%	3.854	1.170
家庭成员最高受教育程度	3分=初中	33.8%	2.556	1.158

2. 返贫风险模糊综合评价

依据公式和实际调查数据对滇西边境山区少数民族国家级贫困县的返贫风险进行测算，计算结果如表9-4所示。

表9-4 滇西边境山区返贫风险的模糊评价结果

维度与指标名称	权重	隶属度	维度与指标名称	权重	隶属度
养老风险	—	0.497	政策风险	—	0.554
家庭养老情况	1.470	0.463	家庭获得扶贫资金帮助情况	1.343	0.555
家庭购买农村社会养老保险情况	1.368	0.535	家庭获得各项补贴情况	1.346	0.552
疾病风险	—	0.466	能力风险	—	0.574
家庭成员患病情况	1.467	0.464	家庭获得农业或非农业培训的机会	1.285	0.606
家庭成员购买新型农村合作医疗保险情况	1.463	0.467	当年家庭最高受教育年限	1.357	0.543
			综合返贫风险		0.521

（1）养老风险分析

滇西边境山区养老风险的隶属度为0.497，属于一般风险。在指标隶属度上，家庭养老情况的隶属度为0.463，属于一般风险；家庭购买农村社会养老保险情况的隶属度为0.535，属于中等风险。随着经济社会的发展、医疗卫生水平的提高和国家人口政策的变化，我国已经步入人口老龄化社会，农村人口的老龄化程度高于城市。滇西边境山区少数民族贫困县人口随着年龄的增长，劳动能力逐渐丧失，家庭养老的压力不断增大，然而子女的收入较低，赡养能力不足，无力承担养老支出，家庭养老情况不容乐观。再加上伴随着社会养老制度的不健全，老人缺乏有效的养老保障，购买农村社会养老保险存在难度，在日常生活支出和养老支出的双重压迫下，家庭面临着返贫风险。

（2）疾病风险分析

在我国，"看病难，看病贵"的问题由来已久，医疗供需矛盾不断加剧。而在深度贫困地区，医疗问题表现得尤为突出。经测算，滇西边境山区少数民族贫困县疾病返贫风险的隶属度为 0.466，属于一般风险。而家庭成员患病情况和购买医疗保险情况的隶属度分别为 0.464 和 0.467，同样也属于一般风险。滇西边境山区以高山峡谷为主，交通阻塞，基础设施匮乏，医疗卫生资源严重不足，家庭成员患病无法及时就医或无钱就医，易造成"小病发展为慢性病，慢性病发展为重大疾病"的局面。而且家庭成员常年患病或残疾的情况具有较强的普遍性，风险性高。同时，购买农村合作医疗保险的情况较难，报销比例较低，报销范围较窄，在患病且没有充足保障的情况下，面对当地稀缺的医疗资源和较高的国内医药价格，高额以及持续的医疗成本易使家庭重返贫困状态，而大病、慢性病高发则有可能成为因病返贫的主因。

（3）政策风险分析

滇西边境山区少数民族贫困县政策风险的隶属度为 0.554，属于中等风险。而在指标中，家庭获得扶贫资金帮助情况和家庭获得各项补贴情况两指标同样处于中等风险之中。滇西边境山区多数少数民族贫困县家庭在享受低保，虽然在政策的叠加效应之下实现脱贫，但收入仅达到或略高于贫困标准，仍然属于低收入家庭，能够继续享受低保补贴。但是，兜底保障是国家对贫困户给予救助的一种社会救助政策，政府的兜底政策能够在短期内帮助贫困户脱贫，却较难从根本上增强贫困户的内生动力。滇西边境山区属于国家级深度贫困区，贫困面广、程度深、问题复杂，面对 2020 年消除绝对贫困的重要使命，滇西边境山区充分地利用了足够的政策倾斜和大量的资金投入，贫困家庭在政策的累加效应下将逐渐脱离贫困。然而对于一些贫困家庭来说，只是实现了物质层面的脱贫，精神层面依然处于贫困状态，"等、靠、要"的思想蔓延，脱贫的内生动力严重不足，生计能力没有得到增强，甚至不愿撕掉"贫困户"的标签。在家庭收入越过贫困线后，政府"断奶"会使家庭收入明显下滑，甚至跌至贫困线之下。

（4）能力风险分析

滇西边境山区少数民族贫困县能力风险的隶属度为0.574，属于中等风险。家庭获得培训机会和家庭成员最高受教育程度均属于中等风险。多数家庭难以获得培训的机会，农户培训没有得到有效的贯彻和执行，阻断了农民提升技能水平和扩展技能的渠道，当种养殖活动受自然灾害的剧烈影响时，非农技术收入会难以支撑家庭的支出，导致家庭收入大幅下降。同时，农户本身的学习能力和动力不足，并且面临着现代农业技术推广难和培训技能实用性不强的问题，农户技能水平的提升和扩展对于返贫具有较大影响。经过多年的"教育扶贫"，多数家庭的最高受教育程度仅为初中水平，而时代发展对知识水平的要求越来越高，低层次的知识水平将难以适应社会的要求，农户面临着"适应难、就业难、发展难"的生计可持续发展困境。滇西边境山区少数民族贫困县内少数民族众多，分布着较多的"直过民族"和人口较少民族，在历史、语言、文化习俗等多方面的影响之下，少数民族贫困县的人口素质普遍较低，知识水平难以适应时代的发展，缺乏职业技能或技能水平不高，人力资本偏低，面临着中等返贫风险。

（5）综合风险分析

滇西边境山区少数民族贫困县的综合风险隶属度为0.521，按照隶属度等级划分标准处于中等风险。滇西边境山区少数民族贫困县的基础设施匮乏，基本公共服务严重不足，子女收入普遍较低，农户难以享受国家充分有效的医疗保障和养老保障，面临着一般的养老风险和疾病风险。同时，滇西边境山区少数民族贫困县在社会兜底和政策叠加效应的扶持下，即将实现绝对贫困人口的消除，但也脱离了各项政策补贴的目标群体，失去了稳定持续的补贴收入，存在中等的政策返贫风险。此外，滇西边境山区少数民族贫困县的人口能力普遍偏低，获得稳定的持续收入的能力差，难以获得培训的机会，素质性贫困问题严重，面临着中等的能力风险。滇西边境山区返贫风险的类型多样、程度较深，在多种返贫风险的综合作用之下，中等的综合返贫风险极易使脱贫家庭重返贫困并陷入"脱贫—返贫—再脱贫—再返贫"的恶性循环，造成贫困代际传递现象的产生。

五、研究结论

在脱贫攻坚战的收官阶段，我国将实现对绝对贫困人口存量清零，但与此同时，脱贫又返贫的现象不断发生，脱贫人口的返贫是巩固扶贫成果的最重要的威胁因素，直接影响稳定脱贫长效机制的建立。深度贫困区的返贫状况最为严峻，是防返贫事业的重中之重。少数民族地区在人口自身因素和外部环境因素的共同作用下，返贫率一直较高。通过研究分析发现，滇西边境山区少数民族贫困县的返贫处于中等风险，返贫压力较大，与学者的有关研究相互呼应，而且互为佐证。

而在具体风险类型的研究中，养老风险、疾病风险、政策风险和能力风险受到了学者们较多的讨论，表现出普遍性。2018年云南省抚养比为13.24%，比全国水平低21%，而云南省人均可支配收入比全国平均水平低29%，子女收入较低，养老压力较大。此外西南地区农村老龄无子女夫妇和老年单身户的养老问题突出。当前社会处于人口老龄化阶段，滇西边境山区少数民族贫困县的养老情况也面临着一般风险。同时，据国家卫健委统计，在建档立卡户中，因病致贫、因病返贫的比例均在42%以上，在深度贫困民族地区，生存环境恶劣，疾病风险相当高，因病返贫已成为一种普遍现象。滇西边境山区少数民族贫困县同样面临着一般的疾病风险，改善医疗环境、健全医保制度有助于降低返贫风险。并且，滇西边境山区少数民族贫困县还处在中等的政策风险之中，脱贫人口对扶贫政策形成了依赖，自身发展动力和发展能力较差，未形成"行政—市场"的发展模式，存在返贫风险。此外，农户的生计资本是稳定脱贫的根本要素，而人力资本是生计资本的重中之重。随着农业现代化的推进，知识技能水平低成为能力风险的重要来源。滇西边境山区少数民族贫困县还承担着中等的能力风险，要着重提升农户的人力资本存量，充分调动致富积极性，改善生计脆弱性的特征，缓解能力风险。

研究基于调查问卷，利用模糊综合评价法对滇西边境山区少数民族贫困县的返贫风险进行测度，结果显示综合返贫风险的隶属度为0.521，属于中等风险。5个维度中，养老风险、疾病风险的隶属度分别为0.497和0.466，属于一般风险；政策风险和能力风险的隶属度分别为0.554和0.574，皆属于中等风险。因能力返贫的风险性最高，其次是政策风险和养老风险，疾病返贫的风险性最低。而在指标层中，家庭获得农业或非农业培训机会指标的风险最高，为中等风险，家庭养老情况指标的风险最低，为一般风险；疾病风险维度下的指标均处在一般风险范围内，而政策风险和能力风险维度下的指标全部属于一般风险。滇西边境山区少数民族贫困县的返贫问题严峻，风险性高，要坚持贯彻"精准扶贫"政策，建立返贫预警机制，构建稳定脱贫的长效机制，增强抵御风险的能力和水平，降低返贫风险。

第四篇
04

**分形分析：农户生计
系统自相似发展规律**

第十章

新时代农户生计系统的异速生长演变与分形刻画

一、研究价值

当前国内"三农"工作的主旋律是巩固脱贫攻坚成果，对现有帮扶政策逐项分类优化调整，连续推进脱贫地区发展和乡村全面振兴，提高群众可持续生计水平。作为农村社会最小的生计单位，农户的收入水平、生计风险和生计策略的作用与关系备受关注，基于阿马蒂亚·森的可行能力理论和英国国际发展署的可持续生计框架，探讨生计资本的作用机理一直以来都是学术界关注的焦点问题。目前国内外有关农户生计资本的研究可以分为三类。

第一，生计资本和生计策略的依存关系研究。主要侧重于运用可持续生计框架，借鉴罗伯特·钱伯斯（1992）、夏普（2003）、李小云（2007）、苏芳（2012）等学者的测量指标体系对农户生计资本进行估测，研究视角包括宏观和微观两方面，但以微观调查数据为主，进而探讨两者的影响机制及分析对策。

第二，扶贫政策对生计资本的作用关系研究。此类研究聚焦于分析扶贫政策的减贫作用。很多研究表明，生计资本和生计脆弱呈现负向因果关系（陈胜东等，2016；程名望等，2015），最有效降低生计脆弱的生计资本是人力资本（王君涵等，2020），而扶贫政策加速了这种作用关系（黄志刚等，2018）。但政府的支持和生计策略的发挥为农户带来生计资本积累的同时，生计资本结构也会产生此消彼长的关系，自然资本的损失（许汉石，2012）、物质资本的消减（尼尔士，2013）、人力资本的失灵（伍艳，2016）、金融资本的匮乏（布哈滕，2016）、社会资本的缺失（卡尼，1998）等因素会给农户生计能力带来不利影响，对提高农户可持续生计水平产生很大的不确定性。

第三，生计资本和其他社会变量的关系研究。此类研究主要是一些学者独辟蹊径，运用可持续生计理论从不同研究对象、不同研究视角开展研究，如段伟等人（2015）考虑了自然、社会、经济波动造成的风险环境，建立了生计资本和自然资源依赖度评估指标，结果显示农户生计资本对自然资源依赖度有很大的差异。李聪等人（2019）开展政策和生计资本作用于农户收入不平等的交互影响分析，结果表明5个维度的生计资本对农户收入水平的影响及收入不平等的贡献度不尽相同。近年来围绕巩固脱贫攻坚成果与乡村振兴衔接这一问题，基于脱贫户的生计资本研究不断涌现（孙晗霖等，2021；李志平等，2020），该类研究可视为前两类研究的丰富与拓展。

总体分析，已有研究文献为深入探讨农户可持续生计问题提供了理论和实践依据。但现有研究仍然有以下几方面的缺憾与不足：第一，几乎所有的生计资本研究均遵循可持续生计分析框架，但构建计量模型中所用的测量指标体系及量化方法，学术界并未统一，故得出的研究结论很难对比其科学性与合理性，尤其是绝对量指标的可比性更为欠缺，同时很难提炼上升为具有普适性的相对贫困治理理论。第二，在长期研究中，学者们发现农户拥有的生计资本对其应对生计风险和选择生计策略具有极其复杂的影响关系，在政策作用下农户生计资本易表现为增长、变化、波动等非线性变化特征，但依靠经典理论或数学模型进行解释的作用是有限的，很难揭示农户生计资本内部的演变机理。第三，多数学者认为由于资源禀赋差异、社会经济状况不同，不同区域的农户生计资本自然表现出明显的差异性，随之反映为不同的生计策略搭配。但也忽略了至关重要的共性，每一个作用者（农户）处于自学习的系统环境中，不断根据系统环境（政策）的变化、其他作用者（标杆农户）的动向调整自身行为，最终农户生计资本会呈现自相似的分形规律，进入某种平衡态，而要跃迁平衡态是不容易的①。

我国科学巨匠钱学森在探索系统科学的方法论时，提出社会系统是高级复杂巨系统，人的行为是复杂性的根源（方美琪，张树人，2011）。农户生计系统同样存在复杂性，五种资本的发展演化是异速表现的，为了更好地揭示生计资本内部演化机理，本书引入了自然科学和地理科学的异速生长定律。异速生长最早是生物学家用来表征生物体构成部分或与整体之间的生长关系，1891年斯内尔提出了哺乳动物的头脑尺寸与身躯大小具有异速生长关系，1936年泰西耶和Tessier分析了组织器官与整体的生长速度关系（李秀玲，2017）。地理学者们将其引入人文地理研究领域，获得很多有价值的研究成果（陈彦光，2008；刘承良等，2016），异速生长定律因而表示为系统内部要素之间或者要素与系统

---

① 巴雷特和斯沃洛（2006）探讨了一种分形陷阱理论，在多个（微观、中观、宏观）分析尺度上同时存在多个动态均衡，并通过反馈效应自我强化。任何水平的微小调整都不太可能使系统偏离其主导、稳定的动态平衡。贫困陷阱意味着政府、市场和住户同时都陷入了低水平平衡态，缺乏足够的动能转向高水平平衡态。

整体之间的比例增长关系。本书对异速生长定律专域，通过分析生计资本间（自然资本、人力资本、物质资本、金融资本、社会资本）的异速生长关系，来判别农户生计构成部分的相互影响及其蕴含的影响机制和作用机理，进而揭示不同区域内农户生计资本的分形演化规律。目前有关农户生计系统复杂性的研究非常薄弱，对于揭示生计资本结构演化规律的研究更少。本书基于中国健康与营养调查（China Health and Nutrition Surrey）数据，分析 2000 年以来农户生计资本的异速生长关系，并划分四大区域解析农户生计资本的分形现象，为深化农户生计资本研究和相对贫困治理研究提供理论参考和实证检验。

二、理论分析与模型构建

1. 生计系统的复杂性

生计在《大英百科全书》的解释是"一种生活的手段或方式"，大多数学者认为生计资本是一种建立在资产（Asset，包括各类资源要求权和享有权）、能力（Capability，包括学历、经验、技能产生的谋生方式）、关系（Relation，包括为家庭带来直接或间接利益的社会关系）、活动（Activity，包括农林种植、家畜养殖、外出务工和非农自营）基础之上的生计能力（钱伯斯、康威，1992；苏芳等，2009）。英国国际发展署提出的可持续生计分析框架在学术界被广泛地运用，成为研究农户生计资本演变发展及与生计策略互动作用的有效理论工具，同时为开启生计资本的复杂性研究，探索生计资本的内部演化机理提供了理论基础。

第一，可持续生计框架为分析贫困治理和生计发展的复杂性提供了一个剖析问题的理论脉络，而且阐明了解决问题的逻辑联系。面对自然、经济、文化等因素造成的风险环境，农户生计资本的多寡决定了生计策略的选择权及应对风险冲击的能力。很多实证研究表明，生计资本缺乏的农户与生计脆弱性高度相关，即生计脆弱的农户经常在"贫困—脱贫—返贫"中反复地徘徊，很难逃离"贫困陷阱"的束缚（达玛，2016）。生计资本和生计策略通常表现为增长、变化、波动等非线性特征，随着时间的推移和政策的变化，超过 70% 的农户将改变生计资本和生计策略的匹配关系，以应对复杂变化的机遇和挑战（苏芳、尚海洋，2012）。

第二，可持续生计框架为分析生计问题提供了关键的影响因素和作用过程。生计系统是由一些自适应因素（土地、学历、技能、关系网络、资产、收入）构成的复杂系统，具有有限理性和信息不完整的特征，其在感知风险冲击和应对策略时发生作用。生计系统具有特殊的均衡状态，若净收益小于或等于零，资本不可能积累，故在较长一段时间内不可能轻易打破或跃升均衡状态。已有大量研究论证了这种均衡状态的形成过程和机制①（艾路明，1999），这意味着不打破贫困群体的生计资本均衡状态，就会产生贫困代际传递。当从生计系统外部引入帮扶政策（作用因子），生计系统将变成一个复杂自适应系统，增大突破均衡状态的概率（吕秀芬等，2019）。

第三，可持续生计框架为解释生计问题提供了多重因素的互动作用。每个农户都是生计系统的一个独立构成部分，都处于自学习的系统环境中，不断根据感知的机会和风险而调整自身的行为。伍艳（2016）研究发现，以种养殖业为生计的农户，信贷每增加 1 个单位，转向非农业为生计的概率将提高 2.461。生计系统有自适应、自学习进化的预期，农户生计活动变化对其他农户会产生示范效应，自适应调整生计资本构成，即低生计资本的农户在标杆农户的示范带领下，通过变身新型农业经营主体而改变生计资本（周升强，赵凯，2019）。生计系统存在微系统，能够使农户生计资本不断进行熵变化，翟黎明等（2017）认为由政府主导开发的农地流转有轻微负效应，提升农户的自然资本，同时将降低其物质资本和社会资本。这个结论佐证了生计系统作为复杂适应系统，当政策作用时使生计资本内部发生异速变化的情况。

2. 生计资本异速生长模型

异速生长关系，是指系统的一个局部相对生长速率与系统整体或系统的另一个局部相对生长速率的常数比例关系。异速生长研究最早起源于生物学研究，再从生物学领域向其他自然科学和社会科学领域延伸②，被视为解读世界的普适图景（Ubiquitous Patterns）之一③。如果将农户生计能力假设为一个生计系统，将自然资本、物质资本、金融资本、人力资本和社会资本看作生计系统生长所需的子系统，则可以通过异速生长模型清晰刻画生计系统内部子系统的相互关系，其生长关系可以表示为式 10-1 和式 10-2：

$$\frac{1}{y}\times\frac{dy\ (t)}{dt}=b\ \frac{1}{x}\times\frac{dx\ (t)}{dt} \qquad (式10-1)$$

---

① 纳尔逊的低收入水平陷阱理论、舒尔茨的传统农业理论、纳克斯的贫困恶性循环理论均论证了均衡状态的生成机理。

② 比较典型的研究有城市系统（陈彦光，2008）、交通碳排放（刘承良等，2016）、城区人口-城区面积（李秀玲，2017）等。

③ 1977 年国外学者 LO 等人在《Annals of the Association of American Geographers》发表了一篇文章《Chinese urban population estimates》，利用中国解放初期 7 年间的城市人口统计数据，创建异速生长模型预测中国城市人口增长，其正确程度达90%以上，令国内地理学家和人口学家惊叹。

$$\frac{dy\,(t)}{dx\,(t)} = b\,\frac{y}{x} \qquad\qquad （式10-2）$$

其中 y（t）表示系统的一个局部某种随时间变化的测度因子；x（t）表示系统整体或系统的另一个局部某种随时间变化的测度因子；参数 b 表示异速生长系数。

对于一个自相似的生计系统 S，用 Q_i 表示第 i 个生计资本要素的测度，则可以用微分方程组描述生计资本要素之间的关系，如式10-3：

$$\frac{dQ_i}{dt} = f_i\,(Q_1,\ Q_2,\ \cdots,\ Q_n),\ i=1,\ 2,\ \cdots,\ n \qquad\qquad （式10-3）$$

利用 Taylor 级数将等号右边函数展开并化简得到微分方程组，如式10-4：

$$\frac{dQ_i}{dt} = b_i Q_i,\ i=1,\ 2,\ \cdots,\ n \qquad\qquad （式10-4）$$

由于本书研究生计资本要素之间的异速关系，即只考虑 Q_i 和 Q_j 的情况，则得出式10-5：

$$\frac{dQ_i}{dt} = b_i Q_i,\ \frac{dQ_j}{dt} = b_j Q_j \qquad\qquad （式10-5）$$

b_i、b_j 分别为生计资本要素 Q_i 和 Q_j 的相对增长系数，由此可得式10-6：

$$b_{ij} = b_i / b_j$$

$$\frac{dQ_i}{dt} = b_{ij}\frac{Q_i}{Q_j}\frac{dQ_j}{dt} \qquad\qquad （式10-6）$$

$b_{ij} = b_i / b_j$ 为生计资本异速生长系数或异速标度因子，显然存在 $b_{ij} = 1$，$b_{ij} = 1/b_{ij}$。将式10-6积分可得幂函数关系式10-7：

$$Q_i = \beta_{ij} Q_j^{b_{ij}} \qquad\qquad （式10-7）$$

其中 β_{ij} 为常数，不难得出式10-8：

$$Q_i \propto Q_j^{b_{ij}} \qquad\qquad （式10-8）$$

当 b_{ij} 不为整数或整数之比时，即为分形维数，生计系统表现出广义分维特征，因此异速生长模型和分形理论有紧密联系。

对式10-5中 Q_i 定义为自然资本，Q_j 定义为物质资本，则由上式10-8推导可得式10-9和式10-10，不难看出针对生计资本，Q_i 和 Q_j 的异速生长关系有20种组合。

$$Q_i = c Q_j^{b_{ij}} \qquad\qquad （式10-9）$$

$$\ln Q_i = \ln c + b_{ij}\ln Q_j \qquad\qquad （式10-10）$$

上两式即为生计资本要素 Q_i 和 Q_j 的异速生长模型，其中 c 为常数，b_{ij} 称为异速生长系数，也称标度因子，代表 Q_i 和 Q_j 相对增长率的比值。当 $b_{ij}>1$ 时，生计资本要素之间为正异速生长关系，即 Q_i 增长的相对速度快于 Q_j 增长的相对速率；当 $b_{ij}<1$ 时，生计资本要素之间为负异速生长关系，即 Q_i 增长的相对速度慢于 Q_j 增长的相对速度；当 $b_{ij}=1$ 时，生计资本要素之间为同速生长关系，即 Q_i 与 Q_j 的变化为线性比例关系。

在现实中，系统的演变主要是以非欧几何的形式增长或衰退的，基本的数学表达方式为幂函数，但复杂系统并非始终遵循幂函数规律，在一定条件下，异速生长关系也可能半退化为对数关系或指数关系，甚至会完全退化为线性关系（宋志军、刘黎明，2016）。异速生长关系的退化实质上就是分形结构的退化（李郇等，2009），而越接近线性关系，系统结构越退化或越不进化，系统发展越不协调、不均衡，结构性问题越突出（雷纳尔，2016）。

三、农户生计系统测量指标体系

1. 自然资本测量指标

自然资本包括耕地资源、林地资源、水资源和生物多样性资源等各种自然资源。对于农户自然资本的量化测算问题，学者们在研究中主要考量的是耕地资源、林地资源和水资源。耕地是我国农户生产和生活的基础，以种植业为主的传统农业收入更是一些贫困家庭唯一的收入来源，耕地的数量和质量直接影响农户的家庭收入状况，利用"耕地面积"对耕地资源进行表征的方法具有普适性。针对林地资源，"林地面积"指标的应用最为广泛，同时也有学者使用了"森林覆盖率"和"质量好的林地比例"等类似的指标。而对于水资源，学者指出水资源的短缺状况与自然资本存量密切相关，"人均水资源量"指标受到了较多地使用，"饮水质量"状况也受到了关注。由于本书采用的是面板数据，基于数据的可获得性和完整性，故采用耕地面积和家庭饮用水源状况来代表自然资本。

表 10-1　自然资本测量指标

指标	指标说明
家庭耕地面积	家庭耕地面积（单位：亩）
家庭主要饮用水源	1=地下水（>5米）；2=敞开井水（<5米）；3=小溪、河流、湖泊；4=冰雪水；5=水厂；6=其他

2. 物质资本测量指标

物质资本是指农户进行生计活动所需要的基础设施和生产工具，是实现脱贫的物质基础和条件，一般包括交通工具、生产工具和家用电器（耐用消费品）等方面，耐用消费品可以反映家庭能否满足日常生活需求，家庭耐用消费品不仅是单纯的消费品，而且具有直接提高家务劳动效率的功能，具有长期的生产性效应。学者在研究中也多使用"交通工具拥有量""生产工具拥有量"和"耐用品类拥有量"等指标来衡量物质资本。因此，本书将从家庭交通工具拥有情况、农机具拥有情况和电器拥有情况三个角度出发度量农户的物质资本状况。

表10-2　自然资本测量指标

指标	指标说明
交通工具拥有情况	三轮车、自行车、摩托车、汽车（0=无，1=有）
农机具拥有情况	大中小型拖拉机、手扶拖拉机、灌溉设备、电动拖拉机、家用水泵（0=无，1=有）
家用电器拥有情况	彩电、洗衣机、冰箱、空调、缝纫机、电风扇、计算机、照相机、微波炉、电饭煲、高压锅、电话、VCD/DVD（0=无，1=有）

3. 人力资本测量指标

人力资本是指家庭成员个人的身体状况、教育程度、劳动能力和职业技能等因素，农户的人力资本建立在家庭成员个人的人力状况基础之上，人力资本直接影响农户的收入水平和抵御风险的能力，这是农户生计资本发展的动力源泉。学者在度量人力资本时指出，家庭成年人口最高受教育程度可以反映出家庭教育水平的整体结构，家庭成员的劳动能力是评价人力资本存量的关键指标之一，而非农培训人次、是否掌握某项技能或是否拥有专业技术资格证则可以体现出个体的知识水平和学习能力。学者在度量人力资本时提出将"就业人口数"纳入指标体系当中。因此，本书将从家庭成员最高受教育程度、家庭就业人口的劳动力比重和家庭主要职业为非农工作人口比重三方面对人力资本进行评价。

表 10-3　人力资本测量指标

指标	指标说明
家庭成员最高受教育程度	0＝文盲或半文盲；1＝小学；2＝初中；3＝高中；4＝中专；5＝大专或大学；6＝硕士
家庭就业人口比重	家庭当前有工作的人口数/家庭人口数（单位:%）
家庭主要职业为非农的就业人口比重	家庭当前有工作且主要职业为非农的人口数/家庭人口数（单位:%）

4. 社会资本测量指标

社会资本是指农户在追求生计目标的过程中利用的各种社会资源，如社会关系网络、党派或各种社会组织，家庭整体的社会资本对于提高农户收入和减少贫困具有显著作用，是家庭生计维持系统中极为重要的资本类型。而社会资源一般包括社区资源、参与合作社、参加养老保险和医疗保险及享受国家补贴等，农户可利用的社会资源越多，抵御生计风险的能力越强，"基本医疗保险参保人数""低保、农业补贴"和"国家补助金额"等指标得到了学者们的选择。本书对农户社会资本的测量选用了两指标：家庭成员享有医保的人数比重和家庭其他来源的收入。

表 10-4　社会资本测量指标

指标	指标说明
家庭成员享有医保的人数比重	家庭享有医保的人数/家庭人口数
家庭其他来源收入	包括补助（独生子女补助、煤气燃料补贴、煤火费、用电补贴），现金收入（房屋租金、困难补助、残疾补助或福利金、非家庭成员给的钱），礼品收入（非家庭成员送的礼品、当地企业送的钱或礼品例如分红等）（单位：元）

5. 金融资本测量指标

金融资本是指农户进行生计活动时可以自由使用和筹措的财政资源，是衡量农户是否贫困的首要因素，也是农户抵御生计风险的重要保障。在生计生活中，可以与其他形式的资产进行相互转化。"家庭收入"是衡量金融资本的重要指标，而农户的家庭年收入是指通过农业或非农业等生计活动获取的收入，学者更是直接利用农业收入和非农业收入两指标表示金融资本。此外，人均可支配收入可以反映出农户上一年的收支状况，通过扣除日常开支之后的结余收入能够更准确地测量家庭的金融资本能力，"人均可支配收入"指标得到了众多学者的使用。本书对金融资本的测量将从家庭人均可支配收入和家庭工资性收入两方面展开。

表 10-5　金融资本测量指标

指标	指标说明
家庭人均可支配收入	家庭纯收入/家庭人口数（单位：元）
家庭工资性收入	家庭通过农业或非农业等生计活动获取的收入（单位：元）

四、数据多重插补与权重计算

1. 数据多重插补

基于生计资本的测量指标，为保证样本量的丰富性和有效性，本书采用多重插补的方法对数据进行填补。在数据的处理和分析中经常出现缺失数据（missing data）或不完全数据（incomplete data）的问题，数据缺失是数据应用中不可避免的问题。这些数据在抽样调查领域被称为无回答数据集，无回答分为"单位无回答"和"项目无回答"。"单位无回答"是指被调查单位没有参与调查或拒绝接受调查，"项目无回答"是指被调查单位虽然接受了调查，但对其中一些调查项目并没有进行回答。在抽样调查中，因有回答和无回答的被调查者之间存在系统性差异，若用有回答的调查结果来进行推断，总体就会使样本失去代表性，从而造成调查结果的偏差，这种现象通常称为无回答误差，故在抽样调查中应尽可能消除或降低无回答率。而依据已回答数据对缺失数据进行处理从而对调查结果进行估算是常用的处理方法。数据缺失的处理方法主要有加权法、删除法和插补法。其中，加权法和删除法存在稳健性差和偏差大的缺点，删除法还会删掉许多有用的信息，然后导致信息的损耗。与加权法和删除法相比，插补法是数据缺失处理的主要方法，能够保证数据的完整性和足够的样本容量，一定程度上减少信息的损失。国内外的众多抽样性调查研究利用插补法对缺失值进行处理的现象也具有较强的普遍性。

插补法就是利用一定的方法对数据中的每一个缺失值找到一个科学合理的替代值，保证样本容量和数据集的完整性，减少由于数据缺失而带来的估计量的偏差，对完整数据集进行统计和计量分析的一种方法。根据缺失数据插补值的个数，插补法分为单一插补和多重插补两种。单一插补是指以观测到的有效数值为基础，建立一个预测缺失值分布的模型，选择预测分布的一个平均值或抽样值来填补缺失值，常用方法有均值填补、随机回归填补、极大似然估计、最近距离填补和期望最大化法（EM）等。但单一插补无法反映预测缺失数据的不确定性，容易造成数量关系的扭曲问题，并且参数估计的方差结果是有偏差的。美国哈佛大学统计学系的艾瑞克·鲁滨（Eric Rubin）教授在 1978 年首次提出了多重插补的思想，并在 1987 年提出了多重插补的程序。多重插补是对每一个缺失值都采用一个插补向量来代替，其维数 M≥2，而插补向量中的每一个插补值都可以用单一插补的方法来得到，插补结束后可以构造 M 个完整的数据集，之后使用完全数据的标准程序对每个完整数据集进行分析，最后对分析结果进行归纳、综合并做出统计判断。多重插补法的出现，弥补了单一插补法的不足：一是能更好地体现缺失数据的不确定性，多重插补法会产生 M 个插补值，利用插补值之间的差异可以反映"项目无回答"的不确定性；二是能够反映在该模型下由缺失值导致的附加（额外）变异，从而增加估计的有效性；三是同时在多个模型下通过随机抽取进行插补，可以对无回答的不同模型下推断的敏感性直接研究；四是能在较好地保持变量间关系的基础上，对缺失数据的分布情况进行模拟；五是能够提供估计结果不确定性的大量信息。

多重插补有多种方法，在此将使用回归预测法对数据进行插补处理。回归预测法是指对某一存在缺失数值的变量，以不存在缺失值且与缺失值变量相关的变量作为辅助变量，建立如 Logistic 回归或线性回归等模型，根据模型计算，同时对缺失值进行插补，重复这个过程即可完成对存在缺失的所有变量的插补，对于大样本数据来说具有稳健性好，偏差较小的优势。

2. 计算指标权重

研究采用熵值法确定指标权重。信息熵是熵在信息系统中的运用，用来度量信息的无序度，信息熵的大小与信息的无序度和效用值相关，可以影响指标的权重。因此本书将使用信息熵来反映系统信息的有序程度和信息的效用值，对评价指标进行客观赋权。

首先对数据进行标准化处理。指标体系中各指标均有不同的单位，这给综合评价带来了困难。将不同量纲的指标通过适当的变化，转换为无量纲的标准化指标，称为指标的标准化。数据标准化处理的方法有很多，本书将采用线性比例变换法来消除量纲。

在决策矩阵 $X=(x_{ij})_{m \times n}$ 中，由于研究对象为生计资本，故指标皆为正向，即可由式 10-11 得出式 10-12，其中 $1 \leq i \leq m$，$1 \leq j \leq n$。矩阵 $Y=_{m \times n}$ 称为线性比

例标准化矩阵。

$$x_{ij}^{*} = \max x_{ij} \neq 0 \qquad (式 10-11)$$

$$y_{ij} = x_{ij}/x_{ij}^{*} \qquad (式 10-12)$$

在对数据进行标准化操作之后，根据公式进行归一化处理，可得式 10-13，并由公式 10-14 计算出二级指标的贡献量，其中 $k = 1/\ln z$，$e_k \geq 0$。

$$p_{ij} = y_{ij}/\sum_{i=1}^{m} y_{ij} \qquad (式 10-13)$$

$$e_j = -a\sum_{i=1}^{m} p_{ij}\ln p_{ij} \qquad (式 10-14)$$

最后确定权重。对于第 j 个指标，指标值的差异越大，对评价所起的作用越大，熵值就越小；反之，差异越小，对评价的作用越小，熵值就越大。因此，由式 10-15 定义差异系数，并由公式 10-16 确定二级指标的权重，再通过求和加总可得到一级指标的相应权重。

$$g_j = 1 - e_j \qquad (式 10-15)$$

$$w_j = g_j/\sum_{j=1}^{n} g_j \qquad (式 10-16)$$

五、研究区域和数据基础分析

1. 研究区域

本书以全国、四大经济区域（东北地区、东部地区、中部地区、西部地区）为研究对象，基于 CHNS 2000 年、2004 年、2006 年、2009 年、2011 年和 2015 年的调查数据，通过生计资本的指标筛选与评价体系的构建，运用异速增长模型并且通过不同的函数拟合，然后分析全国和四大经济区域农户各维度生计资本的时空分异特征和生计资本异速生长关系的发展阶段。

我国国土幅员辽阔，气候类型丰富多样，地质地貌分布错综复杂，人口众多，少数民族种类多元，分布不均。不同地区的自然条件和人文条件不尽相同，存在着明显的发展差异，这种差异外在表现为经济发展水平的不同，内在表现为地区居民或农户的生计差距。为科学地反映我国不同区域的社会经济发展状况，党中央、国务院根据相关政策实施意见，将我国的经济区域划分为东北、东部、中部和西部四大地区。

东北地区包括黑龙江、吉林、辽宁三个省份及内蒙古东四盟地区，主要指黑吉辽三个省份，东北地区曾是我国最重要的重工业基地之一，为全国的经济建设贡献了巨大的力量，但近年来经济发展每况愈下，经济下行显著，2020 年

GDP 总量位于全国中下游水平。辽宁省南临黄海、渤海，东与朝鲜仅一江之隔，与日本、韩国隔海相望，是东北地区既沿海又沿边的省份，同时也是东北对外开放的门户，2020 年 GDP 总量位居全国中游，是东三省中经济最为发达的省份，但 GDP 增速低于全国平均水平，位居全国倒数第三。而在城乡居民生计资本的研究中，辽宁省除人力资本处于中等水平外，其余资本类型及生计资本均处于较高水平，生计资本总规模位居全国中上游。黑龙江省地处我国东北部，东部、北部与俄罗斯隔江相望，是亚洲与太平洋地区陆路通往俄罗斯远东地区和欧洲大陆的重要通道，但省内经济近年来长期处于我国下游水平，2020 年 GDP 增速低于全国平均水平，位居全国倒数第四。城市经济效率与生计脆弱性间存在显著的相关关系，受经济大环境的影响，黑龙江省农村家庭各资本类型面临的脆弱性风险及综合贫困脆弱性指数皆处于中等水平，在人力资本和自然资本维度存在较高的脆弱性，但 2008—2017 年省内城乡居民自然资本的总规模位居全国之首。

东部地区一般是指我国东部沿海地区，包括 11 个省（直辖市）和香港、澳门两个特别行政区，是我国社会主义经济最为发达的区域，珠三角和长三角是我国经济最活跃的"两极"，农村贫困人口的数量最少，贫困发生率最低。江苏省位于常见的三角洲地区，地处长江经济带，下辖的 13 个地级行政区已全部跻身百强，省域经济综合竞争力位居全国前列，是我国经济最为活跃的省份之一，同时也是我国综合发展水平最高的省份之一，已步入"中上等"发达国家水平，2020 年人均 GDP 超 12.5 万元，连续 11 年位居全国之首。江苏省省内农户家庭的综合贫困脆弱性指数在样本省份中最低，且在各资本维度上也都面临着最低的脆弱性风险。山东省位于我国东部沿海及黄河下游地区，地跨淮河、黄河、海河、小清河和胶东五大水系，交通发达，是中国经济最发达、经济实力最强的省份之一，也是发展较快的省份之一，2020 年 GDP 总量位居全国第二。与经济发展状况相对应，山东省 2008—2017 年城乡居民生计资本的总规模同样位居全国第二，除自然资本的水平属于较高等级外，其余各资本水平及生计资本总水平均处于高等水平，生计资本结构较为合理，但仍处于轻度失调状态。

中部地区，又称我国中部经济区，位于我国中部区域，属于经济地理概念，不同于传统地理概念的"华中地区"，依托于国家中部崛起战略，由山西、河南、安徽、湖北、江西和湖南六省构成的经济分区。河南省是我国农业大省和粮食转化加工大省，是全国农产品的主产区，耕地面积位居全国第二，同时河南省也是我国的农业人口大省，2019 年年末，河南省省内农村人口数量全国最多。众多的人口数量并未影响人口的生计水平，河南省 2008—2017 年城乡居民生计资本的总规模位于全国第四，生计资本处于高等水平，自然资本等五种资本均处于较高的水平及以上，物质资本和人力资本在2008—2017年的总存量均位于全国前三，但河南省农村地区的贫困脆弱性程度在多个脆弱性指标下均位于全国前列。湖北省地处我国华中地区，是国家"中部崛起"战略的支点和中心，是国家第一批交通强国建设试点地区，同时还是国家级城市群和我国经济新增长极——长江中游城市群的重要组成部分，而武汉还处于城市群的中心引导地位。2020年湖北省虽经历新冠肺炎疫情的强烈冲击，但GDP总量仍然位居全国前十，产业基础实力强劲。在生计方面，湖北省2008—2017年城乡居民生计资本和各资本的总规模均处于全国中游水平，且均处于较高发展水平，在各资本维度和综合贫困脆弱性指数上同样均处于中上游水平。湖南省位于长江中游江南地区，境内湘江贯穿南北，物产富饶，享有"鱼米之乡"和"九州粮仓"的美誉，农业资源丰富，同时省内矿藏丰富，素以"有色金属之乡"和"非金属之乡"著称，此外，湖南还是制造业大省，全省制造业高质量发展成效明显，三大世界级产业集群基本形成。2020年，制造大省湖南第二产业增速达4.70%，排名全国前列。有了制造业这块"基石"，湖南经济实现稳步增长：2020年以2000多亿元GDP增量，正式迈上4万亿台阶。湖南省与湖北省地理区位的相似性也体现在了生计方面，湖南省2008—2017年城乡居民生计资本和各资本的总规模同样均处于全国中游水平，且均处于较高发展水平，在各资本维度和综合贫困脆弱性指数上同样表现出相似性，而湖南省在物质资本和社会资本两个维度的脆弱性高于湖北省。

西部地区疆域辽阔，包括7个省份（直辖市）和5个自治区，土地面积占全国总面积的70.6%，人口占全国总人口的27.2%。西部地区土地资源丰富，拥有较高的人均耕地面积和绝大部分的草原面积，同时也拥有十分丰富的矿产资源，是我国的资源富集区，但绝大部分地区属于经济欠发达地区，面临着产业基础薄弱、自然环境脆弱、民族观念差异显著等多种不利影响。广西壮族自治区位于华南地区西部，南濒北部湾与海南隔海相望，西南与越南接壤，地跨珠江、长江、红河、滨海四大水系。广西是以壮族为主体的少数民族自治区，也是全国少数民族人口最多的省（区），境内居住着瑶、苗、侗等12个世居少数民族。广西拥有着丰富的矿产资源、海洋资源、水力资源和生物资源，享有着得天独厚的生态优势，但受制于地形地貌影响、多民族的文化差异、产业基础薄弱等诸多方面因素，多年来广西的GDP水平长期保持在我国中下游的位置，经济增长与政策倾斜密切相关。省内2008—2017年城乡居民生计资本和各资本的总规模均处于全国中下游水平，且均处于中等发展水平，在自然资本、人力资本和社会资本维度处于中脆弱性，在物质资本和金融资本维度处于高脆弱性，综合贫困脆弱性指数显示广西处于高贫困脆弱性的边缘，农村的贫困脆弱性程度在多个指标下均处于较高水平。贵州地处我国西南内陆地区的腹地，位于云贵高原之上，省内 92.5% 的面积为山地和丘陵，地跨长江和珠江两大水系，素有"八山一水一分田"之说。贵州省是我国西南地区的交通枢纽，也是长江经济带的重要组成部分，同样境内拥有丰富的矿产资源、水力资源、生物资源和民族资源，分布着 17 个世居少数民族，是国家的生态文明试验区。在国家政策的扶持下，贵州省作为内陆开放型经济试验区和第一批交通强国建设试点地区，经济得到了快速发展，建立了全国首个国家级大数据综合试验区，过去 10 年，贵州经济增速连续位居全国前列，2017 年至 2019 年更是连续三年领跑全国，2020 年 GDP 增速仍高居全国第二。贵州省 2008—2017 年城乡居民生计资本和各资本的总规模均处于全国下游水平，且均处于较低的发展水平，十年内生计资本的耦合协调度呈现中度失调，生计资本内部没有形成有效的耦合协调机制，资本的相互转化存在障碍。同时贵州省的自然资本、物质资本和金融资本属于高脆弱性，人力资本和社会资本属于中脆弱性，生计资本总体处于高贫困脆弱性状态，农户抵御风险的能力较弱，易于发生贫困的情况。

2. 数据获取与处理

本书使用 CHNS 面板数据进行实证分析。中国健康与营养调查是北卡罗来纳大学教堂山分校的卡罗来纳州人口研究中心（The Carolina Population Center at the University of North Carolina at Chapel Hill）、美国国家营养与健康研究所（The National Institute of Nutrition and Health，NINH，前美国国家营养与食品安全研究所）和中国疾病预防控制中心（Chinese Center for Disease Control and Prevention，CDC）进行的开放群体性国际合作项目，旨在考察国家和地方政府实施的健康、营养、计划生育政策和项目的效果，以及中国社会经济转型对人口健康和营养状况两方面的影响，并通过社区组织和项目的变化以及家庭和个人经济状况、人口和社会因素变化等因素来衡量。此调查是由一个国际研究团队进行的，成员涉及了营养学、公共卫生、经济学、社会学、中国研究和人口学等多个领域，数据包含了个人层次（性别、年龄、民族、病史、受教育水平、就业、收入等）、家庭层次（农业生产、家庭收入支出、财产、医疗病患等）和社区层次（交通、医疗保险、医院、学校等）等详尽信息，抽取了地理、经济发展、公共资源和健康指标差异显著的 15 个省市的约 7200 个家庭，共 3 万多人的样本。

调查采用多阶段分层整群随机抽样的方法抽取各省的调查样本。将每个省的县按收入（低、中、高）进行分层，采用加权抽样方法在每个省随机抽取 4

个县（高、中、低收入县分别为 1 个、2 个、1 个）作为农村样本；选取省会城市和一个低收入城市作为所在省份的城市样本。在抽出的县当中，随机抽取 3 个行政村，每个村再抽取 20 户家庭进行入户调查；对于城市样本，要将城市划分为城区和郊区，一共随机抽取约 220 个社区样本，在每个社区再随机抽取 20 户家庭进行调查。

依照官网数据显示，项目目前一共进行了 10 次调查，分别是 1989 年、1991 年、1993 年、1997 年、2000 年、2004 年、2006 年、2009 年、2011 年和 2015 年。而参照学者们的时间跨度选择，为避免构造平衡面板时损失数据，并考虑到数据的时效性问题、完整性问题和后期数据的筛选处理问题，本书数据的时间序列设定为 2000 年、2004 年、2006 年、2009 年、2011 年和 2015 年。同时，在设定的时间范围内，仅有 9 个省份参与了全部的 6 轮调查，考虑到本书研究内容为生计资本的时空异速特征，故选择 4 大经济地区的 9 个省份（东北地区：辽宁、黑龙江；东部地区：江苏、山东；中部地区：河南、湖北、湖南；西部地区：广西、贵州）作为地域样本。

在具体样本的选择与处理上，由于本书的研究对象为农户，且考虑到城市农民工可能对农村和家庭等相关问题疏于了解，同时城市农民工户口迁移概率偏小，故本书将仅采用来自农村调查点的数据进行研究。在对数据进行筛选分类之后，对于某些数据前后不对应的样本（如家庭工作人数超过家庭人口数、家庭非农工作人数超过家庭人口数、家庭医保人数超过家庭人口数），缺失值较多的样本，极端值样本和错误值样本（如家庭种地面积为负、其他来源收入为负、退休养老金为负、工资奖金为负）直接进行删除。在对数据进行预处理之后，对于仍然存在缺失值的数据，在保证数据现实意义的基础上，为了得到尽可能多的样本，本书将采用多重插补法对数据进行填充，填充后的样本分布情况如表 10-6 所示。

表 10-6　样本农户分布表　　　　　　　　　（单位：户）

			2000 年	2004 年	2006 年	2009 年	2011 年	2015 年
全国	东北地区	辽宁	146	171	162	158	159	141
		黑龙江	200	193	177	186	206	133
		地区合计	346	364	339	344	365	274
	东部地区	江苏	227	216	218	195	182	135
		山东	163	155	156	149	143	114
		地区合计	390	371	374	344	325	249

续表

		2000 年	2004 年	2006 年	2009 年	2011 年	2015 年
中部地区	河南	197	207	200	204	190	148
	湖北	154	174	158	143	128	99
	湖南	96	132	114	100	78	75
	地区合计	447	513	472	447	396	322
西部地区	广西	171	175	172	184	183	132
	贵州	222	213	206	185	168	132
	地区合计	393	388	378	369	351	264
全国合计		1576	1636	1563	1504	1437	1109

3. 描述性统计分析

（1）纵向比较

样本在不同指标下的描述性统计结果如表10-7、表10-8、表10-9、表10-10和表10-11所示。全国和四大区域样本在不同指标下的均值基本上呈现出逐年上升或总体上升的发展状况。家庭耕地面积呈现曲折发展状况，农户之间的标准差较大，在地域差异的背景下，家庭之间的耕地面积存在较大差异；家庭主要饮用水源状况不断转好，但仍以敞开井水（<5 米）和小溪、河流及湖泊水为主；交通工具拥有数量不断增加，平均每户家庭都至少拥有一种交通工具，且不同家庭之间的差距较小；农户家庭农机具拥有数量指标存在波动，农机具的价格较高，仅有较少的农户家庭拥有农机具，且这一现象具有普遍性；农户家用电器的拥有数量不断增多，生活水平和生活质量不断提升，2015 年全国平均每户家庭都拥有 6 件家用电器，生活便利度不断提高；农户家庭的受教育程度不断提升，受教育年限不断增加，2015 年全国平均最高受教育程度达到了高中学历；农户家庭就业人口的平均值有所下降，这与我国步入人口老龄化时代及"二胎"政策的推行相关联；家庭主要职业非农的人口比重不断提升，农户就业方向多样化，就业技能不断丰富，抵御风险的能力不断增强；家庭人均可支配收入和工资性收入逐渐提高，获取收入的能力不断增强，农户的贫困状况有了较为明显的改观，但由于采取随机抽样的方法，不同收入的农户都有可能被采样，故农户之间的收入差距偏大；家庭成员享有医保的比重不断提高，看病难、看病贵的症结有所缓解，家庭成员的身体健康水平不断提高；其他来源的收入呈折线式波动，由于包含多项内容，指标受影响的范围较广，且不同的农户面临不同的生活环境，故农户之间的差异偏大。

（2）横向比较

东北地区农户家庭的平均耕地面积最多，标准差最大，西部地区的面积最少，中部地区稍高于东部地区，耕地面积与地形分布紧密相关，东北地区和中部地区平原居多，是我国主要的粮食基地，耕地面积广阔。东部地区和西部地区的饮用水源状况相对较好，中部地区次之，东北地区最差，东部地区临近海洋，西部地区河流众多，水资源丰富。东部地区拥有较多的交通工具，中部地区次之，西部地区交通工具的拥有量相较最少，说明交通工具的拥有量与经济发展状况紧密相关。东北地区、东部地区和中部地区的农机用具拥有量相差较小，没有明显的差异，而西部地区受制于地形和农业发展水平，农机具的拥有数量相对较少。家用电器的拥有数量同样与经济发展水平相关，东部地区最多，中部地区和东北地区次之，西部地区最少。中部地区和东部地区由于具有较多的教育资源，农户家庭的最高受教育程度相应较高，而东北地区的经济衰退停滞，人才流失严重，西部地区教育事业基础薄弱，教育资源较少，东北地区和西部地区的平均最高受教育程度相差较小。对于非农工作人数比重指标，东部地区的比重最高，西部地区次之，中部地区最低，这与家庭耕地面积的大小和地区经济发展水平密切相关。家庭人均可支配收入和家庭工资性收入是地区经济发展水平的直接体现，东部地区的经济发展水平最高，相应地，应该拥有最高的平均收入，东北地区相较于中部地区拥有更为广阔的土地面积和更为肥沃的土壤，因而收入稍高于中部地区的农户家庭，西部地区由于经济发展落后，农业发展相对落后，家庭平均收入最低。家庭收入的高低直接影响家庭成员购买医疗保险的决策，家庭平均购买医疗保险的人数占比与经济收入的高低相对应，如图10-1所示。

表10-7　样本描述性统计结果（自然资本）

指标	年份	全国		东北地区		东部地区		中部地区		西部地区	
		平均值	标准差	平均值	标准差	平均值	标准差	平均值	标准差	平均值	标准差
耕地面积	2000	7.52	10.17	16.63	15.59	5.45	8.52	5.61	5.61	5.61	5.61
	2004	7.18	10.83	16.34	18.96	4.86	4.29	4.70	4.70	4.70	4.70
	2006	6.89	9.30	15.34	15.69	4.68	3.65	5.15	5.15	5.15	5.15
	2009	8.25	15.35	19.79	26.54	4.65	4.49	4.28	4.28	4.28	4.28
	2011	7.70	12.78	17.41	20.86	4.70	5.71	5.05	5.05	5.05	5.05
	2015	8.26	16.23	18.87	27.07	5.64	10.17	4.00	4.00	4.00	4.00

续表

指标	年份	全国		东北地区		东部地区		中部地区		西部地区	
		平均值	标准差	平均值	标准差	平均值	标准差	平均值	标准差	平均值	标准差
主要饮用水源	2000	2.08	1.63	1.53	1.23	2.34	1.80	6.35	6.35	6.35	6.35
	2004	2.22	1.67	1.39	0.93	2.38	1.89	9.38	9.38	9.38	9.38
	2006	2.29	1.72	1.21	0.79	2.52	1.92	5.29	5.29	5.29	5.29
	2009	2.29	1.73	1.62	1.28	3.08	1.97	5.72	5.72	5.72	5.72
	2011	2.43	1.80	1.39	0.96	2.67	1.95	6.01	6.01	6.01	6.01
	2015	2.85	1.91	1.76	1.36	3.57	1.92	8.07	8.07	8.07	8.07

表 10-8　样本描述性统计结果（物质资本）

指标	年份	全国		东北地区		东部地区		中部地区		西部地区	
		平均值	标准差	平均值	标准差	平均值	标准差	平均值	标准差	平均值	标准差
农机具拥有情况	2000	0.40	0.71	0.42	0.65	0.54	0.84	0.46	0.46	0.46	0.46
	2004	0.53	0.77	0.49	0.64	0.68	0.87	0.77	0.77	0.77	0.77
	2006	0.61	0.84	0.57	0.74	0.71	0.83	0.62	0.62	0.62	0.62
	2009	0.67	0.87	0.79	0.86	0.61	0.80	0.86	0.86	0.86	0.86
	2011	0.64	0.83	0.68	0.73	0.56	0.77	0.74	0.74	0.74	0.74
	2015	0.46	0.73	0.58	0.71	0.49	0.82	0.97	0.97	0.97	0.97
交通工具拥有情况	2000	1.08	0.71	1.13	0.58	1.44	0.65	1.95	1.95	1.95	1.95
	2004	1.17	0.82	1.09	0.68	1.59	0.71	1.58	1.58	1.58	1.58
	2006	1.23	0.89	0.99	0.75	1.83	0.74	2.27	2.27	2.27	2.27
	2009	1.27	0.89	1.10	0.78	1.77	0.75	1.73	1.73	1.73	1.73
	2011	1.28	0.88	1.11	0.83	1.79	0.80	2.34	2.34	2.34	2.34
家用电器拥有情况	2015	1.29	0.91	1.22	0.89	1.66	0.85	1.80	1.80	1.80	1.80
	2004	4.08	2.22	4.18	2.07	4.52	2.33	0.95	0.95	0.95	0.95
	2006	4.62	2.20	4.57	1.96	5.31	2.40	0.80	0.80	0.80	0.80
	2009	5.30	2.25	5.18	1.92	6.19	2.49	0.97	0.97	0.97	0.97
	2011	5.76	2.25	5.63	2.05	6.80	2.48	0.50	0.50	0.50	0.50
	2015	6.01	2.07	5.92	1.77	6.77	2.40	0.74	0.74	0.74	0.74

表 10-9 样本描述性统计结果（人力资本）

指标	年份	全国		东北地区		东部地区		中部地区		西部地区	
		平均值	标准差	平均值	标准差	平均值	标准差	平均值	标准差	平均值	标准差
家庭成员最高受教育程度	2000	1.75	1.18	1.80	1.22	1.80	1.14	3.03	3.03	3.03	3.03
	2004	1.81	0.93	1.84	0.84	1.82	0.96	2.20	2.20	2.20	2.20
	2006	1.73	1.05	1.83	0.87	1.68	1.13	3.95	3.95	3.95	3.95
	2009	1.78	1.03	1.78	0.88	1.70	1.10	2.08	2.08	2.08	2.08
	2011	1.69	1.01	1.72	0.86	1.72	1.10	4.46	4.46	4.46	4.46
	2015	3.23	1.71	2.77	1.46	3.33	1.74	2.10	2.10	2.10	2.10
家庭就业人口比重	2000	0.67	0.24	0.66	0.21	0.67	0.26	0.66	0.24	0.68	0.22
	2004	0.52	0.27	0.51	0.27	0.59	0.28	0.47	0.28	0.51	0.24
	2006	0.49	0.28	0.52	0.31	0.55	0.29	0.45	0.28	0.47	0.25
	2009	0.54	0.28	0.61	0.27	0.60	0.28	0.48	0.27	0.48	0.26
	2011	0.54	0.29	0.61	0.27	0.59	0.29	0.49	0.30	0.47	0.27
	2015	0.44	0.34	0.60	0.34	0.43	0.35	0.33	0.31	0.39	0.28
家庭非农就业的人口比重	2000	0.22	0.31	0.16	0.31	0.31	0.34	0.19	0.29	0.22	0.29
	2004	0.28	0.41	0.38	0.45	0.32	0.41	0.19	0.36	0.26	0.39
	2006	0.25	0.39	0.28	0.42	0.31	0.41	0.15	0.32	0.29	0.40
	2009	0.23	0.37	0.23	0.38	0.32	0.40	0.18	0.34	0.23	0.37
	2011	0.24	0.38	0.20	0.35	0.35	0.42	0.15	0.32	0.28	0.39
	2015	0.47	0.40	0.38	0.43	0.53	0.41	0.44	0.41	0.52	0.35

表 10-10 样本描述性统计结果（社会资本）

指标	年份	全国		东北地区		东部地区		中部地区		西部地区	
		平均值	标准差	平均值	标准差	平均值	标准差	平均值	标准差	平均值	标准差
家庭成员享有医保的人数比重	2000	0.12	0.29	0.02	0.13	0.36	0.43	0.04	0.16	0.06	0.15
	2004	0.15	0.29	0.10	0.24	0.43	0.40	0.06	0.19	0.04	0.12
	2006	0.41	0.40	0.60	0.40	0.56	0.36	0.24	0.34	0.29	0.36
	2009	0.74	0.27	0.78	0.26	0.77	0.28	0.70	0.28	0.72	0.27
	2011	0.73	0.26	0.76	0.26	0.75	0.26	0.70	0.26	0.73	0.25
	2015	0.76	0.26	0.81	0.26	0.79	0.25	0.72	0.25	0.72	0.25
家庭其他来源收入	2000	2301	2520	2572	2390	2378	3461	2241	2112	2055	1841
	2004	4794	5091	5112	4353	5924	6772	4224	4433	4168	4441
	2006	4855	6148	5348	7721	4845	6311	4726	5451	4585	5127
	2009	6698	9105	7437	8336	6671	10272	6481	10255	6298	6876
	2011	6434	8631	8212	8999	6065	9829	5601	7746	5864	7729

表 10-11 样本描述性统计结果（金融资本）

指标	年份	全国		东北地区		东部地区		中部地区		西部地区	
		平均值	标准差	平均值	标准差	平均值	标准差	平均值	标准差	平均值	标准差
家庭人均可支配收入	2000	2784	2486	2764	2335	3777	3334	2154	1905	2533	1835
	2004	3657	3382	3992	3584	4835	3340	3038	3481	3034	2693
	2006	4310	4632	5100	5450	4844	4455	3930	5006	3548	3115
	2009	7733	8356	8938	9440	9717	8768	6729	8075	5977	6490
	2011	9870	10129	11647	10772	12688	10941	7632	9099	7937	8714
	2015	17231	30515	21323	33054	19615	23854	16397	40656	11752	13452
家庭工资性收入	2000	9534	6176	9433	6112	10192	6642	8877	5888	9716	6015
	2004	8707	6698	9080	6584	9803	7323	8320	6828	7822	5803
	2006	10193	8608	11466	9715	10418	8388	9841	9155	9271	6749
	2009	14682	12800	14497	12337	15997	12670	14533	12869	13807	13212
	2011	26152	24096	29245	25718	29346	26642	22583	21628	24007	21700
	2015	58760	54429	60355	58215	63208	55435	57911	54417	53947	49045

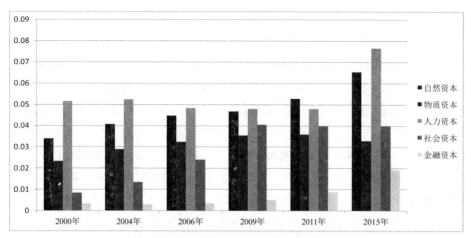

图 10-1 农户生计系统的变化

六、农户生计系统的异速生长特征

本章节研究对象为农户生计系统中自然资本、物质资本、人力资本、社会资本和金融资本两两之间的异速生长关系，展现的是两者相对增长速度的比例关系。若因变量是自然资本，自变量分别是其他四种资本，利用 SPSS19.0 软件进行双对数线性回归即可得到四类异速生长模型。自变量与因变量之间进行互换，异速生长系数会由大于（或小于）1 变为小于（或大于）1，但变量之间的异速生长关系没有改变。故将十种不重复的生计资本关系定义为：自然资本—物质资本、自然资本—人力资本、物质资本—人力资本、物质资本—社会资本、人力资本—金融资本、人力资本—社会资本、社会资本—自然资本、社会资本—金融资本、金融资本—自然资本和金融资本—物质资本，每一对关系的前者为因变量，后者为自变量。

通过对全数据散点图进行分析和初步拟合发现，散点图趋于均匀分布，且多种函数的拟合效果 R2 均不超过 0.1，拟合效果也不显著，故采用能够展现样本整体分布特征的最大值、最小值、四分位点（上四分位点、中位点和下四分位点）和平均值 6 个点来刻画生计资本之间的异速生长关系的时序变化。生计系统要素两两之间的异速生长系数如表 10-12 所示，因篇幅所限，仅在图 10-2 中展示了 2015 年生计资本异速生长模型的散点图。为了更好地分析生计系统要素间异速生长关系，本章节将 2000—2015 年生计系统的 10 种资本搭配的时间序列进行对数函数、指数函数和线性函数拟合，比较其拟合优度（如表 10-13 所示）。在进行函数拟合优度的比较时，半退化状态的函数拟合将同时进行指数函数和对数函数拟合，采用较高的拟合优度作为半退化状态的拟合优度。分析结果如下。

1. 自然资本

自然资本是农村家庭最本质的生计来源，自然资本每提高1%，贫困脆弱性就减少约0.1%（陈灿平，2018）。观测期内自然资本与其他四种资本呈现正异速关系①，异速生长因子大于1。正异速意味着自2000年以来自然资本的增速快于其他四种资本，这得益于一系列土地政策的实施，促进了生计系统的自相似行为。自2003年国土资源部颁布实施的《全国土地开发整理规划》以来，农村土地整治逐渐上升为国家战略，各地全面落实补充耕地的任务，明显加快了土地的复垦工作，坚守18亿亩的耕地红线不动摇。此外随着经济环境变化，农民外出打工已经不是最优的生计策略选择（王君涵等，2020），农户选择回乡从事农业为主的生计活动已成常态行为，这点从自然资本异速生长函数拟合优度可以得到进一步验证，2011年以前对数函数和线性函数拟合优度大于幂函数，一度呈现退化趋势，2015年则出现幂函数异速生长关系（进化）。自然资本的正异速进化，表明国家政策对农户自然资本增加有显著正向激励作用（翟黎明等，2017），进而形成了快速增长的动力，故增速快于其他四种资本。

2. 物质资本

物质资本是提升农户生活水平的基本动力，观测期内物质资本与其他四种资本既有正异速关系也有负异速关系，说明生计系统的五种资本在演化过程中蕴含着此消彼长的作用机理。物质资本增长速度常年略小于人力资本，异速生长因子稳定在0.9左右，2015年异速生长因子却变为1.255，说明人力资本有助于提升物质资本。通过四种函数拟合优度比较，幂函数拟合优度最佳，这验证了大多数文献的结论：从长远看，提高教育水平能改变贫困脆弱性（郭圣乾、张纪伟，2013），改善物资生活水平（高功敬，2016）。社会资本平稳增长也有促进物质资本的作用，异速生长系数逐渐从0.543进化到0.9附近，对于农户而言，社会资本是一种来源于社会关系和社会网络的特殊资本，这种以血缘、地缘为纽带建立的关系网络支撑了农户最基本的生计活动（Carney，1998）。物质资本与自然资本常年处于负异速关系，且逐渐退化，异速生长系数从0.935变到0.629，说明自然资本增加不能带来物质资本的快速提升，这与大多数农户提

---

① 即观测自然资本—物质资本、自然资本—人力资本、自然资本—社会资本、自然资本—金融资本四种组合的异速生长关系，若异速生长因子大于1，说明自然资本增长速度大于其所对应的资本类型，反之则是自然资本增长速度小于其对应的资本类型。类似可得物质资本、人力资本、社会资本、金融资本分别与其所对应的资本类型的异速生长因子，分析方法不变。

高物资生活水平主要依靠非农业活动的现实吻合（伍艳，2016）。物质资本与金融资本呈正异速关系，即生活水平改善幅度大于农户收入增长幅度，但异速生长系数却从1.269退化为0.763，说明农户收入增长缓慢势必会影响到生活质量的持续改善。

3. 人力资本

相比其他几类资本类型，人力资本具有显著的改善生计水平的作用（孙晗霖等，2021），决定生计资本功能的数量、质量和稀缺度，促进生计资本内部的转移和替代（埃利斯，2000）。从人力资本与其他四种资本的异速生长因子来看，为明显的负异速生长关系（线性函数拟合优度占优），说明人力资本的提升是一个极其缓慢的过程，人力资本增加速度要远小于其他资本的增加速度。对于人力资本和金融资本，前期表现为正异速关系，人力资本的增加速度大于金融资本，后期却逐年退化，2015年异速生长因子变为0.566，详细分析可发现，农民学历层次和技术水平总体上仍然偏低，人力资本提升的主要原因是非农从业人口大量增加，这验证了李涛和邬志辉（2015）的研究结论，读书无用论可能是冲击村落社会的真命题，农户对家庭子女教育的期待逐渐减弱，但对家庭财富的预期增强。人力资本和物质资本同样表现出逐年退化趋势，异速生长因子从2000年的1.114变化到2015年0.797，人力资本生长减速表明农户追求品质生活的欲望高于提高学历层次的渴望，侧面反映了农村的社会心态变迁，农村居民对现实提高生活水平的诉求要大于教育投入在未来获得回报的诉求（徐明，2022）。

4. 社会资本

社会资本是一个家庭为了能够充分实施生计策略而利用的社会网络，从异速生长因子发现社会资本与其他资本有紧密的互动关系。社会资本和物质资本、人力资本一直保持正异速关系，异速生长因子常年大于1，幂函数拟合优度最高，主要原因是农户认为认真编织生计策略所用的社会网络，可以带来丰厚的物质资本回报，以及促进人力资本增加。在农村，无论遇到红事、白事以及寿宴、升学等，农户必定不远千里回乡参与，以致农村居民人情消费开支比城市居民要多，但同时稳定了乡村社会的情感根基，促使社会资本与物质资本、人力资本的增加形成了一种良性循环。这与苏芳和尚海洋（2012）的研究结论一致，农户社会资本的比重最大，占生计资本的35%至40%。社会资本和自然资本、金融资本前期为正异速关系，① 说明紧密的社会网络强化了集体性的行为意识，促使人们自觉地采取符合集体目标的个体行为（格拉夫顿等，2004），有助于在群体里形成自我学习、自我管理、自我约束的机制，因此社会资本可快速提高。后期异速标度因子不断下降，进入退化通道，从函数拟合优度分析可见异速生长关系退化到线性函数占优，说明社会资本可能到了分形平衡域，已经没有足够的动能促进其继续快速增长，相反，自然资本和金融资本在政策作用下产生了相对的快速增长。

5. 金融资本

作为农户家庭收入和融资来源，金融资本在农户生计转型过程中发挥了明显的正向作用，增加金融资本可以促进向自然资本、物质资本的转移，使生存型农户向经营型农户转变概率显著提升（段伟等，2015），随后又反作用于金融资本，呈现先降后增的 U 形关系（纳兰等，2008）。观测期内除了自然资本，金融资本与物质资本、社会资本、人力资本的异速生长因子都表现出先降后增的 U 形关系（异速生长因子前为小于 1，后为大于 1）。在生计系统中，农户采取自相似的生计行为，在初期把资金投入到购买生产农资和生活物品中，花费颇多以营造社会资本，投资子女学历教育和技能培训，如此一来金融资本增速要慢于物质资本、社会资本、人力资本的增速。从函数拟合效果可以进一步验证，随着年份的推移，幂函数的拟合优度逐渐赶上并超过线性函数的拟合优度，说明生计系统向高水平平衡态运动。但金融资本和自然资本却长期处于负异速生长状态，异速生长系数维持在 0.6 附近，金融资本增速长期滞后于自然资本，两者没有呈现协调发展态势，此现象需要警惕，从事农业生产者收入长期若不能得到提高，农民必然转向非农生计，又会形成新的土地撂荒。

---

① 2009 年为社会资本—自然资本异速生长因子的分水岭，2011 年为社会资本—金融资本异速生长因子的分水岭。

表 10-12　全样本生计系统各要素的异速生长模型（2000-2015 年）

异速关系	2000 年	2004 年	2006 年	2009 年	2011 年	2015 年
自然资本—物质资本	lnY = 1.069 lnX+0.868	lnY = 1.273 lnX+1.506	lnY = 1.260 lnX+1.837	lnY = 1.203 lnX+1.571	lnY = 1.156 lnX+1.461	lnY = 1.589 lnX+6.542
自然资本—人力资本	lnY = 0.896 lnX+0.253	lnY = 1.165 lnX+0.665	lnY = 1.230 lnX+1.246	lnY = 1.187 lnX+1.243	lnY = 1.136 lnX+1.146	lnY = 2.143 lnX+8.729
物质资本—人力资本	lnY = 0.898 lnX+0.390	lnY = 0.905 lnX+0.508	lnY = 0.935 lnX+0.633	lnY = 0.928 lnX+0.663	lnY = 0.922 lnX+0.647	lnY = 1.255 lnX+0.908
物质资本—社会资本	lnY = 0.543 lnX+0.415	lnY = 0.511 lnX+0.315	lnY = 0.538 lnX+0.255	lnY = 0.642 lnX+0.274	lnY = 0.901 lnX+0.612	lnY = 0.888 lnX+0.549
人力资本—金融资本	lnY = 1.310 lnX+62.485	lnY = 1.223 lnX+35.24	lnY = 1.105 lnX+16.58	lnY = 1.042 lnX+7.463	lnY = 0.918 lnX+2.603	lnY = 0.566 lnX+0.641
人力资本—社会资本	lnY = 0.590 lnX+0.979	lnY = 0.560 lnX+0.574	lnY = 0.568 lnX+0.367	lnY = 0.676 lnX+0.362	lnY = 0.954 lnX+0.865	lnY = 0.651 lnX+0.546
社会资本—自然资本	lnY = 1.385 lnX+1.383	lnY = 1.309 lnX+1.783	lnY = 1.105 lnX+1.060	lnY = 0.806 lnX+0.557	lnY = 0.618 lnX+0.303	lnY = 0.583 lnX+0.306
社会资本—金融资本	lnY = 2.252 lnX+1374	lnY = 2.178 lnX+1501	lnY = 1.910 lnX+670.4	lnY = 1.411 lnX+43.33	lnY = 0.922 lnX+2.591	lnY = 0.836 lnX+1.106
金融资本—自然资本	lnY = 0.621 lnX+0.048	lnY = 0.566 lnX+0.039	lnY = 0.569 lnX+0.033	lnY = 0.598 lnX+0.051	lnY = 0.721 lnX+0.119	lnY = 0.725 lnX+0.241
金融资本—物质资本	lnY = 0.788 lnX+0.073	lnY = 0.775 lnX+0.060	lnY = 0.893 lnX+0.092	lnY = 0.899 lnX+0.133	lnY = 1.083 lnX+0.406	lnY = 1.311 lnX+1.732

注：表 10-12 中仅列出了 10 种不重复的生计资本组配的异速生长模型，若要获得其他组配的异速生长模型，可以通过异速生长关系式进行倒算。如根据社会资本—自然资本—社会资本在 2000 年的异速生长模型为 lnY = 0.722lnX-0.998。

表 10-13　全样本生计系统异速生长模型拟合优度比较结果

异速关系	2000 年			2004 年			2006 年			2009 年			2011 年			2015 年		
	幂	对/指	线性	幂	对/指	线性	幂	对/指	线性	幂	对/指	线性	幂	对/指	线性	幂	对/指	线性
自然资本—物质资本	0.839	0.905	0.973	0.866		0.953	0.776			0.706		0.882	0.703		0.850	0.864		
自然资本—人力资本	0.693	0.870		0.873		0.876	0.832		0.850	0.789		0.953	0.790		0.939	0.933		
物质资本—人力资本	0.948			0.987			0.985			0.988			0.988			0.935		
物质资本—社会资本	0.980		0.990	0.992			0.990			0.975			0.987			0.995		
人力资本—金融资本	0.913		0.922	0.837		0.853	0.911			0.875			0.923			0.937		
人力资本—社会资本	0.983			0.989			0.982			0.940			0.953			0.897		
社会资本—自然资本	0.786		0.992	0.844		0.982	0.730			0.563		0.789	0.598		0.740	0.792		
社会资本—金融资本	0.954		0.987	0.841		0.998	0.896		0.997	0.780		0.977	0.890		0.947	0.966		0.976
金融资本—自然资本	0.840		0.968	0.890		0.971	0.789			0.791			0.777			0.885		
金融资本—物质资本	0.993		0.999	0.893		0.965	0.949		0.977	0.873		0.926	0.922			0.989		

表 10-14　东北地区生计系统异速生长模型拟合优度比较结果

异速关系	2000 年			2004 年			2006 年			2009 年			2011 年			2015 年		
	幂	对/指	线性	幂	对/指	线性	幂	对/指	线性	幂	对/指	线性	幂	对/指	线性	幂	对/指	线性
自然资本—物质资本	0.663	0.905		0.666	0.820	0.896	0.647			0.887	0.893		0.976			0.967		
自然资本—人力资本	0.977			0.667			0.627	0.914		0.659	0.863		0.975			0.939		

注：为方便比较分析，表 10-13 中列出了所有幂函数拟合优度，对数函数、指数函数，指数函数和线性函数的拟合优度仅列出高于幂函数的拟合优度的结果。

续表

异速关系	2000年			2004年			2006年			2009年			2011年			2015年		
	幂	对/指	线性	幂	对/指	线性	幂	对/指	线性	幂	对/指	线性	幂	对/指	线性	幂	对/指	线性
物质资本—人力资本	0.773		0.989	0.995			0.996			0.910		0.982	0.928		0.969	0.978		
物质资本—社会资本	0.876		0.908	0.922		0.931	0.984		0.995	0.947		0.969	0.977			0.973		
人力资本—金融资本	0.987		0.995	0.728	0.820	0.995	0.779	0.818		0.760		0.909	0.766		0.872	0.958		
人力资本—社会资本	0.975			0.921			0.971			0.985			0.959			0.920		
社会资本—自然资本	0.934		0.997	0.891		0.996	0.750		0.982	0.733	0.877		0.994			0.917		0.952
社会资本—金融资本	0.993			0.930		0.994	0.891		0.995	0.836		0.923	0.905			0.973		
金融资本—自然资本	0.962		0.989	0.989			0.954		0.995	0.970		0.987	0.879		0.998	0.973		0.991
金融资本—物质资本	0.827		0.995	0.731		0.964	0.805		0.989	0.950			0.930			0.995		

表10-15 东部地区生计系统异速生长模型拟合优度比较结果

异速关系	2000年			2004年			2006年			2009年			2011年			2015年		
	幂	对/指	线性	幂	对/指	线性	幂	对/指	线性	幂	对/指	线性	幂	对/指	线性	幂	对/指	线性
自然资本—物质资本	0.614		0.642	0.574		0.680	0.565		0.681	0.790			0.840			0.833		
自然资本—人力资本	0.771		0.787	0.635		0.876	0.686		0.896	0.737			0.841		0.959	0.975		
物质资本—人力资本	0.945			0.993			0.983			0.895		0.961	0.980			0.915		
物质资本—社会资本	0.967			0.994			0.985			0.854		0.967	0.896		0.935	0.949		
人力资本—金融资本	0.939			0.823		0.889	0.823		0.874	0.858		0.863	0.840			0.926		

199

续表

异速关系	2000年 幂	对指	线性	2004年 幂	对指	线性	2006年 幂	对指	线性	2009年 幂	对指	线性	2011年 幂	对指	线性	2015年 幂	对指	线性
人力资本—社会资本	0.976			0.992			0.982			0.977			0.798			0.882		
社会资本—自然资本	0.734		0.940	0.596		0.732	0.633			0.670			0.779			0.795		0.813
社会资本—金融资本	0.866			0.823		0.969	0.865		0.993	0.824		0.963	0.993			0.917		
金融资本—自然资本	0.742			0.784			0.796			0.770			0.844			0.857		
金融资本—物质资本	0.885		0.997	0.823		0.982	0.773		0.952	0.995			0.921			0.994		

表10-16　中部地区生计系统异速生长模型拟合优度比较结果

异速关系	2000年 幂	对指	线性	2004年 幂	对指	线性	2006年 幂	对指	线性	2009年 幂	对指	线性	2011年 幂	对指	线性	2015年 幂	对指	线性
自然资本—物质资本	0.899		0.955	0.745			0.691			0.586	0.858		0.633		0.881	0.800	0.805	
自然资本—人力资本	0.824		0.834	0.736		0.738	0.684		0.695	0.654		0.956	0.648		0.753	0.937		
物质资本—人力资本	0.983			0.997			0.994			0.993			0.991			0.872		
物质资本—社会资本	0.985			0.976			0.972		0.984	0.974			0.959			0.907		
人力资本—金融资本	0.876		0.967	0.742		0.936	0.786		0.984	0.835			0.859		0.753	0.918		0.990
人力资本—社会资本	0.939			0.964			0.961		0.978	0.988		0.983	0.981		0.981	0.887		
社会资本—自然资本	0.949		0.986	0.817		0.998	0.810		0.975	0.673		0.956	0.672		0.984	0.832		
社会资本—金融资本	0.983			0.864			0.853			0.872		0.989	0.924		0.952	0.994		

续表

异速关系	2000年			2004年			2006年			2009年			2011年			2015年		
	幂	对/指	线性	幂	对/指	线性	幂	对/指	线性	幂	对/指	线性	幂	对/指	线性	幂	对/指	线性
金融资本—自然资本	0.942			0.775			0.797			0.883			0.821			0.883		
金融资本—物质资本	0.948		0.996	0.762		0.942	0.770			0.791	0.907	0.949	0.816	0.881		0.906		0.955

表 10-17 西部地区生计系统异速生长模型拟合优度比较结果

异速关系	2000年			2004年			2006年			2009年			2011年			2015年		
	幂	对/指	线性	幂	对/指	线性	幂	对/指	线性	幂	对/指	线性	幂	对/指	线性	幂	对/指	线性
自然资本—物质资本	0.666		0.945	0.621		0.674	0.598		0.704	0.557		0.703	0.767			0.627		0.638
自然资本—人力资本	0.515	0.827		0.584		0.845	0.598		0.848	0.587		0.878	0.816		0.872	0.643	0.804	
物质资本—人力资本	0.964			0.986			0.994			0.992			0.994			0.991		
物质资本—社会资本	0.997			0.998			0.976		0.997	0.982			0.990			0.987		
人力资本—金融资本	0.919		0.984	0.804		0.915	0.865		0.915	0.769	0.879		0.847	0.849		0.892	0.959	
人力资本—社会资本	0.950			0.981			0.958			0.977			0.972			0.971		
社会资本—自然资本	0.702		0.971	0.627		0.971	0.709			0.439		0.670	0.724			0.652		
社会资本—金融资本	0.992			0.893		0.994	0.957		0.994	0.705	0.974		0.875		0.964	0.958		
金融资本—自然资本	0.716	0.860		0.744			0.760			0.696			0.835			0.775		
金融资本—物质资本	0.988			0.880		0.997	0.901		0.997	0.811		0.967	0.849		0.949	0.911		0.974

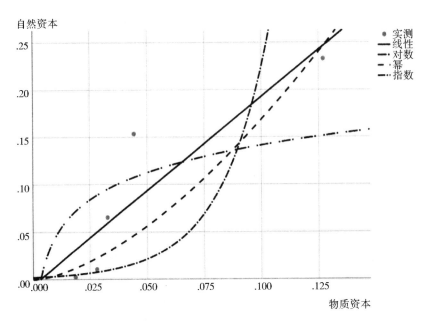

（a）自然资本—物质资本

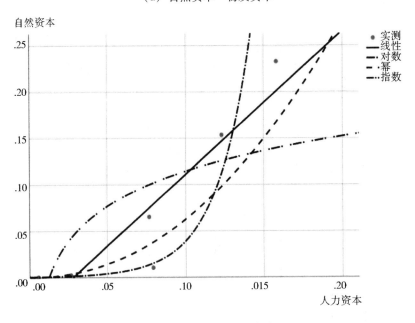

（b）自然资本—人力资本

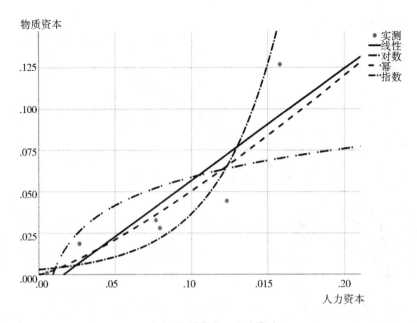

（c）物质资本—人力资本

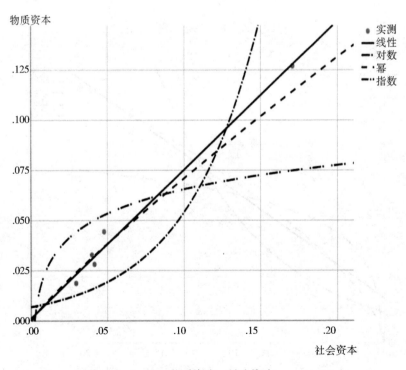

（d）物质资本—社会资本

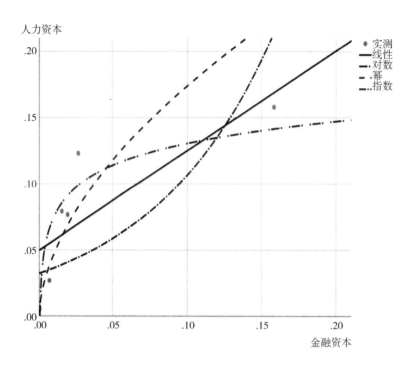

（e）人力资本—金融资本

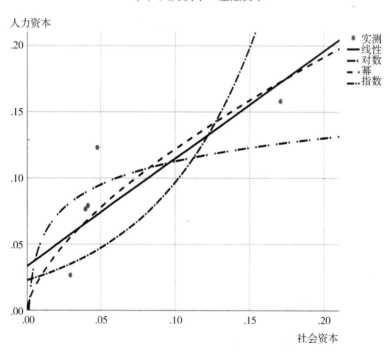

（f）人力资本—社会资本

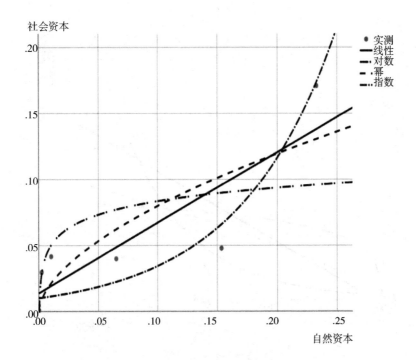

（g）社会资本—自然资本

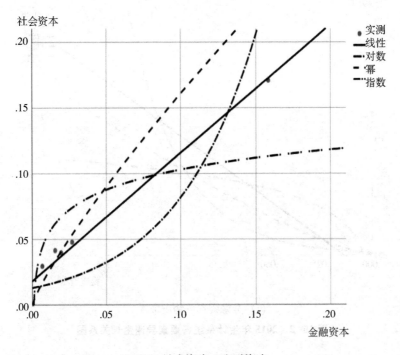

（h）社会资本—金融资本

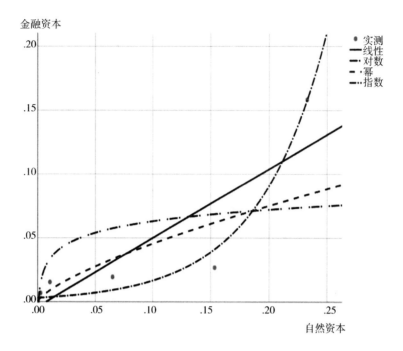

（i）金融资本—自然资本

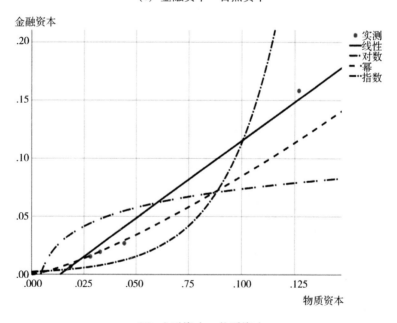

（j）金融资本—物质资本

图10-2　2015年生计系统各要素异速生长关系图

七、分地区农户生计系统的异速生长特征

为了更好地分析各地区生计系统差异，掌握地区间生计资本异速生长的关系，解析蕴含的分形现象，本章节将样本数据分为东北、东部、中部和西部四个地区，结果如图10-3所示，表10-14至表10-17列出了不同函数的拟合优度。

1. 东北地区

东北地区农户的生计系统具有良好的进化态势，从图10-3中可见五类生计资本异速生长因子平均值多数大于1。自然资本与其他资本类型相比，增长并不稳定，表10-14中函数拟合优度结果显示2011年以后幂函数占优，故在观察期内进化、半退化、完全退化形态均有呈现。自然资本—物质资本的异速生长因子在2009年后转为正异速关系，自然资本—人力资本的异速生长因子呈现明显的U形特点，这主要是由于东北地区主动服务于国家粮食安全战略基地的需求，促使自然资本跳跃式增长。尽管物质资本异速生长因子平均值大于1，但逐渐转为负异速生长的趋势强劲，意味着持续改善农村居民生活水平压力不减弱。如图10-3所示，人力资本异速生长起伏较大，相对金融资本和自然资本，人力资本在2004—2011年间为正异速生长，2015年变为负异速关系。社会资本异速生长因子在0.9~1.0，前期生长快速，后期逐渐退化。金融资本出现了积极的正异速进化，农户收入水平逐年提升，但金融资本—自然资本持续呈现负异速退化（图10-3显示异速生长因子变化不大，且一直小于1），意味着农业生产获得的收入依然偏低，从表10-14中可清晰地看出线性函数拟合优度常年占优导致的完全退化状态。

2. 东部地区

东部地区农户的生计系统保持了高水平的平均衡运行状态（图10-3显示的生计资本异速生长因子变化幅度大，大多数为正异速生长，从表10-15中也可看出异速生长因子主要以幂函数表现出来）。由于水资源丰富、地势平坦，农村改水工程易于推进，土地整治规划强力推动，自然资本实现快速增长。东部地区物资生活水平本身就高，物质资本相比其他资本类型出现一定程度的退化，这点不足为奇（异速生长因子平均值为0.9左右）。教育基础设施完善，教育资源丰富，教育投入高，使人力资本迅猛发展。作为我国经济最为发达的经济区域，东部地区的农户家庭人均可支配收入和家庭工资性收入均明显高于全国平均水平和其他区域，其社会关系网络广，由此产生较快生长的金融资本和社会资本（异速生长因子平均值为0.9~1.6）。

3. 中部地区

从整体来看，中部地区农户由于只有少数生计资本间呈现正异速关系，故生计系统处于半退化状态，仔细分析图 10-3 可知，生计资本具有不协调发展特征，从表 10-16 的函数拟合优度看，大多数生计资本要素都呈线性函数的异速生长因子。作为我国粮食主产区，中部地区大力推进农用地整治，大规模建设旱涝保收高标准农田，但自然资本仍然呈现负异速增长，原因可能是中部毗邻东部地区，农户倾向于到沿海发达地区打工，以此作为主要生计来源。物质资本和人力资本呈明显的正异速生长，主要原因是中部农村生活质量提高迅速，消费水平仅次于东部农村，农村劳动力资源丰富且具有较高的学历层次和文化素质。由于中部农村社会关系的原子化程度较高，人情是维系社会关系的重要载体，社会资本保持正异速生长。金融资本与其他资本的发展存在长期退化问题，异速生长因子平均值为 0.5，金融资本相对增长率常年趋缓、发展不协调及失衡现象突出。

4. 西部地区

西部地区生计水平整体落后于其他地区，从图 10-3 可知，大多数异速生长关系为负异速，但有些生计资本要素生长出现了可喜的变化，逐渐趋向于正异速生长，说明生计系统正从退化状态慢慢变为半退化状态（从表 10-17 可知，原来以对数函数和线性函数拟合优度为主，逐渐转向以幂函数为主）。从自然资本看，由于西部地区主要以高原山地为主，地质条件恶劣，故自然资本增长缓慢。物质资本和人力资本与其他资本的异速生长因子介于 1.12~1.49 之间，尤其是 2009 年以后有显著的正异速变化，这个时点正好对应西部大开发战略和新农村建设规划实施后的数年时间，有力地改善了农民的生产生活条件，使老百姓得到了许多实惠，适龄儿童辍学率有所下降，文化素质有所提升，西部农村长期发展不协调、不均衡的结构性问题得到改善。社会资本和金融资本仍然是薄弱环节，社会资本—金融资本的异速生长因子逐年下降，从正异速变为负异速增长，说明靠人情开支支撑的社会资本不可长久，而社会资本与其他资本相比，持续呈负异速生长。金融资本也有类似现象，长期呈负异速关系，意味着农民增收困难，致富途径有限。

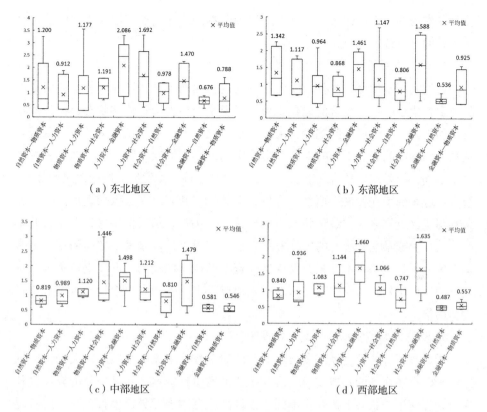

（a）东北地区　　　　　　　　　　　（b）东部地区

（c）中部地区　　　　　　　　　　　（d）西部地区

图 10-3　四大地区生计系统异速生长关系的箱型图

八、促进农户生计系统发展的相关建议

1. 加强对生计资本的非线性研究

农户生计资本的发展呈现显著的分形特征，由前文对各维度生计资本运用异速生长模型进行的研究分析可以看到，生计资本之间的幂函数具有较高的拟合指数，农户生计资本表现出非线性特征。同时，全国和四大经济区域之间在生计资本间的异速生长关系和异速生长模型在发展状态上都表现出了生计系统和生计资本的自相似特征。对于生计资本呈现出的新特征要予以积极的认识和把握，认识规律、把握规律是做好各项工作的前提，只有充分认识到"后扶贫时代"生计系统和生计资本的新变化、新特征，才能更好地对症下药，然后精准施策。并且，部分生计资本之间的异速生长关系和发展状态变动较为频繁，发展规律较难把握，而且随着时间的更迭、资本的变化与发展，异速关系会发生变化，这就更要求我们要对生计资本内部的结构关系予以充分的认识和把握。对新时代农户生计资本异速发展规律认识的越充分，越能事半功倍，越能发挥

生计资本内部的带动作用，促进农户生计资本的总体发展，增强脱贫的稳定性和生计的可持续性。

2. 坚持协调发展、平衡发展战略

通过利用不同函数对各维度生计资本进行两两拟合，发现多种生计资本的异速生长模型表现出显著的退化现象，甚至是长期处于退化的状态，生计资本发展不平衡、不协调的问题较为突出，整体性较差，并且在全国和四大区域均反映出同样的问题。不同的生计资本受影响的存在因素不同，发展状况和发展水平不同，统筹规划具有一定的难度。因此要坚持平衡发展、协调发展的战略，统筹推进东部率先发展、西部大开发、中部崛起和东北振兴区域发展战略，充分利用生计资本之间在最优状态下的异速生长关系，然后保持这种关系，并集中让某一种或某几种维度的生计资本发展水平提高，依靠水平较高的资本来带动发展水平较低的资本，充分发挥生计资本的内在源动力，形成生计资本内部良好的发展结构，从而实现平衡发展和协调发展，带动农户生计资本发展水平的整体提升。

3. 坚持贯彻落实精准扶贫、精准脱贫

受地理环境、社会经济发展水平和政策等较多因素的影响，四大经济区域之间不仅存在显著的发展差异，而且在各维度生计资本之间某一年的异速生长关系和异速生长状态上也存在不同，在整个研究期内的异速生长关系发展状况和异速生长状态的演变状况更是存在一定的差异。新时代农户相对贫困问题的治理要坚持贯彻落实精准扶贫、精准脱贫，把握不同地区、不同时间段、不同农户家庭生计资本发展状况的复杂性，充分认识当地农户生计资本的发展规律，并随着时间的增加不断深化认识，为扶贫政策提供科学准确的决策参考，巩固脱贫攻坚的伟大成果，切实增强农户脱贫的稳定性和生计的可持续性。

4. 有机衔接乡村振兴战略

我国已经步入了后扶贫时代，脱贫攻坚战取得了巨大的胜利，扶贫战略由脱贫攻坚过渡到了乡村振兴。实施乡村振兴战略，是解决新时代我国社会主要矛盾、实现"两个一百年"奋斗目标和中华民族伟大复兴的中国梦的必然要求。在乡村振兴战略的起始年，农户生计资本水平的提升必须与之进行有机衔接。发展现代农业和特色农业，坚守18亿亩红线不动摇，坚持土地整治战略，加强农村基础设施建设，提高农户的自然资本水平，实现产业兴旺，构建生态宜居的乡村社会；促进农村文化教育、医疗卫生等事业的发展，改善农村基本公共服务，继续加大资金和资源的投放力度，健全自治、法治、德治相结合的乡村治理体系，提高农户的人力资本水平和社会资本水平，加强农村的乡风文明建设，确保乡村社会充满活力、治理有效；要努力保持农民收入较快增长，增加居民的工资性收入和可支配收入，持续降低农村居民的恩格尔系数，改善农户的生活水平，促进物质资本和金融资本的发展。

九、结论与政策启示

1. 结论

本章节基于生计系统视角，通过 CHNS 数据，研究了农户生计资本五个要素（自然资本、物质资本、人力资本、社会资本和金融资本）之间的异速生长关系，还有四大地区生计资本的分形现象。研究结果表明，在生计环境作用下，农户生计资本反映出自相似规律，并推动生计资本五个要素呈现异速生长关系和分形特征。具体来说，受国家土地政策调控，自然资本相比其他资本类型而言增长迅猛，表现出正异速关系；物质资本在其他资本作用下，呈正异速生长；人力资本自身是一种生长较为缓慢的资本，但对其他资本类型有正异速生长的促进作用；社会资本与物质资本、人力资本呈正异速生长，子系统间表现出协调生长的特点；金融资本与其他资本类型的异速生长关系呈 U 形变化，从负异速生长逐渐转为正异速生长。从四大地区农户生计资本的异速生长关系分析，可以判断出现明显的分形特征，东部地区农户生计资本已经进入了高水平平衡态运行的状态，东北地区和中部地区农户生计资本从半退化平衡态转向进化平衡态运行，西部地区农户生计资本则从退化平衡态转向半退化平衡态运行。

2. 政策启示

基于上述异速生长关系分析，可以得到以下三点重要的启示：第一，金融资本—自然资本长期处于负异速生长的退化状态，意味着以家庭收入为代表的金融资本常年增长速度滞后于以耕地、林地为基本生计来源的自然资本常年增长速度。这就会形成一种悖论，农业资源增加不能产生稳定快速的家庭收入增长。长此以往必然伤害农业生产者的信心，转而去追求非农生计带来的收入。因此在乡村振兴时期，政策着力点不仅能解决农户增收问题，而且更重要的是能解决农业生产增收问题。第二，人力资本—物质资本、人力资本—金融资本的异速生长呈逐渐退化的趋势，意味着人力资本提升刺激物质资本和金融资本提升，但随后又起到了反作用，使促进人力资本提升的良好资本生态循环正在被侵蚀或被破坏。农户对物质生活和收入水平短期增长的预期逐渐增强，而对教育在未来产生物质生活和收入水平提升的预期逐渐减弱。因此在乡村振兴时期，政策需注意引导农户加强教育和技能的培训与投入，以实现未来更好的生计产出。第三，不同区域的农户生计资本出现了明显的分形现象，意味着不同区域农户生计系统要想跃迁目前的平衡状态，就需要不同程度的作用因子。对于东部地区政策导向建议为"固优"，力图保持生计资本的整体正异速进化态势。对于东北地区政策导向建议为"强优"，重点扭转金融资本—自然资本负异速退化的局面。对于中部地区政策导向建议为"培优"，亟须解决自然资本、金融资本负异速生长产生的发展不协调及失衡问题。对于西部地区政策导向建议为"建优"，主要是为了解决各类生计资本整体协调生长问题。

第十一章

新时代农户生计系统分形综合评价

一、研究背景

贫困问题历来受到各个国家和地区的重要关注，引起学界多学科、多视角的研究，对贫困概念演变、致贫因素及其改善已有诸多探讨。但是，"贫穷与富有并不仅仅跟金钱的绝对数量有关，在高度发达的国家里，穷人并不是真的在挨饿，问题的关键是相对地位。"也就是说，贫困本质上就是相对的。① 对于不同发展水平的国家，发展中国家的反贫困工作重心依然具有明显的经济指向性，收入是其单一考核标准，而西方发达国家的反贫困思路已经从绝对贫困转向了相对贫困和多维贫困。在相对贫困视角下，贫困者的产生不仅是收入（物质资本）的缺乏，还可能涉及自然资源（自然资本）的匮乏，教育程度（人力资本）以及其获取资金支持（金融资本）的短缺，还可能是无法受惠于其所拥有的社会联系（社会资本）。因此，对于已脱贫人口或低收入人口等处于返贫边缘的群体来说，理解他们生计资本的构成差异，深刻把握困难群体的致贫原因，进而优化他们的资本结构，将有助于筑牢他们的生计基础，实现生计的可持续性。②

2020 年，我国全面建成小康社会的第一个百年奋斗目标如期实现，绝对贫困彻底消除，取而代之的是更加隐蔽的相对贫困。在脱贫攻坚决战的决胜时期，党和政府早已开始谋篇布局，提出要在打赢脱贫攻坚战的同时，探索巩固拓展脱贫攻坚成果与乡村振兴战略有效衔接的发展路径。这一方面明确了巩固拓展脱贫攻坚成果的重要性，另一方面也指明了我国贫困治理即将进入新的发展阶

---

① 王国敏，侯守杰. 后小康时代中国相对贫困的特征、难点、标准识别及应对之策 [J].
内蒙古社会科学，2021，42（2）：106-113，213.
② 叶兴庆，殷浩栋. 从消除绝对贫困到缓解相对贫困：中国减贫历程与 2020 年后的减贫
战略 [J]. 改革，2019，310（12）：5-15.

段，即相对贫困将成为今后贫困治理的主要方向，已脱贫人口以及低收入人口等边缘群体将成为扶贫工作的主要对象。在 2022 年的中央一号文件当中，"促进脱贫人口持续增收"是严守不发生规模性返贫底线的重要举措之一，可见低收入依然是脱贫人口迈向更高水平生活的阻碍因素。因此，在后扶贫时代，把握已脱贫或低收入人口等处于返贫边缘群体的贫困特征，寻找其致贫机理及治理困境，并基于此提炼出有助于提高低收入农户生计资本水平的相关建议，对于坚守不发生规模性返贫底线，推动乡村振兴战略取得新进展具有重要意义。

二、研究意义

生计资本理论是研究和解决低收入农户生存和发展的问题的重要工具。当前，有关生计资本的相关研究主要围绕可持续生计框架展开，研究的内容包括生计资本量化、生计资本影响因素、生计策略类型及多样性、生计策略影响因素和生计资本与生计策略之间的相互影响等多个方面，采用的方法也主要以定量分析和定性分析为主。在研究区域的选择上，已有的研究大多也集中在少数民族地区、农牧地区、干旱地区、西部地区、深度贫困山区等落后地区。综上所述，已有的研究成果虽然能够为特定区域的农户生计的提高提供理论参考，但从宏观视角上去把握低收入农户生计的区域空间特征，和基于面板数据的时间特征却鲜有考虑。本章节尝试从全国视角出发，基于计算低收入农户的生计资本存量的面板数据，创新性地加入了时空特征的分形分析，对农户生计资本的时空差异和动态变化进行了深入研究，最终完成了对低收入农户生计资本变动的时空分异现象及演变特征的把握，同时试图对低收入农户生计要素驱动机制进行探索。

1. 理论意义

本研究将可持续生计分析框架的组成部分——生计资本，作为连接贫困内涵的不同视角，考虑了生计资本内部要素的构成差异与区域空间的外在环境差异，将非线性分形研究应用于经济学范畴的效率问题。这将有助于从新的视角挖掘低收入农户生计资本在不同方面的缺乏与空间环境的互动机制，为返贫边缘群体的可持续性生计发展和提高内生发展动力方面的研究提供理论参考价值。

2. 实践意义

现阶段，我国"三农"工作的重点是将巩固拓展脱贫攻坚成果与乡村振兴有机结合在一起，相对贫困的研究与解决已成为我国新时代扶贫工作的重点与难点，而低收入人群恰恰是面临返贫风险最高的群体之一。开展低收入农户生计资本的时空演变特征与驱动机制的研究，可以为全面推进乡村振兴建设提供实证参考。进行低收入农户生计空间差异的研究，能为制定精准有效的空间反贫困策略提供支持。

三、研究设计

1. 生计资本测量指标的选取依据

可持续生计分析框架下的生计资本主要包括自然资本、物质资本、人力资本、金融资本、社会资本五类。为确保指标的选取科学合理，本书通过文献计量软件 CiteSpace 对 CSSCI 来源期刊进行分析，总结了近年来生计资本研究领域的较高被引文献和核心作者。在此基础上汇总了核心学者构建的低收入农户生计资本测量指标体系，如表 11-1 所示。

表 11-1　生计资本研究领域核心学者指标体系构建情况（a）

资本类型	评价指标	文献来源
自然资本	耕地面积	赵立娟等（2021）、伍艳（2016）、郝文渊等（2014）、许汉石，乐章（2012）、赵雪雁（2011）、蔡志海（2010）、杨云彦，赵锋（2009）
	耕地质量	赵立娟等（2021）、郝文渊等（2014）、杨云彦，赵锋（2009）
	林地面积	郝文渊等（2014）、蔡志海（2010）
	草地面积	郝文渊等（2014）、赵雪雁（2011）
物质资本	住房情况	赵立娟等（2021）、苏芳等（2017）、伍艳（2016）、赵文娟等（2016）、郝文渊等（2014）、赵雪雁（2011）、蔡志海（2010）、杨云彦，赵锋（2009）
	住房面积	赵雪雁（2011）
	房屋价值	许汉石，乐章（2012）
	生活资料	赵立娟等（2021）、郝文渊等（2014）
	生产资料	赵立娟等（2021）、伍艳（2016）、郝文渊等（2014）
	牲畜数量	赵文娟等（2016）、伍艳（2016）、郝文渊等（2014）、赵雪雁（2011）
	固定资产	苏芳等（2017）、赵雪雁（2011）、许汉石，乐章（2012）、杨云彦，赵锋（2009）
	基础设施	蔡志海（2010）、杨云彦，赵锋（2009）

资本类型	评价指标	文献来源
人力资本	家庭劳动力	赵立娟等（2021）、苏芳等（2017）、赵文娟等（2016）、许汉石，乐章（2012）、蔡志海（2010）
	劳动者受教育程度	赵立娟等（2021）、郝文渊等（2014）、许汉石，乐章（2012）、赵雪雁（2011）、蔡志海（2010）、杨培涛（2009）、杨云彦，赵锋（2009）
	劳动能力	苏芳等（2017）、伍艳（2016）、赵雪雁（2011）、杨培涛（2009）
	劳动力健康	赵立娟等（2021）、苏芳等（2017）、许汉石，乐章（2012）
	教育支出	赵立娟等（2021）、赵文娟等（2016）

表 11-1　生计资本研究领域核心学者指标体系构建情况（b）

金融资本	家庭年收入	苏芳等（2017）、伍艳（2016）、赵文娟等（2016）、郝文渊等（2014）、蔡志海（2010）、杨云彦，赵锋（2009）、
	人均年收入	赵文娟等（2016）、赵雪雁（2011）
	金融资产	赵立娟等（2021）
	信贷机会	伍艳（2016）、郝文渊等（2014）、苏芳等（2017）、赵雪雁（2011）、杨云彦，赵锋（2009）、杨培涛（2009）
	信贷数额	赵立娟等（2021）、蔡志海（2010）
	补贴机会	伍艳（2016）、赵雪雁（2011）、杨云彦，赵锋（2009）
	现金援助机会	苏芳等（2017）、郝文渊等（2014）
社会资本	亲朋在政府任职情况	伍艳（2016）、杨培涛（2009）
	参加社会经济组织	苏芳等（2017）、伍艳（2016）、郝文渊等（2014）、赵雪雁（2011）、蔡志海（2010）
	礼金支出	赵立娟等（2021）、赵文娟等（2016）、郝文渊等（2014）
	社会支持	苏芳等（2017）、蔡志海（2010）、杨云彦，赵锋（2009）
	困难得帮助	赵立娟等（2021）、苏芳等（2017）、郝文渊等（2014）

2. 生计资本测量指标体系的构建

根据上述研究文献，结合全国低收入农户普遍的生计特点，本研究建立了 5 个维度，包含 12 个二级指标的生计资本测算指标体系。

（1）自然资本。自然资本是指农户拥有的土地、水、矿产、森林等用于生计活动的自然资源。在自然资本的测量指标中，多数学者倾向于选择耕地面积和耕地质量。根据我国 2017 年发布实施的《土地利用现状分类》，耕地主要分为水田、水浇地和旱地。基于本书的研究视角，有必要考虑全国范围内的土地资源分布差异。因此，林地、草地、园地等其他土地类型也被纳入自然资本的测量范围。综合考虑核心学者的设定、研究的实际情况以及 CFPS 数据库的调查指标，选取土地类型和土地价值对农户自然资本进行度量。土地类型指标集中反映了农户所拥有的土地类型，包括水田、旱地、林地、果园、牧场和水塘等，涵盖并延伸了核心学者对农户家庭用地的设定。土地面积数据因缺失严重而并未采用，相应地采用了土地价值来反映土地资源的劳动回报对农户生计的直接影响，如表 11-2 所示。

表 11-2 自然资本测量指标

指标	指标含义
土地类型	家庭拥有的集体土地类型（水田、旱地、林地、果园、牧场、水塘）种数（单位：种）
土地价值	通过土地收入在家庭农业总收入的占比及其收益率估算得出的土地价值（单位：元）

（2）物质资本。物质资本是指农户生产生活必需的物质基础条件。在农村地区，物质资本主要包括农户的房屋、固定资产和生产性生物资产。住房是物质资本中至关重要的一个因素，对于住房情况，有学者使用住房情况和住房面积作为指标，但都不能客观地直接反映住房实际情况，因此本书沿用相关学者设定，使用房屋价值来衡量住房情况。对于家庭固定资产，有的学者直接将其作为一个综合测量指标，也有学者将其分为两个部分：生产资料（农业器械）和生活资料（耐用消费品）。本书基于中国家庭追踪调查（CFPS）数据库的实际指标，将农业器械价值以及耐用消费品价值作为物质资本测量指标，如表 11-3 所示。

表 11-3　物质资本测量指标

指标	指标含义
农业器械价值	拖拉机、收割机等农业使用机械价值（单位：元）
耐用消费品价值	汽车、电视、电脑、冰箱等家庭常见消费品价值（单位：元）
房屋价值	房屋及其所在的宅基地转让能获得的收益（单位：元）

（3）人力资本。人力资本是指农户为实现生计目标而拥有的劳动能力、知识和技能。劳动能力和劳动力的数量及素质是众多学者较为关注的指标。其中，劳动力素质又包含了劳动力的身体素质和知识素养。教育投入是个别学者关注的方向，它在一定程度上体现了农户家庭的认知水平和劳动力素质。本书沿用前人的设定，将农户家庭教育支出、劳动力数量和教育水平作为人力资本的测量指标，如表 11-4 所示。

表 11-4　人力资本测量指标

指标	指标含义
教育支出	过去一年内家庭教育培训支出（单位：元）
劳动力数量	家庭拥有劳动力（16~60 岁）个数（单位：人）
教育水平	家庭人均受教育年限（单位：年）

（4）金融资本。金融资本是指农户生产生活中能支配或筹措的资金，不仅指农户收入、储蓄、借贷、补贴等现金流，还包括保险、住房公积金、有价证券等金融产品。家庭年收入以及信贷机会是学者使用最多的两指标，此外，人均年收入、借贷金额、补贴机会、金融资产和现金援助机会等指标也被学者纳入考虑范围。考虑到农户家庭人口数量对家庭生计的影响，本书采用人均纯收入这一指标对家庭收入水平进行测量。对于家庭持有的存款额、贷款额、金融产品等，使用 CFPS 数据库中金融资产这一综合指标进行表示，如表 11-5 所示。

表 11-5　金融资本测量指标

指标	指标含义
人均纯收入	家庭纯收入/家庭人口总数（单位：元/人）
金融资产	存款、股票、基金、债券、金融衍生品、债券及其他金融产品（单位：元）

（5）社会资本。社会资本是指农户进行生计活动所能利用的社会网络关系资源。学者在测量时采用了亲戚在政府部门任职情况、参与社会经济组织情况、人情支出情况等，以反映农户社会网络关系的指标。本章节限于 CFPS 数据库相应指标的稀缺，以及考虑到亲朋数量很难直接地反映出农户与亲朋之间的联系，将其替换为人情支出，人情支出的数额衡量了农户与亲戚朋友的联系程度。转移收入这一指标虽然更多地被用于测量金融资本，但考虑到农村地区的信息闭塞和人情社会的现状，获得转移收入的机会一定程度上也反映了农户社会关系的多寡和获取社会支持的能力，如表 11-6 所示。

表 11-6　社会资本测量指标

指标	指标含义
人情支出	用于人情礼方面支出（单位：元）
转移收入	政府补贴、离退休金、低保等政府补助（单位：元）

3. 生计资本的量化与权重计算

熵值法用来度量数据提供的有效信息。某个评价指标的熵值越小，所能提供的信息就越大，相应的权重也就越大；反之，指标权重就越小。根据指标提供的有效信息量，可以客观地得出指标权重，使评价结果更加科学。熵值法的具体算法步骤如下。

（1）假设有 n 个评价对象，每个评价对象有 m 个评价指标，则 x_{ij} 为第 i 个对象的第 j 个属性值。

假设生计资本测量指标体系中第 i 个指标 Xi 的数据向量为：

$$X_i = (x_{i1}^*, x_{i2}^*, \cdots, x_{in}^*), \quad x = 1, 2, \cdots, m \qquad （式 11-1）$$

式 11-1 中，n 为生计资本测量对象的样本个数；m 为生计资本评价指标体系中的指标个数。

（2）将各指标数据进行 min-max 标准化也称离差标准化，本质上是对原始数据的一种线性变换。得到标准化数据的计算方法分为以下 2 种情况：

对于越大越好的指标时，计算方法如式 11-2：

$$X_i = \frac{(X_i^* - minX_i^*)}{(maxX_i^* - minX_i^*)} \qquad （式 11-2）$$

对于越小越好的指标时，计算方法如式 11-3：

$$X_i = \frac{(maxX_i^* - X_i^*)}{(maxX_i^* - minX_i^*)} \qquad (式11-3)$$

即得到数据归一化后的指标数据向量如式11-4所示：

$$X_i = (x_{i1}, x_{i2}, \cdots, x_{in}) \qquad (式11-4)$$

（3）计算第j项指标在第i个属性值所占的比重p_{ij}：

$$p_{ij} = \frac{x'_{ij}}{\sum_{i=1}^{n} x'_{ij}}, \ 0 \leqslant p_{ij} \leqslant 1 \qquad (式11-5)$$

（4）计算第j项指标的熵值：

$$H_j = \frac{1}{\ln n} \sum_{i=1}^{n} (p_{ij}\ln p_{ij}), \ 0 \leqslant H_j \leqslant 1 \qquad (式11-6)$$

（5）计算第j项指标的差异系数g_j：

$$g_j = 1 - H_j \qquad (式11-7)$$

（6）计算第j项指标的权重ω_j：

$$\omega_j = \frac{g_j}{\sum_{j=1}^{m} g_j} \qquad (式11-8)$$

通过计算各三级指标的权重，可以分别计算出各二级指标的生计资本量分值，同时也可以计算出生计资本的总分值。

$$S = \sum_{j=1}^{m} X_i \omega_i \qquad (式11-9)$$

4. 分形评价模型的构建

分形维数可反映出指标点在空间的分布情况，分形维数越大，表明空间中的指标点分布离原点越远，即指标值越大。[1] 指标值越大，说明农村低收入农户的生计能力越强。因此分形维数可以从本质上反映出农户的生计发展水平。分形评价模型的关键是计算分形维数。分形评价模型具体构建步骤如下。

假设农户生计资本的评价因素中第i个指标X_i的数据向量为：

$$X_i^* = (x_{i1}^*, x_{i2}^*, \cdots, x_{in}^*), \ i = 1, 2, \cdots, m \qquad (式11-10)$$

式11-10中，n为生计资本测量对象的样本个数；m为生计资本评价指标体系中的指标个数。

---

① 杨德勇，岳川，白柠瑞. 基于分形理论模型对京津冀地区农村金融差异的研究［J］. 中央财经大学学报，2016，341（1）：32-40.

（1）对数据进行规范化处理，使用 min-max 标准化法对不同类型的指标分别进行计算，得到数据归一化后的指标数据向量为：

$$X_i = (x_{i1}, x_{i2}, \cdots, x_{in}), i=1, 2, \cdots, m \qquad （式 11-11）$$

（2）对归一化后的指标数据求其均值，得到所有指标标准化后的均值向量为：

$$\overline{X} = (x_1, x_2, \cdots, x_m) \qquad （式 11-12）$$

（3）建立 2-7 维相空间（需要时可多达 9 维或更大），农户生计发展水平的评价指标作为 m 维相空间的点，标准化之后的指标值 x_m 定义为这些点到原点的距离（加入权重处理的指标值为 $x_m * \omega$）。形式如下：

$$\begin{bmatrix} x_1 & x_2 \\ x_2 & x_3 \\ \cdots & \cdots \\ x_{m-1} & x_m \end{bmatrix} \begin{bmatrix} x_1 & x_2 & x_3 \\ x_2 & x_3 & x_4 \\ \cdots & \cdots & \cdots \\ x_{m-2} & x_{m-1} & x_m \end{bmatrix} \cdots \begin{bmatrix} x_1 & x_2 & \cdots & x_7 \\ x_2 & x_3 & \cdots & x_8 \\ \cdots & \cdots & \cdots & \cdots \\ x_{m-6} & x_{m-5} & \cdots & x_m \end{bmatrix}$$

　　　二维　　　　　三维　　　　 $\cdots$ 　　　　七维　　（式 11-13）

（4）记 Y 为每个列向量的集合，则 m 维空间中的所有矢量可以表示为：

$$Y = (y_1, y_2, \cdots, y_m) \qquad （式 11-14）$$

（5）分别计算上述 1-7 维相空间任意两矢量之差的绝对值，即矢量 y_i 和 y_j 端点间的距离：

$$r_{ij} = |y_i - y_j| \qquad （式 11-15）$$

（6）任意给出一个实数 r，分别计算上述 1-7 维相空间中 (y_i, y_j) 之间的距离 r_{ij} 小于 r 的点数 $C(r)$，计算公式为：

$$C(r) = \sum H(r - r_{ij}) \qquad （式 11-16）$$

H 为 Heaviside 函数，其值由式 11-17 确定：

$$H(r - r_{ij}) = \begin{cases} 1, & r - r_{ij} \geq 0 \\ 0, & r - r_{ij} < 0 \end{cases} \qquad （式 11-17）$$

（7）如果存在分形，则每维相空间有：

$$C(r) \propto r^D \qquad （式 11-18）$$

根据上述 1-7 维相空间求出一组 C（r）值，在 C（r）和 r 双对数图上若为直线，则分形存在，其斜率为分形维数，即：

$$D = \lim_{r \to 0} \frac{\ln C(r)}{\ln r} \qquad （式 11-19）$$

若分形维数随着相空间维数的升高趋向极限，则此极限值为空间的分形维数。在实际应用中，若分形维数没有严格地趋向某一极限，则采取比较不同维数相空间的分形维数，选择其趋于稳定的最大者或相邻空间分形维数之差满足一定精度，作为生计资本发展水平评价影响指标的分形维数。[①]

四、研究区域概况

我国幅员辽阔，气候类型丰富多样，地质地貌分布错综复杂，人口众多，少数民族种类多元且分布不均。不同地区的自然条件和人文条件不尽相同，存在着明显的发展差异，这种差异外在表现为经济发展水平的不同，内在表现为地区居民或农户的生计差距。为科学地反映我国不同区域的社会经济发展状况，党中央、国务院根据相关政策的实施意见以及党的十六大报告精神，将我国的经济区域划分为东部、东北、中部和西部四大地区。

我国长期以来确立的"效率优先、兼顾公平"的经济导向政策促进了经济迅速发展。也正因此，东部地区依靠其优越的地理位置、自然环境和良好的发展基础，再加上 20 世纪 80 年代以来国家改革开放和对外开放，吸引了大量外商投资从而促进了经济快速发展，东部地区迅速成为我国区域经济最为发达的地区。东北地区土地肥沃，人口众多，是我国最大的粮食基地。工业基础良好，新中国成立以来的很长一段时间，我国大部分重工业都集中在东北地区。改革开放后，东北地区传统产业发展面临一些问题，出现后劲乏力、新兴产业发展与东部地区相比明显滞后的困境。随着"东北振兴"战略的持续推进，东北地区正在逐渐走出经济低谷。中西部地区自然资源十分丰富，能源和矿产资源具有明显优势。但由于地形气候等原因，中西部地区发展基础较为薄弱，交通运输条件相对较差，经济发展相对迟缓。近 10 年来，随着"中部崛起战略"和"西部大开发战略"的深度实施，中西部地区呈现崛起之势。其中，中部六省已成为全国经济增速最快的区域，崛起势头十分强劲；西部地区呈现出省市经济快速增长的局面，贵州、云南和西藏等省（自治区）经济增速多年以来高于全国平均水平，以重庆、成都、西安为代表的中心城市在全国诸多城市中强势崛起。

过去我国贫困问题具有明显的区域特征，绝大多数贫困人口分布在中西部的山区、少数民族地区和边疆地区。在全国 11 个集中连片的特殊困难地区和"三区三州"深度贫困地区计 14 个片区中，除大兴安岭南麓山区大部分位于东北地区外，其余均分布在中西部地区，且主要集中分布在西部地区。2012 年国

---

① 林艾静. 分形理论在经济中的应用［D］. 北京：北京交通大学，2008.

务院发布国家扶贫开发工作重点县名单，名单中 592 个贫困县均位于中西部地区。其中，包含中部地区省份的 217 个县，西部地区省份的 375 个县。随后在 2014 年年底国务院发布的全国 832 个贫困县中，东部地区有国家级贫困县 50 个，占所有贫困县数量的 6.01%；东北地区有国家级贫困县 28 个，占所有贫困县数量的 3.37%；中部地区有国家级贫困县 186 个，占所有贫困县数量的 22.36%；西部地区有国家级贫困县 568 个，占所有贫困县数量的 68.27%。

五、数据来源与基础分析

1. 数据来源

本书使用中国家庭追踪调查数据库的面板数据进行相关的实证研究。CFPS 是由北京大学中国社会科学调查中心实施的，旨在通过跟踪搜集个体、家庭、社区三个层次的数据，反映了我国社会、经济、人口、教育和健康的变迁，以为学术研究和政策决策提供数据为目标的重大社会科学项目。它的样本覆盖了全国 25 个省市（自治区），是一个具有全国代表性的数据库。2010 年正式开始基线调查，此后又分别于 2012 年、2014 年、2016 年、2018 年开展了四轮全样本的追踪调查。此外，在 2011 年 CFPS 还对部分样本开展了一轮小规模的样本维护调查。结合所研究问题和研究方法，本书主要使用了 2010 年、2012 年、2014 年、2016 年和 2018 年的数据。在 R/S 分析的过程中，为了确保实证结果更加准确，2011 年的部分数据也纳入了使用范围。CFPS 的主体问卷包括村居问卷、家庭成员问卷、家庭问卷、少儿问卷和成人问卷五类。本章节主要使用家庭问卷和家庭成员问卷，家庭问卷主要用于获取样本家庭的基本情况，家庭成员问卷主要用于获取样本家庭成员的基本信息。

数据的整理工作主要包含了三个方面：第一，样本的筛选。本书的研究对象为农村低收入农户。农村人口通过居民户口性质（城镇户口和农村户口）进行筛选，在此基础上，根据我国的贫困标准 2010 年农民人均纯收入 2300 元不变价筛选出农村低收入农户样本。第二，样本的分类。在筛选出的全部样本基础上，按照国家统计局 2011 年发布的四大经济区域（东北地区、东部地区、中部地区和西部地区）划分方法，将样本归类至相应的地区。第三，样本的选择与剔除。样本在不同省份的分布数量参差不齐，但在东部发达地区中的北京、天津、上海等地的样本数量极少。因此，针对研究区域的不同，本书在样本选取上也做了相应调整。具体表现为，研究区域问题时这些样本都将纳入使用，而站在省市视角上则予以剔除。

在数据处理的过程中，涉及四个较为重要的问题：第一，生计资本测量指标体系中涵盖 2/3 的数值型指标，在使用时间序列数据之前首先需要消除通货膨胀的影响。而这一问题的解决主要使用中国家庭追踪调查数据库中基于原指标调整后的 2010 年可比数值。第二，不同年份的问卷调查中，个别指标存在名称上的变动和调查内容的调整甚至于指标的缺失，本章节在处理时，主要通过指标含义来选取最合适的相关指标，将其经过技术处理后的结果来替代缺失指标。第三，针对数据缺失值较为严重的指标：劳动力和教育水平，本章节在数据处理时主要使用历年家庭成员编码（每个成员对应一个唯一固定的编码）进行匹配，通过其他年份的信息来推断当前年份的情况。第四，对于数据缺失程度较大的样本，在处理时采取直接删除的方式。对于缺失程度适中的样本，在处理时数值型变量使用整体样本的均值进行赋值，分类型变量使用所有样本的众数进行填充。经处理后的低收入农户样本数量与分布情况如表 11-7 所示。

表 11-7 样本农户分布

地区	省份	年份				
		2010	2012	2014	2016	2018
全国总计		1911	1567	1255	1232	1072
东北地区	合计	133	161	109	143	132
	辽宁	98	129	75	123	97
	黑龙江	18	17	18	6	14
	吉林	17	15	16	14	21
东部地区	合计	407	393	285	258	268
	广东	186	96	82	71	76
	河北	112	109	81	73	90
	山东	74	99	84	75	66
	福建	11	35	21	20	17
	浙江	11	19	10	10	9
	上海	6	17	1	2	1
	江苏	4	14	4	5	5
	天津	3	4	2	1	3
	北京	–	–	–	1	1

续表

地区	省份	年份				
		2010	2012	2014	2016	2018
中部地区	合计	405	385	305	298	250
	河南	224	177	137	159	130
	山西	106	88	87	71	62
	湖南	31	51	21	24	14
	江西	27	37	35	24	30
	安徽	13	25	17	14	8
	湖北	4	7	8	6	6
西部地区	合计	966	628	556	533	422
	甘肃	438	256	232	205	162
	四川	176	114	102	115	81
	贵州	146	73	77	88	53
	云南	70	79	58	45	52
	广西	65	47	44	38	33
	陕西	52	44	27	30	24
	重庆	19	15	16	12	17

2. 数据基础分析

（1）横向比较

从表11-8可以看出，东北和西部地区土地价值较高。东北地区是我国的粮仓，粮食产量占我国总粮食产量的1/3，土地收入在家庭收入中占有较大的比重；西部地区产业、基础设施等发展滞后，农民收入主要来源于耕地收入。东部和西部地区的耕地种数较多。东北地区和中部地区分布着我国的三大平原，集体用地多为旱地或者水田，类型单一；而东部以平原和山地丘陵为主，集体用地多表现为池塘、水田和林地；西部以高原山地为主，集体用地多为旱地和林地。东北地区和西部地区农业机械化程度较高。东北地区地势平坦，大中型机械设备较多，价值较高；西部地区农业机械化水平较低，且地势复杂，小型拖拉机、水泵等动力机械较多。这些得益于农机补贴政策的连年实施，农民对农机的投入显著增多。

东部地区和东北地区生活水平较其他地区相对较好，家庭耐用消费品较多，这与地区经济发展水平密切相关。住房价值西部地区最低，中部、东部和东北地区相对较高，中部地区最高，这在一定程度上也反映了地区发展之间的差异。

教育支出体现了家庭对教育的重视程度，总体来说，各个地区对教育的投入相差较小，但在地区发展差异的背景下，西部地区在教育方面的关注显得尤为重视。人均受教育年限呈现出东中部高、西部低的特点。其中，东北地区最高，东部、中部地区其次，西部地区最低，而且低于全国平均水平。这一情况也符合西部地区教育水平一直以来都落后于东中部地区的发展现状。值得注意的是，虽然其与东中部地区仍然存在较在差距，但是差距值在逐渐缩小。西部地区农户家庭劳动力数量最多，其次是东中部地区，东北地区最少。西部地区经济不发达、教育落后，家庭人口增长有相对的经济效益，且西部地区大多属于少数民族地区，人口生育政策的限制较少，导致西部地区人口增长较快，劳动力数量明显高于全国其他地区。与地区经济发展不平衡相对的是，四个地区的农户家庭人均纯收入水平差距较小，在一定程度上体现了我国的扶贫政策，尤其是西部深度贫困地区的政策倾斜有效提高了农户家庭收入。金融资产除了存款外，还包括股票、证券等金融产品。因此，金融资产的充裕与否，一方面受制于地区金融市场的发展程度，另一方面也决定于农户家庭的理财观念。从地区上看，东北、东部和中部地区的金融资产较高，西部地区较低。对于地处西部的偏远农村地区，金融基础设施建设和农户的理财观念都较为落后。

东北、西部地区农户家庭人情支出较多，人情往来频繁，一定程度上反映了东北、西部地区农户的地缘网络复杂的关系。四个地区的转移收入人均水平相差不大，政府对各个地区的转移支付安排大致相当。

（2）纵向比较

从表11-8可以看出，全国和四大地区样本在不同指标上的平均值基本上呈现出逐年递增或者总体上升的发展状况。土地价值呈现出曲折发展的状况，在地区差异的背景下农户家庭之间的土地价值存在较大差异。土地类型数量历年基本保持不变，全国土地资源数量总体保持稳定，土地保护工作卓有成效。农业器械价值逐年提升，但在2018年有所下降。家庭耐用消费品价值在历年几近直线上升，农户生活水平和生活质量不断提高。房屋价值指标连年上升，基本符合近年来房地产行业的发展形势。家庭教育支出稳步上升，农户家庭对教育的重视程度逐年提高。近年来，人均受教育年限基本保持稳定，变动幅度不大。虽然近年来贫困地区的教育投入不断加大，但是贫困家庭人口数量较多，加上贫困家庭的人口素质、教育观念较低等因素所导致的贫困代际传递现象，均使得人均受教育年限保持在一个稳定的水平。劳动力数量呈现出逐年缓慢下降的情况，与我国近些年所面临的老龄人口比重攀升、新生人口逐年减少等社会问题高度契合。人均纯收入基本保持稳定，金融资产稳步增加，农户从多种渠道获取收入的能力不断增强。人情支出整体缓慢增长，2012 年的人均水平较 2010 年明显下降。转移收入逐年增长，一定程度上体现了脱贫攻坚以来国家对贫困地区的持续帮扶政策。

表 11-8　样本数据描述性统计

指标	年份	全国		东北地区		东部地区		中部地区		西部地区	
		平均值	标准差	平均值	标准差	平均值	标准差	平均值	标准差	平均值	标准差
土地价值（万元）	2010	1.50	2.69	1.58	1.66	1.04	1.37	1.62	4.00	1.63	2.51
	2012	2.18	3.62	2.98	8.02	1.71	2.31	1.93	2.00	2.43	3.19
	2014	1.81	3.42	1.86	2.84	1.40	2.59	1.67	4.09	2.09	3.47
	2016	1.83	3.36	2.30	3.50	1.29	2.80	1.85	4.13	1.96	3.06
	2018	1.90	6.51	1.88	5.91	1.58	6.45	1.50	3.26	2.35	7.99
土地类型（种）	2010	1.16	0.85	0.84	0.47	1.14	0.96	0.98	0.64	1.29	0.89
	2012	1.18	0.58	0.97	0.34	1.05	0.58	1.17	0.57	1.32	0.59
	2014	1.22	0.62	1.09	0.55	1.06	0.52	1.10	0.54	1.39	0.67
	2016	1.18	0.61	1.06	0.38	1.01	0.60	1.05	0.54	1.37	0.65
	2018	1.14	0.63	1.00	0.52	0.99	0.59	1.04	0.53	1.34	0.68
农用器械价值（万元）	2010	0.11	0.37	0.14	0.41	0.05	0.19	0.12	0.46	0.13	0.38
	2012	0.10	0.41	0.12	0.57	0.07	0.43	0.08	0.33	0.13	0.40
	2014	0.17	0.39	0.13	0.34	0.10	0.34	0.08	0.17	0.27	0.49
	2016	0.54	3.42	0.54	1.33	0.47	3.70	0.17	0.60	0.79	4.43
	2018	0.23	0.83	0.42	1.14	0.17	1.04	0.14	0.67	0.27	0.61
转移性收入（万元）	2010	0.02	0.07	0.02	0.04	0.03	0.12	0.02	0.08	0.02	0.05
	2012	0.06	0.09	0.06	0.07	0.03	0.06	0.07	0.12	0.07	0.09
	2014	0.12	0.14	0.11	0.11	0.09	0.11	0.11	0.11	0.14	0.17
	2016	0.12	0.15	0.13	0.13	0.10	0.16	0.12	0.12	0.15	0.16
	2018	0.12	0.15	0.12	0.14	0.08	0.12	0.13	0.13	0.15	0.17

续表

耐用消费品（万元）	2010	0.08	0.64	0.06	0.25	0.08	0.50	0.09	0.73	0.08	0.69
	2012	0.72	2.10	0.76	2.79	0.99	2.83	0.61	1.31	0.60	1.70
	2014	1.29	4.05	2.00	7.14	1.19	4.05	1.54	4.32	1.06	2.87
	2016	1.61	4.80	1.33	2.90	1.62	3.95	2.17	6.40	1.36	4.52
	2018	1.85	6.66	1.47	3.53	1.81	5.79	2.31	6.15	1.71	8.06
房屋价值（万元）	2010	5.15	19.9	4.14	5.95	8.59	41.1	4.44	6.35	4.13	6.44
	2012	7.05	24.8	6.55	7.27	9.07	24.9	6.80	10.5	6.06	32.7
	2014	9.05	16.5	9.83	29.6	10.2	17.8	7.60	11.8	9.10	14.3
	2016	9.23	16.1	7.28	7.88	11.0	21.6	8.09	13.5	9.52	16.0
	2018	10.9	16.8	7.26	10.8	13.2	24.4	11.1	14.4	10.6	13.4
家庭教育支出（万元）	2010	0.14	0.37	0.14	0.33	0.14	0.36	0.16	0.40	0.12	0.36
	2012	0.21	0.60	0.24	0.57	0.20	0.49	0.23	0.64	0.20	0.64
	2014	0.27	0.63	0.23	0.61	0.22	0.55	0.31	0.72	0.27	0.61
	2016	0.31	0.65	0.27	0.53	0.28	0.58	0.26	0.53	0.37	0.77
	2018	0.31	0.67	0.28	0.65	0.30	0.66	0.32	0.72	0.33	0.65
教育水平（年）	2010	3.72	2.80	4.67	2.73	4.03	2.88	4.03	2.79	3.32	2.72
	2012	4.68	2.87	5.67	2.64	4.95	3.00	4.86	2.86	4.14	2.75
	2014	3.80	2.77	4.42	2.85	3.99	2.84	4.35	2.89	3.27	2.56
	2016	3.86	2.74	5.02	2.61	4.25	2.77	4.12	2.84	3.22	2.55
	2018	4.15	2.79	5.42	2.89	4.38	2.69	4.36	2.91	3.47	2.55
劳动力（人）	2010	2.50	1.64	2.14	1.41	2.29	1.92	2.23	1.65	2.76	1.50
	2012	2.33	1.63	2.01	1.30	2.21	1.81	2.21	1.73	2.57	1.50
	2014	2.43	1.78	1.85	1.54	2.15	1.81	2.30	1.91	2.76	1.67
	2016	2.29	1.71	1.89	1.52	2.09	1.71	1.96	1.70	2.69	1.68
	2018	2.15	1.74	1.86	1.53	1.90	1.71	2.03	1.81	2.46	1.73
人均纯收入（万元）	2010	0.13	0.06	0.13	0.07	0.12	0.06	0.13	0.06	0.13	0.06
	2012	0.11	0.07	0.11	0.06	0.10	0.07	0.11	0.07	0.11	0.06
	2014	0.11	0.07	0.11	0.07	0.11	0.07	0.11	0.07	0.11	0.07
	2016	0.11	0.07	0.11	0.07	0.12	0.07	0.12	0.07	0.11	0.07
	2018	0.10	0.07	0.08	0.07	0.10	0.08	0.12	0.07	0.11	0.07

续表

金融资产（万元）	2010	0.14	0.53	0.10	0.38	0.15	0.59	0.14	0.47	0.14	0.54
	2012	1.31	4.89	1.24	4.31	1.58	6.59	1.45	5.57	1.07	2.92
	2014	1.08	3.43	0.86	2.00	1.16	4.19	1.38	4.09	0.91	2.74
	2016	1.54	5.60	1.02	3.55	2.70	8.02	1.69	6.98	1.03	3.14
	2018	2.19	10.2	1.21	3.18	2.97	9.64	1.53	5.70	2.40	13.4
人情支出（万元）	2010	0.09	0.14	0.19	0.21	0.06	0.13	0.10	0.15	0.08	0.11
	2012	0.04	0.28	0.04	0.11	0.06	0.40	0.04	0.32	0.03	0.16
	2014	0.21	0.45	0.45	0.65	0.17	0.65	0.17	0.29	0.21	0.33
	2016	0.31	0.64	0.57	0.81	0.23	0.65	0.27	0.37	0.30	0.69
	2018	0.28	0.50	0.48	0.67	0.19	0.38	0.22	0.45	0.29	0.52

六、生计资本分形评价结果

1. 分形维数整体分布状况

因不同省份数据区间标度存在一定的差异，不同省份的相空间两点之间的距离 r 定为数据集的最小值，平均距离 Δx 为数据集最大值和最小值之间的均值。使用 python 软件计算得到 Ln C（r）-Ln r，利用最小二乘法进行直线拟合计算 2010—2018 年各省市关联维数及拟合优度如表 11-9 所示。

从计算结果来看，各地分形维数均为分数，说明我国农村的生计系统具有分形特征。虽然各地指标数值不同，但同一指标的发展趋势是相同的，说明低收入农户生计系统的自相似特征较为显著。从分维的变化趋势上看，分维的数值与各个地区的经济发展水平基本相符，可见，用分形的方法来评价低收入农户生计资本的发展水平较为科学。从表 11-9 中可以发现：

其一，从各省分维数历年的数值来看：2010 年各省市生计资本的分形维数处于 1.419~1.867，分形维数均值为 1.618。其中，分形维数居前三的省份分别为：黑龙江省（1.867）、福建省（1.848）和湖南省（1.777）；2012 年各省市生计资本的分形维数处于 1.575~2.091，分形维数均值为 1.849。其中，分形维数居前三的省份分别为：江苏省（2.091）、广东省（2.090）和湖南省（2.090）；2014 年各省市生计资本的分形维数处于 1.350~1.997，分形维数均值为 1.639。其中，分形维数居前三的省份分别为：山东省（1.997）、湖北省（1.856）和甘肃省（1.780）；2016 年各省市生计资本的分形维数处于 1.442~

1.868，分形维数均值为1.699。其中，分形维数居前三的省份分别为：江苏省（1.868）、黑龙江省（1.840）和甘肃省（1.808）；2018年各省市生计资本的分形维数处于1.419~1.867，分形维数均值为1.618。其中，分形维数居前三的省份分别为：浙江省（2.355）、广东省（2.315）和吉林省（2.297）。

表11-9　2010—2018年我国各省市生计资本发展水平分形维数汇总

地区	省市（自治区）	2010		2012		2014		2016		2018		均值
		关联维数	R²	关联维数	R²	关联维数	R²	关联维数	R²	关联维数	R²	
东北地区1.761	辽宁	1.692	0.905	1.859	0.789	1.567	0.443	1.729	0.716	1.448	0.754	1.659
	吉林	1.611	0.887	1.993	0.822	1.709	0.841	1.801	0.686	2.297	0.527	1.882
	黑龙江	1.867	0.726	1.823	0.868	1.453	0.825	1.840	0.760	1.726	0.770	1.742
东部地区1.844	河北	1.564	0.790	1.876	0.524	1.576	0.568	1.646	0.566	1.699	0.640	1.672
	江苏	–	–	2.091	0.732	–	–	1.868	0.789	1.920	0.727	1.960
	浙江	1.675	0.779	1.794	0.764	1.746	0.753	1.745	0.673	2.355	0.873	1.863
	福建	1.848	0.736	1.822	0.792	1.751	0.644	1.801	0.676	2.072	0.740	1.859
	山东	1.593	0.870	2.079	0.548	1.997	0.737	1.725	0.760	1.852	0.710	1.849
	广东	1.689	0.784	2.090	0.801	1.687	0.655	1.746	0.713	2.315	0.667	1.905
中部地区1.713	山西	1.494	0.715	1.894	0.607	1.748	0.448	1.746	0.807	1.586	0.807	1.694
	安徽	1.679	0.878	1.668	0.689	1.461	0.806	1.736	0.875	2.013	0.775	1.711
	江西	1.468	0.864	1.627	0.802	1.506	0.772	1.597	0.706	1.523	0.580	1.544
	河南	1.627	0.552	1.896	0.716	1.588	0.718	1.594	0.507	1.689	0.796	1.679
	湖北	–	–	1.907	0.761	1.856	0.811	1.709	0.569	1.894	0.706	1.842
	湖南	1.777	0.639	2.090	0.600	1.707	0.694	1.530	0.699	1.936	0.605	1.808

地区	省市（自治区）	2010		2012		2014		2016		2018		均值
		关联维数	R^2	关联维数	R^2	关联维数	R^2	关联维数	R^2	关联维数	R^2	
西部地区 1.603	广西	1.451	0.791	1.806	0.755	1.482	0.514	1.578	0.873	1.589	0.765	1.581
	重庆	1.675	0.547	1.939	0.650	1.763	0.460	1.788	0.874	1.191	0.653	1.671
	四川	1.462	0.823	1.582	0.634	1.350	0.852	1.631	0.761	1.458	0.719	1.496
	贵州	1.419	0.890	1.754	0.730	1.471	0.829	1.720	0.577	1.674	0.812	1.608
	云南	1.504	0.610	1.768	0.824	1.490	0.786	1.442	0.411	1.432	0.655	1.527
	陕西	1.643	0.821	1.575	0.815	1.728	0.768	1.600	0.812	1.717	0.791	1.653
	甘肃	1.619	0.799	1.793	0.751	1.780	0.871	1.808	0.832	1.434	0.769	1.687
均值		1.618	-	1.849	-	1.639	-	1.699	-	1.765	-	-

其二，从 2010—2018 年分形维数的全国平均水平来看：2010 年的平均水平为 1.618，2012 年为 1.849，2014 年为 1.639，2016 年为 1.699，2018 年为 1.765。在 2012 年急剧上升，随后下降并且缓慢提高，总体上保持逐年递增的发展趋势。从地区内分形维数的平均发展水平来看：8 年来东北地区生计资本的分形维数平均水平为 1.761，东部地区为 1.844，中部地区为 1.713，西部地区为 1.603，东部地区生计资本的年平均发展水平要明显优于其他地区，东北地区和中部地区差距较小，相比之下西部地区发展水平最低。其中，东北地区吉林省为 1.882 位列第一，黑龙江省为 1.742 位居第二，辽宁省为 1.659 居于末位。东部地区各省市分形维数历年均值均处在 1.8 以上，其中江苏省为 1.960 位列第一，广东省为 1.905 位居第二，浙江省为 1.863 位居第三，福建省为 1.859 位居第四，山东省为 1.849 位居第五，河北省为 1.672 位居于末位。中部六省中，湖北省以 1.842 位列第一，湖南省为 1.808 位居第二，安徽省为 1.711 位居第三，山西省为 1.694 位居第四，河南省为 1.679 位居第五，江西省为 1.544 居于末位。西部地区中甘肃省平均水平最高，为 1.687，其次是重庆市 1.671 位列第二，陕西省为 1.653 位居第三，贵州省为 1.608 位居第四，云南省为 1.527 位居第五，四川省为 1.496 居于最末位。

2. 生计资本时间分形特征

从时间维度上看，如图 11-1 所示，四大经济地区低收入农户生计资本历年的发展水平各有不一，但总体发展趋势是相近的，即 2010—2012 年有明显的增长趋势，2014 年有所降低，之后保持逐年增长的发展状况。同时，各地区的发展情况与全国基本吻合，显示出低收入农户生计资本在时间发展过程中具有明显的分形特征。这种特征具体表现为，在农村经济发展的不同时期，不同地区表现出的发展水平会因为地区经济发展水平的不同而产生差异，同时也会通过子系统即地区层面进而反映全国生计资本的发展水平，即系统与子系统之间是相似的。

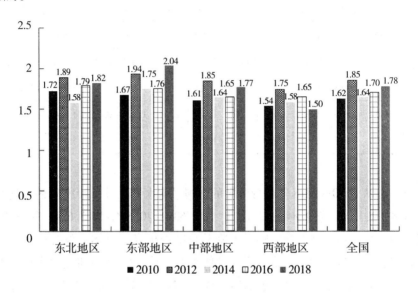

图 11-1　地区生计资本分形维数历年平均发展水平

3. 生计资本空间分形特征

使用 ArcGIS 软件将历年各省市（自治区）分形维数值绘制成全局图，并使用自然断点法将分形维数值划分为三个层次，从时空的角度呈现低收入农户生计资本的时空差异。

（1）省市层面

从分形维数历年数值上看，生计资本分维值均处在 1.4 以上，各省市间的数值差距仅体现在小数位数。可以说明，2010—2018 年以来，我国各省市间的发展差距并没有逐渐扩大。相反，随着时间发展，分维值总体在上升且省市间分维值差距也在逐渐缩小。这一现象表明，国家从国家战略、扶贫开发工作等方面连年向中西部地区倾斜并取得了很好的成效，从而有力地促进了省市之间的协调发展。但也存在个别省份分维值停滞不前或者经历上升期后重返原地的现象。例如江西省，在 5 个研究时点上分维值基本维持在 1.5 左右，总体上看处于中等偏下的水平。结合江西省的发展情况，这一现象可以得到解释：无论是经济、教育以及政策，江西一直处于发展的边缘。从周边环3万亿的经济圈，到环江西自贸区、环江西双一流高校建设圈，甚至在国家区域战略方面，江西都是一块洼地。这表明省份的内生发展动力不强，虽然在一些外部因素的助推下农户生计能够得到显著的提升，但脱离发展基础得到的短暂提升并不能带来可持续的生计，因此制定宏观经济政策时，这些特殊情况也有必要纳入考虑范围内。

从分形维数历年的分布上看，各省市间都不存在明显的区域性或聚集性分布特点，而是此消彼长地交替式呈现。但从各省市的平均发展水平来看，生计资本区域性分布的特点较为明显。其中，东部地区均处于较高的发展水平，东北地区和中部地区大部分处于中等发展水平，西部地区则大部分处于较低的发展水平。这表明，虽然系统的分布看上去是无序和混乱的，但均朝着不同的平衡态，即不同的发展水平方向演进。

将不同省市历年的变化情况制作成箱型图（图11-2）发现，生计发展水平较好或较差的省市，它们在时间演变的过程中生计资本的变动程度较其他处于中等水平的省份要更大一些。这在一定程度上体现了地区生计系统变化的两个极端，即发达省市受益于农户家庭、省市、地区等多个尺度的高水平均衡，系统在应对外部变化时，微小的冲击不会对其造成较大影响，而微小的动力却能通过系统的动态均衡实现自我增强。相反，欠发达省市平衡态的水平较低，外部的动力不足以使其从一个低水平均衡飞跃到高水平均衡，但外部的冲击会使得其偏离原本低水平均衡，并朝着更低水平均衡的方向发展。

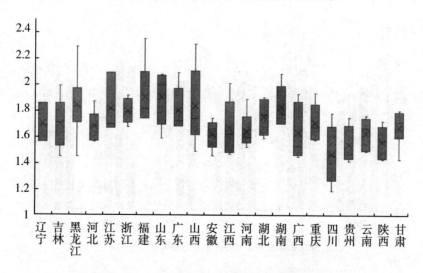

图11-2　各省市历年生计资本分形维数箱型图

（2）地区层面

从地区总体分维值均值来看（如图11-3所示），低收入农户生计发展水平总体表现为从东部地区向东北地区、中部地区和西部地区由高到低呈梯形分布，低收入农户生计资本发展水平的高低与各地区经济发展水平表现出一定的正相关关系。观察历年各地区分形维数值的变化情况：东部地区、东北地区历年情况均要优于中部和西部地区，西部地区在四大地区中始终处于最低的发展水平，和总体发展情况并无二致。这在一定程度上说明，新一轮的扶贫开发工作以来，政府在农村地区尤其是深度贫困地区加大扶持力度，虽然取得了显著的成效，但依然难以从根本上改变欠发达地区低收入农户发展落后的状况，即虽然成效显著，但并未触动根基，地区分形贫困陷阱特征明显。相反，发达地区和较发达地区的低收入农户能够更好地吸纳扶贫所带来的收益，真正实现生计水平的提高。

我国四大经济地区在地理位置、气候环境、资源分布方面各有不同，从而导致了区域经济发展不协调和贫困程度差异较大的社会现实。这种现实差异会从农村人口贫困、省市发展不均、地区经济滞后逐级传递，形成微观、中观和宏观层面的贫困陷阱，而宏观、中观层面的贫困陷阱又会进一步强化微观层面的贫困陷阱，从而形成一个自增强反馈回路。进而导致在发展落后的农村地区进行经济政策、扶贫政策的低阈值干预，都无法使整个系统偏离其原本低水平的动态均衡状态，最终西部地区形成农村、省市、地区具有相似特征的分形贫困陷阱。

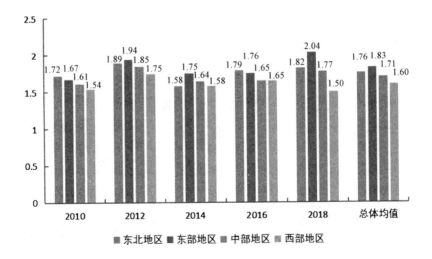

图11-3　各地区历年分形维数均值及总体均值

七、结论与建议

1. 研究结论

本章节基于 2010-2018 年中国家庭追踪调查数据库的面板数据，运用生计资本分析框架和分形理论中的分形评价模型，实证研究了全国 22 个省市（自治区）所划的四大经济区域内低收入农户的生计发展差异和生计系统的分形特征，研究结论如下。

（1）2010—2018 年，全国及四大经济地区农村低收入农户总生计资本发展水平逐年提高，各分项生计资本的发展情况总体相似，具体表现为：自然资本发展水平总体呈缓慢下降趋势，其他四项生计资本发展水平总体呈增长趋势。其中，自然资本发展水平历年最低，人力资本和金融资本发展水平历年较高。

（2）各省市低收入农户生计资本的分维值大小差距不十分突出，仅体现在小数位数。说明 2010—2018 年以来，我国各省市间的发展差距没有逐渐扩大。相反，随着时间发展，分维值总体在上升，且省市间分维值差距也在逐渐缩小。这一现象表明，国家从国家战略、扶贫开发工作等方面连年向中西部地区倾斜取得了很好的成效，促进了省市之间的协调发展。

（3）低收入农户生计资本在时间发展过程中具有明显的分形特征。这种特征具体表现为：在农村经济发展的不同时期，各地区低收入农户生计资本每年表现出的发展水平会因为地区经济发展水平不同而产生差异，东部地区普遍较高而西部地区普遍较低。同时也会通过子系统即地区层面进而反映全国生计资本的发展水平。

（4）低收入农户生计资本在空间分布上具有明显的分形特征。各地区省市间低收入农户生计系统的分布，虽然看上去是无序和混乱的，但均朝着不同的平衡态发展，即不同的发展水平方向演进，反映出生计资本发展水平区域性差异分布的特点。实质为对发展落后的农村地区进行经济政策、扶贫政策的低阈值干预，都无法使整个系统偏离其原本的低水平动态均衡状态，最终形成中西部地区农村、省市、地区具有相似特征的分形贫困陷阱。

（5）在当前的经济发展环境和扶贫政策保持不变的情况下，全国及四大经济领域的农户除自然资本外，总生计资本及各分项资本在 2019 年至 2027 年间仍将继续保持增长的态势。一方面，虽然我国生态环境保护和建设的力度逐年加强，但低收入农户自然资本未来可能存在的下降趋势表明我国对资源环境的保护行动仍需持续推进；另一方面，虽然低收入农户总生计资本及其他四项生计资本总体上逐年递增，且在未来 8 年内也将呈现持续递增的发展趋势，但生计资本的发展结构不平衡，未来增长的持续强度在不同地区也呈现出不一样的发展情形。

2. 相关建议

基于上述研究结论，本书给出以下建议。

（1）坚持区域协调发展战略，缩小区域经济差异。无论是站在地区生计资本演变的基本特征角度上，或是从地区生计资本评价结果上看，四大经济地区经济发展的不平衡不充分都在很大程度上影响了其所在区域低收入农户的生计发展水平。因此，要畅通经济发达地区和欠发达地区的区域经济循环，加强区域多元开放联动，优化国土空间布局。采用开展多元化的经济合作，共建产业园区和资源加工基地等方式，促进发达地区产业布局的调整以及欠发达地区产业的转型升级，最终推动东中西部地区良性互动优势互补，实现区域经济的协调发展。

（2）在欠发达地区实施"大推进"战略，跨越分形贫困陷阱。虽然脱贫攻坚取得了完全胜利，但是地区之间低收入农户的生计状况并没有实现协调发展，地区之间农户生计发展水平的分界线依然清晰。因此，在政策制定上，应该根据各地的发展情况有所侧重，因地、因时制宜；注重对基础设施、人力资本等方面的"大推进"基本投资，提高经济体内部的资本存量。在政策帮扶上，加强中央政府与地方的对口支援和社会力量的帮助；要找准低收入人群陷入贫困陷阱的临界值并进行长期干预，帮助他们跨越当前无法达到的门槛，打破当前的低水平的均衡状态，走向更高水平的均衡。

（3）切实做好构建稳定脱贫长效机制和脱贫攻坚与乡村振兴统筹衔接工作。通过对全国农村低收入农户历年生计资本发展水平的计算，可以直观地反映出自《中国农村扶贫开发纲要（2011—2020年）》实施以来，我国新一轮的扶贫开发工作取得了重大的成效，农村低收入农户的生计资本得到了显著提升。在此基础上进行 R/S 分析，结果表明，在原有发展环境不变的情况下，未来农户的生计资本还将持续增长。因此，要确保今后一段时间内帮扶政策的长期性和延续性，巩固提升脱贫成果，实现低收入农户脱贫后的可持续发展。同时，为对接乡村振兴战略，要充分解决好精准扶贫与相对贫困治理政策、相对贫困治理与乡村振兴政策衔接的问题。

（4）抓住生计资本短板，提高各项资本之间的耦合协调水平。各项生计资本之间的耦合协调状况在一定程度上反映了农户生计资本总体水平的优良程度。从农村低收入农户各项生计资本的发展水平上看，资本之间存在着明显的发展差异，且这一差异还在不停地进行着动态变化，反映出各项资本之间的复杂互动关系。同时，在对未来生计资本变化趋势的预测中发现，各地区生计资本增长的持续程度强弱不一，也表明生计资本结构的协调发展对于资本未来的持续增长具有重要意义。因此，在注重提升生计资本存量的过程中，还应该促进各项资本之间的一体化协调发展，既要保护和发展优势资本，又要不断优化生计短板，缩小属性分异，促进不同生计资本之间的转化，进而降低生计脆弱性，实现生计的可持续性。

第五篇

05

政策分析：农户生计
系统的发展趋势

第十二章

云南深度脱贫区"两大战略"有机衔接的新要求

2020 年 11 月，云南最后 9 个县市退出贫困县序列，至此云南 88 个国家级贫困县全部"摘帽"，全省现行标准下的农村贫困人口累计脱贫 613.8 万人，年均减贫 120 万人以上，贫困发生率从 17.09% 下降到 1.32%。贫困群众告别绝对贫困，这表明这个贫困县数量曾居全国第一的省份历史性地告别了延续千年的绝对贫困，也标志着云南脱贫攻坚工作取得了决定性胜利。2020 年 3 月，习近平总书记在决胜脱贫攻坚座谈会上明确指出："接续推进全面脱贫与乡村振兴有效衔接。脱贫摘帽不是终点，而是新生活、新奋斗的起点。要针对主要矛盾的变化，理清工作思路，推动减贫战略和工作体系平稳转型，统筹纳入乡村振兴战略，建立长短结合、标本兼治的体制机制。"① 贯彻落实总书记的重要讲话精神，需要我们认真研究并梳理脱贫攻坚建立的体制机制及其效应，超前谋划，然后总结经验，将脱贫攻坚与乡村振兴有机衔接起来，全面开启第二个百年奋斗目标新征程。

一、"两大战略"的有机衔接是实现百年目标的内在要求

脱贫攻坚和乡村振兴都是我国在为实现"两个一百年"奋斗目标的背景下确定的重大战略。脱贫攻坚是为了摆脱贫困、增进人民福祉，到 2020 年全面建成小康社会。乡村振兴是在全面建成小康社会的基础上实现共同富裕，解决发展中不平衡不充分的矛盾，到 2050 年建成社会主义现代化强国。两者目标相连，依次推进，都是对社会主义本质要求的具体实践过程。乡村振兴有必要、有可能借鉴和接续脱贫攻坚的政策机制，巩固脱贫成果向纵深方向发展，最终朝着富强民主文明和谐美丽的方向稳步迈进。

从云南脱贫攻坚的实践来看，在与乡村振兴有机衔接上已经做了成功的探索，并取得了一定经验，这不但为全面建成小康社会起到决定性的作用，也为

---

① 习近平. 在决战决胜脱贫攻坚座谈会上的讲话 [DB]. 新华网.

乡村振兴提供了必要的政策支持。一是产业扶贫与产业振兴相衔接。脱贫攻坚中大力扶持贫困地区发展高原特色优势产业，建设电商、旅游、光伏等项目，推动种植、养殖、加工相结合及第一、二、三产业融合发展。二是教育扶贫与人才振兴相衔接。通过建立县域人才统筹使用制度和乡村人才定向委托培养制度，实施新型职业农民培育工程，贫困户劳动力接受了针对性的综合培训，有效地提高了职业农民的综合素质，为乡村振兴提供了必要而有力的人力支撑。三是精神扶贫与文化振兴相衔接。围绕"我心中的云南脱贫攻坚精神"的主题，组织开展了助力脱贫攻坚和乡村振兴"十进村"活动，贫困地区群众打开封闭大门，接受到来自四面八方的信息，发展意识、发展理念在潜移默化中得到转变和更新，激发出无形巨大的脱贫致富内生动力。四是生态扶贫与生态振兴相衔接。将符合政策条件的贫困户全部纳入退耕还林和农村环境整治项目实施管理范围内，将国家重点林业生态工程和建设资金安排到了贫困地区，为贫困人口提供了生态护林员和清洁卫生管理员的公益岗位，贫困群众从生态环境保护建设中获得了稳定收益的同时，有效改善了农村生态和人居环境。五是党建扶贫与组织振兴相衔接。统筹"抓党建促脱贫攻坚"与"抓党建促乡村振兴"，结合村"两委"换届，选优配强负责人。开展"万名党组织书记集中轮训"活动，整顿软弱涣散党组织，选派第一书记扎根贫困地区，基层组织力量显著增强，有力地指导助力脱贫攻坚和乡村振兴。

二、"两大战略"有机衔接中的问题

虽然脱贫攻坚与乡村振兴都是为了全面建成小康社会、解决不平衡不充分发展的制度设计问题，但由于推出的历史背景和实现愿景不同，两者的衔接还是不够顺畅。

1. 规划衔接不够

从省至州市到县均制定了与脱贫攻坚和乡村振兴有关的规划，但由于主管部门和编制时间节点的差异，两者没有能够很好地统筹考虑，一体规划，脱贫攻坚与乡村振兴在规划上存在"各管一摊"现象。有的在脱贫攻坚规划中没有为实施乡村振兴预留空间，有的在乡村振兴规划中没有充分体现巩固脱贫攻坚的成果内容。规划中各项政策措施、制度机制、资源要素、工作力量等还存在"两张皮"现象，衔接的融合度有待提高。

2. 思想衔接不够

推动脱贫攻坚与乡村振兴有机衔接的思想共识和行动自觉还有所欠缺，打总体战的工作格局尚未形成。很多地方政府对脱贫攻坚与乡村振兴的关系的认

识不到位，工作思路也不够清晰，多数时候还是就乡村振兴谈乡村振兴，就脱贫攻坚搞脱贫攻坚，对推动两者有机衔接的思考不深，统筹谋划不够。有的只重视眼前尽快完成脱贫攻坚任务，并未长远考虑，谋划乡村振兴；有的把脱贫攻坚与乡村振兴简单地理解为一个事情，以乡村振兴代替脱贫攻坚。

3. 政策衔接不够

脱贫攻坚与乡村振兴在政策上还未做到无缝对接。为打赢脱贫攻坚战，各级党委政府出台了不少针对性较强的政策，这些政策主要着眼于当前的脱贫攻坚，而没有更多地着眼于未来的乡村振兴。虽然地方政府层面已经开始制定乡村振兴规划实施方案和脱贫攻坚行动方案，但是从具体措施上看界限分明，目的明确，导致各地的实践零散化，难以达到有机衔接的效果。

4. 体制机制衔接不够

脱贫攻坚已经实施了很多年，形成了较为完善的体制机制，乡村振兴战略正处于由宏观规划向具体实施过渡阶段。因此，在实践中乡村振兴与脱贫攻坚协调推进的体制机制还未通畅。脱贫攻坚自上而下都有扶贫开发领导小组议事协调机制，而乡村振兴在组织保障方面虽然也建立了乡村振兴领导小组，但组织协调力度不够。无论是项目规划，还是项目实施，都没有做到乡村振兴项目与脱贫攻坚的有机衔接。

三、"两大战略"有机衔接的有益经验

云南在脱贫攻坚战略的实施过程中，形成了不少好的经验做法，对于实施乡村振兴战略具有很强的借鉴作用。

1. 秉持精准施策理念

脱贫攻坚贵在精准，重在精准，成败之举在于精准，这是打赢脱贫攻坚战的重要启示。党的十八大以来，党中央把贫困人口脱贫作为全面建成小康社会的底线任务和约束性指标，有力地促进了脱贫工作快速见成效。从云南实践来看，运用科学有效程序对扶贫对象实施精确识别、精确帮扶、精确管理的治贫方式，确保如期打赢脱贫攻坚战。乡村振兴也要继续在精准上下功夫，坚持因地制宜的策略，根据各地的资源禀赋和发展基础，从政策规划制定到实施做到全程化精准施策，发挥地区优势，补齐地方短板，实现乡村又好又快发展。

2. 建立高效有力的体制机制

脱贫攻坚形成了科学有效的体制机制，确保工作强力推进，预期必见实效。从建立最严格的考核评估验收机制，到中央专项巡视、第三方评估、常态化督战，再到推动落实排名通报、台账管理、限期整改，大大增强了各级党委政府

脱贫攻坚的责任感和执行力，保证脱贫攻坚成果真正惠及贫困群众，脱贫攻坚成效经得起历史检验。实现乡村振兴涉及面广、持续时间长，更需要建立强有力的体制机制保障，建立起严格的督查、考核和评估制度，强化目标、问题、结果导向，倒逼各级各部门落实乡村振兴责任，如期实现农村牧区的现代化目标。

3. 强化社会动员和资源整合

脱贫攻坚实践中，搭建起以政府为核心、以社会为支撑、以市场为辅助的全方位扶贫格局，形成跨地区、跨部门、跨行业的多元主体共同参与的社会扶贫体系，发挥集中力量办大事的社会主义制度优势，使千万贫困群众稳定脱贫，治好了我国几千年来都无法医治的贫困痼疾，创造了世界奇迹。乡村振兴是农村地区关于产业、人才、文化、生态、组织的全面振兴，推动农业全面升级、农村全面进步、农民全面发展，同样需要充分调动各方力量，汇聚起实施乡村振兴的强大合力。

4. 培育群众主体意识

贫困户强烈的脱贫致富愿望和能力是实现稳定脱贫的根本动力。发挥贫困群众的主体作用、激发贫困群众的内生动力是打赢脱贫攻坚战的力量源泉。脱贫攻坚既要扶贫，更要扶志与扶智，帮助贫困群众树立勤劳致富、脱贫光荣的思想，鼓励贫困群众依靠自我革新和自我奋斗改变命运，促使贫困群众实现物质和精神上的"双脱贫"。在推进乡村振兴战略中，农民群众仍然是主体，必须把农民群众动员起来、组织起来，发扬自强不息的奋斗精神，激发农民群众增收致富的内生动力，避免脱贫攻坚中少数地方出现"墙根底下晒太阳，等着干部送小康"的现象。

四、"两大战略"有机衔接的重点

实施乡村振兴战略要在规划、制度、政策、组织上与脱贫攻坚有机衔接上下功夫，在巩固好脱贫成果的基础上，强力推动乡村全面振兴。

1. 推动规划有机衔接

脱贫攻坚要对照乡村振兴战略规划相关文件精神，细化专项实施方案，保持规划的一致性、连续性和可持续性。特别是在谋划产业发展、重大基础设施建设、农村牧区人居环境整治等重点工作时，既要保障贫困村、贫困户加快脱贫的步伐，又要把脱贫攻坚举措纳入乡村振兴战略中统筹安排，巩固脱贫成果，向乡村全面振兴的目标发力。乡村振兴要充分汲取脱贫攻坚的经验和成果，并融入乡村振兴的具体工作方案中，着力在巩固提升、体制转化上做好文章，在生态产业、战略新兴产业、农村人居环境整治、生态修复治理等方面向深度贫困地区倾斜，支持贫困地区与其他地区同步实现乡村振兴。

2. 推动政策有机衔接

脱贫攻坚与乡村振兴有机衔接的关键在于政策的承接和延续。脱贫攻坚战略实施后，大量的人力、物力、财力向贫困地区流动，形成了规划、政策、机制、资金、人才多方面的举措，要认真梳理，把好的政策延续到乡村振兴战略当中。在短期内，要继续落实"摘帽不摘责任、摘帽不摘帮扶、摘帽不摘政策、摘帽不摘监管"的"四不摘"要求，建立返贫预警机制，对已脱贫人口和边缘人口进行精确动态监测，防范返贫风险，形成应对机制，尤其要重视因病返贫致贫现象，综合运用各类社会保障救助办法，发挥好各项政策措施的叠加效应。从长远角度来看，脱贫攻坚任务完成后，必须以乡村振兴巩固脱贫成效，注重利用在脱贫攻坚中形成的信息系统，继续在返贫预警上下功夫，提前谋划如何将原投入脱贫攻坚的财政资金用于乡村振兴，对相关项目进行合并管理。

3. 推动乡村产业发展有机衔接

贫困户通过发展种植业、养殖业、手工业等传统产业走出了贫困，不少地区探索并形成了初步的产业规模，孕育出摆脱贫困的新动能。要想在脱贫的基础上进一步实现乡村振兴，就必须实现农业现代化发展，从简单的产业扶贫模式转换到产业兴旺的思路上来，壮大农民专业合作社和龙头企业等新兴经营主体的实力，在产业扶贫的基础上进一步推进产业改造升级，盘活各类生产要素，促进农畜产品生产、加工、销售全产业链紧密衔接，完善彼此利益联结，推进第一、二、三产业融合发展，建立起产业助力乡村振兴的长效机制。

4. 推动乡村人才队伍建设有机衔接

人才是农村发展的核心要素，舒尔茨研究倡导将人力资本作为改造传统农业的第一要素，增加教育投资作为提升发展农业的关键举措。从脱贫攻坚到乡村振兴，要继续注重各项人才培养计划的实施和延续，创新乡村人才工作体制机制，开拓人才培养新路径，鼓励外出农民工、高校毕业生、退伍军人、城市各类人才返乡创新创业。大力开展农民职业教育，让广大农民群众切实感受到新时代农村发展的更高要求，激发农民群众自我培养、自我奋进的内生动力，造就一支懂农业、知农村、爱农民的人才队伍，为实现乡村振兴提供有力的智力支撑，让农业成为有奔头的产业，让农民成为有吸引力的职业，让农村成为安居乐业的美丽家园。

第十三章

云南深度脱贫区"两大战略"有机衔接的路径选择

一、做好六个方面的有机衔接

深刻把握长期目标和短期目标、顶层设计和基层探索、市场作用和政府作用三对关系，重点做好社会保障政策、资金扶持政策、产业扶贫与产业振兴、组织领导体制机制、农业农村人才队伍和考核指标体系六方面的统筹衔接，实现脱贫攻坚与乡村振兴的有效融合与接续。

1. 做好社会保障政策衔接

将脱贫攻坚阶段主要关注的贫困人口基本医疗保障措施、低保、五保等社会保障政策进行相应地调整，将扶贫保障性政策与低保、五保、残疾人救助等政策进行统筹衔接。在认定标准、扶持救助、管理系统等方面逐步实现并轨运行，形成乡村振兴中相对贫困群体保障和帮扶的长效机制，防止新贫和返贫。

2. 做好资金扶持政策衔接

将脱贫攻坚阶段农业基础设施建设、农村基础设施建设、乡村组织建设和文化建设等方面的专项资金进行相应地调整，把更多金融资源配置到农村经济社会发展的重点领域和薄弱环节。在探索建立涉农资金统筹整合长效机制的基础上，按照"能归尽归"的原则，进一步将各类扶贫资金、涉农资金全面归并整合，设立乡村振兴重大专项资金，发挥资金规模效益，并改革创新资金管理体制机制，在更好满足"公平性"要求的前提下，将使用权限下放至县市一级，提高资金效益。

3. 做好产业扶贫与产业振兴衔接

综合考虑产业选择、政策支持、技术服务、组织形式和利益联结机制，将产业扶贫的思路衔接到产业振兴的要求上来。统筹现阶段精准脱贫和乡村振兴的实绩，立足怒江实际、发挥怒江特色，分类提升乡村的生产功能、生活功能、生态功能、旅游功能、文化功能、景观功能，以功能定位选择主导产业。以打造世界一流"绿色食品牌"为抓手，加快重要农产品全产业链大数据功能，发展绿色农业、高效农业、智慧农业，强化农村农业生产功能，提高农业比较收益，推动农业大省向农业强省转变。在提升农村各项功能的基础上，以功能融合促进产业融合，推动农业产业链条多维延伸，壮大农业农村发展新动能，实现第一、二、三产业融合，走现代农业产业发展之路。

4. 做好组织领导体制机制衔接

建立一套完善的科学高效的乡村振兴农村工作制度体系，包括继续沿用党中央集中统一领导，省、市、县、乡镇、村五级书记抓乡村振兴的组织领导机制和"中央统筹、省负总责、市县抓落实"的工作机制，推动各级党政主要负责同志主动谋划政策举措、协调解决困难问题，督促各项政策落实。继续加强农村基层党组织建设，把服务群众与教育群众结合起来，提高教育群众、引导群众、动员群众的能力和水平。

5. 做好农业农村人才队伍衔接

继续下派乡村振兴指导员，组建乡村振兴服务团（队），夯实"三农"工作的干部队伍基础。试点并推广新型职业农民职称制度，将公费师范生、医学生的招收培养范围扩大至农科生，并逐年提高农科生招生录取人数。扩大农业农村实用人才培训范围，将培养对象由贫困地区扩大至非贫困农村地区。深入推进农业农村人才发展体制机制改革，着力培养懂农业、知农村、爱农民的农业农村人才队伍，汇聚全社会力量，不断强化乡村振兴人才支撑。

6. 做好考核指标体系衔接

将脱贫攻坚考核监督机制进行调整，并结合乡村振兴需要，建立起符合推进乡村振兴特点的考核监督机制。在结合实际，认真梳理、总结脱贫攻坚考核监督经验的基础上，尽快制定出台实施乡村振兴战略指标体系和考评办法。

二、"两大战略"有机衔接的可行路径

1. 促深度贫困区实施乡村振兴战略

实施乡村振兴战略是应对当前我国"三农"领域面临的一系列严峻挑战的重大战略举措。与非贫困地区相比，贫困地区的发展基础更为薄弱，城乡发展不平衡、农村发展不充分的问题更为突出，实现乡村振兴的难度更大。贫困地区实施乡村振兴战略不仅有利于本地区提升经济社会发展水平，缩小其与非贫困地区的差距，还有利于加快经济增长新旧发展的动能转换、促进经济高质量发展。因此，贫困地区无疑是实施乡村振兴应重点关注的地区，应当通过乡村振兴和精准脱贫的协同并进，以更大的支持力度让贫困地区尽快改变落后的面貌。

就当前而言，贫困地区面临着打赢脱贫攻坚战和实现乡村振兴的双重历史使命，与其他地区相比，贫困地区实施乡村振兴面临着以下五方面的特殊难题：一是农业分散化经营与纵向整合趋势相对立。贫困地区农业普遍呈现出分散化、小规模、低水平等突出特征，导致农业产业链延伸与整合困难，与纵向一体化经营的基本发展趋势相悖。二是小农户发展受困与集体经济薄弱相交织。持续发展能力不足，无疑是当前贫困地区小农户面临的共同难题，加之集体经济非常薄弱，也无法有效发挥对小农户的服务和保护功能。三是区域竞争不断加剧与城乡要素争夺相叠加。贫困地区的要素吸附能力较弱，导致出现"缺钱缺人"的普遍性困境。四是生态环境保护加强与开发需求不断增长相悖。贫困地区在空间上与生态功能区、生态敏感脆弱地带高度重叠，但为了摆脱落后现状，实现大力度开发建设的需求又特别强烈。五是投资建设需求巨大与资金筹集困难相矛盾。贫困地区实施乡村振兴在投入上具有覆盖范围广、涉及领域多等特征，但其经济发展又普遍落后，地方财政收入有限，导致存在较大投入缺口。面对以上五个方面的困难，贫困地区实施乡村振兴必须要立足自身实际，大胆创新突破，探寻更具开拓性的发展思路，制定更具针对性的政策措施。

2. 以弱鸟先飞的意志引导产业振兴

强与弱、大与小、刚与柔，从来就不是一成不变的，要实现由弱到强的转化，离不开强大的内在动力。实现"弱鸟先飞"的目标，既不是空想，也不是妄想。新中国成立初期，云南多种经济形态并存，坝区的农耕经济历史悠久，昆明、个旧等地的工业经济方兴未艾。而在边远山区，一些从原始社会直接过渡到社会主义社会的少数民族地区依然刀耕火种。精准扶贫为少数民族地区发展带来了翻天覆地的变化。独龙族、德昂族、基诺族三个"直过民族"率先实现整族脱贫，这成为中国特色社会主义制度下边疆少数民族"一步跨千年"的生动实践。

产业兴，则乡村兴。长期以来云南拥有丰富的资源禀赋，却呈现落后的产业基础，这种情况在贫困地区更严重。打赢脱贫攻坚战只是百年复兴之路的第一步，在乡村振兴阶段需要用弱鸟先飞的意志大力发展产业，保证与全国各省市同步实现乡村振兴的宏伟目标。今后一段时间内，贫困地区要通过创新实践，汇集各方力量，促进政策、资金、科技、项目、组织管理体系的完善和新平台的建立，支撑和引领产业发展。同时，通过产业扶贫资金引导，融合金融资金、民间资金、社会资本积极参与产业发展，引进、培育一批农业集团、龙头企业及农村合作经济组织，壮大经营主体，在打造"绿色食品牌"的同时，推进20个"一县一业"示范县建设，推进1000个"一村一品"专业村建设，将资源聚集到乡村发展上来，推动农村第一、二、三产业融合发展。尽可能把农业精深加工项目在当地留下来，改变"资源在农村、加工在城市"的现状，培养一批龙头企业、农民专业合作社、农业带头人。目前，各地产业扶贫中普遍存在的体制机制共性问题得到了解决，产前通过政府政策引导产业选择、宣传、发动、组织和顶层设计；产中通过科技成果转化解决新技术、新产品的研发和推广；产后通过企业解决产业链衔接、标准化生产的问题，合作社解决组织农户实现规模化、集中化生产的机制，电商解决营销平台建设和小农户对接大市场的问题，农户则按统一要求和标准从事生产、参与管理、生产经营。形成政府、市场、社会协同推进产业扶贫的新格局、新机制和新平台，从根本上解决制约产业发展的关键瓶颈。

3. 以久久为功的韧劲促进人才振兴

人才是贫困地区最稀缺的资源，随着城镇化进程加快和劳务输出的双重影响，乡村青年人才、致富能人、技术骨干匮乏，严重影响脱贫攻坚进程、乡村振兴战略实施，迫切需要不断增强贫困地区的吸附能力，凝聚各方人士回乡创业、回报桑梓。

人才培育和吸引不可能一蹴而就，需要以久久为功的韧劲促进乡村人才队伍的建设。出台资金扶持、税收优惠、金融服务等方面的措施，以政策红利叠加形成"投资洼地"。降低创业准入门槛，放宽注册资本登记条件和经营场所；对创办创业孵化园的给予建设补贴，对入驻创业园区、孵化基地的提供场地租金补贴；对符合条件的、返乡创业的农民工和企业家给予财政贴息贷款。按照全域统筹、全域规划的思路，精心包装、合理布局优势项目，搭建乡村发展需求与返乡创业需要间信息对接的"金桥"。以"双创"示范基地为依托，建立链条完整、业态丰富、要素齐全的创业园区、孵化基地，引导在外务工人员返乡兴办特色企业。组建招商小分队赴外开展定向招引，充分利用南博会、昆交会等平台，扩大本地精品项目、优惠政策的知名度和影响力。依托驻外办事机构、商会协会、劳务基地联络处、农民工服务站等平台，加强与在外人士的对接联系，委托宣传政策、推介项目，引导返乡创业。采取打亲情电话、邮寄"家书"、发回乡邀请函等方式，引导在外企业家抱团回归、返乡创业，发挥示范带动效应。加强专业人才队伍建设，尤其是从贫困地区农村专业技术人员严重匮乏的现状出发，合理增加农技人员、教师、医生等人员编制。培育新型职业农民、乡村工匠、文化能人和非遗传承人等。

4. 以滴水穿石的精神锻造生态振兴

云南有天然的生态优势，把云南建设成为中国最美丽的省份，是贯彻习近平总书记对云南工作重要指示精神的实际行动，其基本内涵是做到生态美、环境美、山水美、城市美、乡村美相统一。滴水穿石精神里有追求美好生活、敢教日月换新天的志气，有锲而不舍、持之以恒、咬定青山不放松的执着，有不服输、不放弃、不泄气的韧劲儿，有一心跟党走、幸福在前头的信念。

贫困地区更需要牢固树立和践行"绿水青山就是金山银山"的理念，统筹山水林田湖草系统治理，深入扎实开展农村人居环境提升行动，继续推进美丽宜居乡村建设，创建一批特色生态旅游示范村镇，推出精品线路，打造绿色生态环保的乡村生态旅游产业链，恢复和提升农村生态，用美丽乡村为生态文明建设排头兵打底色、为打造健康生活目的地增特色。建设美丽乡村，不仅要追求田园风光之美，而且要保证农民持续增收、过上幸福美满的生活。实践证明，农村生态环境好了，生态农业、养生养老、森林康养、乡村旅游等就会红火起来，土地上就会长出"金元宝"，生态产业就会变成"摇钱树"，田园风光、湖光山色、秀美乡村就可以成为"聚宝盆"。

5. 以塑形铸魂的魄力焕发文化振兴

习近平总书记指出，乡村振兴，既要塑形，也要铸魂。乡村文化振兴不仅是乡村振兴战略的应有之义，而且对于乡村组织振兴、生态振兴、产业振兴、人才振兴，都具有重要引领和推动作用。要立足乡村文明，深入挖掘、继承发扬农耕文化所蕴含的优秀思想观念、人文精神、道德规范，同时汲取城市文明及外来文化的优秀成果，充分发挥其在凝聚人心、引导群众、淳化乡风中的重要地位。

贫困可以帮扶，政策可以倾斜，技术可以提供，人才可以引进，并且这些都能够在相对较短的时间内见功见效。而文化建设不可能一蹴而就，需要一步一个脚印，扎扎实实地补齐短板。云南省民族众多，各民族都有自己独特的文化，因此具有丰富的乡村文化资源，如何使这些丰富的文化资源发挥更好的作用，促进乡村文化的振兴和繁荣是当前需要研究的重要问题。需坚持物质文明和精神文明两手都要抓、两手都要硬，加强农村思想道德建设，传承发展提升各民族、乡村优秀传统文化，加强农村公共文化建设，开展移风易俗行动，形成文明乡风、良好家风、淳朴民风。坚持保护传承和开发利用有机结合，加大对古镇、古村落、古建筑、民族村寨、文物古迹、农业遗迹等优秀农耕文化遗产的保护力度，让有形的乡村文化留得住，让活态的乡土文化传下去。

6. 以穿针绣花的功夫抓实组织振兴

农村基层党组织强不强、基层党组织书记行不行，直接关系到乡村振兴战略实施的效果好不好，实现"农业强、农村美、农民富"的目标，离不开基层组织这个"火车头"、离不开基层党组织书记这群"领头雁"。只有实现基层组织振兴，才能为农业全面升级、全面进步、全面发展奠定坚实的基础，提供有力保证，乡村振兴才能有源源不断的动能。

为更好地巩固脱贫攻坚成效，为全面实施云南乡村振兴战略开好头、布好局，要以"绣花"的功夫抓工作，立好标、对好表、调好频，拿出永不懈怠的精神状态和一往无前的奋斗姿态，一步一个脚印，把高质量跨越发展美丽图景一针一线地"绣"在云南大地上。需坚持自治、法治、德治相结合，建立健全党委领导、政府负责、社会协同、公众参与、法治保障的现代乡村社会治理体制，深化村民自治实践，培育富有地方特色和时代精神的新乡贤文化，注重培育引导农民树立现代价值观念和法治意识，深入开展"村霸"和庸、懒、滑、贪"四类村干部"专项治理，严打农村黑恶势力，整治违法犯罪活动，建设法治乡村、平安乡村，确保乡村社会充满活力、和谐有序。大力实施农村"领头雁"培养工程，把农村基层党组织建设成为坚强的战斗堡垒。

参考文献

中文文献:

[1] 伍艳. 贫困山区农户生计资本对生计策略的影响研究——基于四川省平武县和南江县的调查数据 [J]. 农业经济问题, 2016 (3).

[2] 艾路明. 反贫困理论中的方法论思考 [J]. 武汉大学学报（哲学社会科学版）, 1999 (3).

[3] 郭圣乾, 张纪伟. 农户生计资本脆弱性分析 [J]. 经济经纬, 2013 (3).

[4] 高功敬. 中国城市贫困家庭生计资本与生计策略 [J]. 社会科学, 2016 (10).

[5] 宁泽逵. 农户可持续生计资本与精准扶贫 [J]. 华南农业大学学报（社会科学版）, 2017, 16 (1).

[6] 高功敬, 陈岱云, 梁丽霞. 中国城市贫困家庭生计资本指标测量及现状分析 [J]. 济南大学学报（社会科学版）, 2016, 26 (3).

[7] 段伟, 任艳梅, 冯冀, 等. 基于生计资本的农户自然资源依赖研究——以湖北省保护区为例 [J]. 农业经济, 2015 (8).

[8] 田素妍, 陈嘉烨. 可持续生计框架下农户气候变化适应能力研究[J]. 中国人口·资源与环境, 2014, 24 (5).

[9] 杜本峰, 李巍巍. 农村计划生育家庭生计资本与脆弱性分析 [J]. 人口与发展, 2015, 21 (4).

[10] 赵立娟, 康晓虹, 史俊宏. 农地流转对农户生计转型影响的实证分析 [J]. 中国农业资源与区划, 2017, 38 (8).

[11] 胡珑瑛, 蒋樟. 生产业集聚的分形研究 [J]. 管理世界, 2007 (3).

[12] 吴栩, 宋光辉, 邓艳. 基于分形市场理论的动量和反转效应转换研究 [J]. 系统科学与数学, 2016, 36 (10).

[13] 李秀玲. 东北三省城市人口−城区面积的异速生长关系分析 [J]. 东

北师大学报（哲学自然科学版），2017（1）.

[14] 吴清，李细归，吴黎，等.湖南省A级旅游景区分布格局及空间相关性分析 [J].经济地理，2017，37（2）.

[15] 尹海员，华亦朴.我国股票市场流动性的非线性动力学特征研究：基于分形理论的检验 [J].管理评论，2017，29（8）.

[16] 王宏勇，郭丽娜.国际黄金期价与美元指数交互关系的多重分形分析 [J].数理统计与管理，2015，34（5）.

[17] 林宇，张德园，吴栩，等.能源期货市场非对称多重分形相关性研究 [J].管理评论，2017，29（2）.

[18] 刘超，马文腾，马玉洁，等.人民币汇率市场分形特性研究 [J].经济问题探索，2014（4）.

[19] 杨德勇，岳川，白柠瑞.基于分形理论模型对京津冀地区农村金融差异的研究 [J].中央财经大学学报，2016，1（1）.

[20] 何建民，喻彩云.社交网络用户话语影响力价值分形维度量方法 [J].系统工程，2017（2）.

[21] 李安楠，邓修权，赵秋红.分形视角下的非常规突发事件应急协同组织 [J].系统工程理论与实践，2017，37（4）.

[22] 孔凡斌，廖文梅.基于双重差分模型的搬迁移民减贫效应分析 [J].江西社会科学，2017（4）.

[23] 任国平，刘黎明，付永虎，等.基于GWR模型的都市城郊村域农户生计资本空间差异分析——以上海市青浦区为例 [J].资源科学，2016，38（8）.

[24] 王国敏，侯守杰.后小康时代中国相对贫困的特征、难点、标准识别及应对之策 [J].内蒙古社会科学，2021，42（2）.

[25] 许源源，徐圳.公共服务供给、生计资本转换与相对贫困的形成——基于CGSS2015数据的实证分析 [J].公共管理学报，2020，17（4）.

[26] 叶兴庆，殷浩栋.从消除绝对贫困到缓解相对贫困：中国减贫历程与2020年后的减贫战略 [J].改革，2019，310（12）.

[27] 罗楚亮.经济增长、收入差距与农村贫困 [J].经济研究，2012，47（2）.

[28] 丁赛，李克强.农村家庭特征对收入贫困标准的影响——基于主观贫困的研究视角 [J].中央民族大学学报（哲学社会科学版），2019，46（1）.

[29] 陈国强，罗楚亮，吴世艳.公共转移支付的减贫效应估计——收入贫

困还是多维贫困［J］．数量经济技术经济研究，2018，35（5）．

　　［30］解垩．中国多维剥夺与收入贫困［J］．中国人口科学，2020（6）．

　　［31］赵立娟，赵青青，红花．农地转出行为对农民家庭的生计资本有何影响？——来自CFPS数据的验证［J］．技术经济，2021，40（3）．

　　［32］苏芳，宋妮妮，马静，等．不同资本匮乏型农户的风险应对策略——以陕南秦巴山区为例［J］．中国农业大学学报，2020，25（9）．

　　［33］周丽，黎红梅，李培．易地扶贫搬迁农户生计资本对生计策略选择的影响——基于湖南搬迁农户的调查［J］．经济地理，2020，40（11）．

　　［34］刘小鹏，李永红，王亚娟，等．县域空间贫困的地理识别研究——以宁夏泾源县为例［J］．地理学报，2017，72（3）．

　　［35］田宇，丁建军．贫困研究的多学科差异、融合与集成创新——兼论综合贫困分析框架再建［J］．财经问题研究，2016，397（12）．

　　［36］李喜梅．中国农村经济发展水平的分形评价［J］．经济纵横，2008（12）．

　　［37］杨德勇，岳川，白柠瑞．基于分形理论模型对京津冀地区农村金融差异的研究［J］．中央财经大学学报，2016，341（1）．

　　［38］吴玉鸣．中国人口发展演变趋势的分形分析［J］．中国人口科学，2005（4）．

　　［39］王君涵，李文，冷淦潇，等．易地扶贫搬迁对贫困户生计资本和生计策略的影响——基于8省16县的3期微观数据分析［J］．中国人口·资源与环境，2020（10）．

　　［40］苏芳，马南南，宋妮妮，等．不同帮扶措施执行效果的差异分析——基于可持续生计分析框架［J］．中国软科学，2020（1）．

　　［41］吕秀芬，麦强盛，李谦，等．相对贫困治理研究的一个方向：农户生计资本分形研究［J］．科学与管理，2019，39（3）．

　　［42］孙晗霖，王志章，刘新智，等．生计策略对精准脱贫户可持续生计的影响有多大——基于2660个脱贫家庭的数据分析［J］．中国软科学，2020（2）．

　　［43］吴诗嫚，叶艳妹，张超正，等．可持续生计框架下农地整治权属调整对农户生计资本的影响研究［J］．中国土地科学，2019，33（11）．

　　［44］李荣彬．生计资本视角下农民工社会融合的现状及其影响因素——基于2014年流动人口动态监测数据的实证研究［J］．人口与发展，2016，22（6）．

［45］何仁伟，方方，刘运伟．贫困山区农户人力资本对生计策略的影响研究——以四川省凉山彝族自治州为例［J］．地理科学进展，2019，38（9）．

［46］王士君，田俊峰，王彬燕，等．精准扶贫视角下中国东北农村贫困地域性特征及成因［J］．地理科学，2017，37（10）．

［47］成卓．社会资本视角下破解西部民族地区农村深度贫困难题的路径选择［J］．西南金融，2020（9）．

［48］王宏起，武川，李玥．基于分形模型的城市群科技创新服务平台绩效评价［J］．系统工程，2020，38（6）．

［49］龚艳冰，刘高峰，张继国，等．基于分形维数权重的南水北调东线源头水质评价研究［J］．环境科学学报，2014，34（12）．

英文文献：

［1］ABRAR-Ul-HAQ M, JALI M R M, ISLAM G. A role of household empowerment to alleviating poverty incidence and participatory poverty：Qualitative insights from the literature［J］. International Journal of Economic Perspectives, 2016, 10（4）.

［2］BARRETT C B, SWALLOW B M. Fractal poverty traps［J］. World Development, 2006, 34（1）.

［3］DARMA M R, KANKARA I A, ADAMU A. Implications of micro-level fractal poverty traps on poverty reduction strategies at meso and macro levels［J］. Developing Country Studies, 2016, 6（3）.

［4］GOUNDER N. Correlates of poverty in Fiji：An analysis of individual, household and community factors related to poverty［J］. International Journal of Social Economics, 2013（10）.

［5］TSAURAI K. Is The Complementarity between education and financial development a panacea for poverty reduction［J］. The Journal of Developing Areas, 2018, 52（4）.

［6］BOUKHATEM J. Assessing the direct effect of financial development on poverty reduction in a panel of low and middle-income countries［J］. Research in International Business and Finance, 2016, 37（5）.

［7］EBENEZER M, ABBYSSINIA M. Livelihood diversification and its effect on household poverty in eastern cape province, south Africa［J］. Journal of Developing Areas, 2018, 52（1）.

[8] JABO M S M, ISMAIL M M, ABDULLAH A M, et al. Measurement and determinants of rural food poverty in Nigeria: Recent evidence from general household survey panel [J]. International Food Research Journal, 2017, 24 (3).

[9] NAYAK P k. Fisher communities in transition: understanding change from a livelihood perspective in Chilika Lagoon, India [J]. Maritime Studies, 2017, 16 (1).

[10] BECKER P. Dark side of development: Modernity, disaster risk and sustainable livelihoods in two coastal communities in Fiji [J]. Sustainability, 2017, 9 (12).

[11] LIU Y, HUANG C, WANG Q, et al. Assessment of sustainable livelihood and geographic detection of settlement sites in ethnically contiguous poverty-stricken areas in the Aba prefecture, China [J]. International Journal of Geo-Information, 2018, 7 (1).

[12] DOMINIQUE C R. Could noise spectra of strange attractors better explained wealth and income inequalities? Evidence from the S&P-500 index [J]. Modern Economy, 2018, 9 (3).

[13] MACRANDER A. Fractal inequality: A social network analysis of global and regional international student mobility [J]. Research in Comparative & International Education, 2017, 12 (2).

[14] CÎRNU L. Using the fractal perspective in the analysis of the urban peripheral fabric. Case study: Pantelimon, Ilfov county [J]. Human Geographies, 2014, 8 (1).

[15] RANARIO R J. Philippine poverty as moving fractals [J]. Journal of Public Administration and Governance, 2016, 6 (2).

[16] CHICHARRO F I, CORDERO A, TORREGROSA J R. Dynamics and fractal dimension of steffensen-type methods [J]. Algorithms, 2015 (8).

[17] ADDAE-KORANKYE A. Theories of poverty: A critical review [J]. Journal of Poverty Investment and Development, 2019, 48.

[18] DOS SANTOS T M. Poverty as lack of capabilities: An analysis of the definition of poverty of Amartya Sen [J]. Peri, 2017, 9 (2).

[19] TOWNSEND P. The meaning of poverty [J]. The British Journal of Sociology, 2010, 61.

[20] BORTHAKUR P P. Amartya Sen's critique of the rawlsian theory of

justice: An analysis [J]. Humanities & Social Sciences Reviews, 2019, 7 (2).

[21] WAGLE U. Rethinking poverty: Definition and measurement [J]. International Social Science Journal, 2018, 68 (227).

[22] BEBBINGTON A. Capitals and capabilities: A framework for analyzing peasant viability, rural livelihoods and poverty [J]. World Development, 1999, 27 (12).

[23] SCOONES I. Sustainable rural livelihoods: A framework for analysis [J]. Brighton: Institute of Development Studies, 1998.

[24] DILLEN S V. Rural livelihoods and diversity in developing countries: Frank Ellis, 2000, Oxford University Press, Oxford, pp. xiv + 273 [J]. Journal of Development Economics, 2003.

[25] SIMTOWE F P. Livelihoods diversification and gender in malawi [J]. African Journal of Agricultural Research, 2010, 5 (3).

[26] KARKI S T. Do protected areas and conservation incentives contribute to sustainable livelihoods? A case study of bardia national park, Nepal [J]. Journal of Environmental Management, 2013, 128.

[27] BARRETT C B. Rural poverty dynamics: development policy implications [J]. Agricultural Economics, 2005, 32.

[28] BARRETT C B, SWALLOW B M. Fractal poverty traps [J]. World Development, 2006, 34 (1).

[29] PADUA R N, BALDADO M, ADANZA G J, et al. Statistical analysis of fractal observations: applications in education and in poverty estimation [J]. SDSSU Multidisciplinary Research Journal, 2013, 1 (1).

[30] MIRASOL J M, MAUREAL Z L, LACPAO N B. Detailing poverty incidence through fractals: Which of the gross national product or multidimensional poverty index explain poverty incidence better? [J]. Asia Pacific Journal of Social and Behavioral Sciences, 2013, 10.

[31] ESTAL B, RONQUILLO Jr A S, SERAD J B, et al. Interpretation of fractal dimensions in poverty estimation [J]. Recoletos Multidisciplinary Research Journal, 2013, 1 (2).

[32] RANARIO R J. Philippine poverty as moving fractals [J]. Journal of Public Administration and Governance, 2016, 6 (2).

[33] ELLIS F. Rural livelihoods and diversity in development countries [M].

New York: Oxford University Press, 2000.

[34] STARR L T. A case study of social capital, household livelihood strategies, and Guatemalan microcredit borrowers [M]. Prescott: Prescott College, 2010.

[35] CHAMBERS R, CONWAY G. Sustainable rural livelihoods: practical concepts for the 21st century [M]. Brighton: Institute of Development Studies, 1992.

[36] CARNEY D. Sustainable rural livelihoods: What contribution can we make? [M]. London: Department for International Development, 1998.

[37] SHARP K. Measuring destitution: integrating qualitative and quantitative approaches in the analysis of survey data [R]. Brighton: Institute of Development Studies, 2003.

后 记

　　本书是我主持完成的国家自然基金项目2018年度项目"新时代农户生计资本分形表征与扶贫机制驱动分层研究"（编号71863033）的阶段性成果汇编。该研究项目于2019年1月开始，至2022年12月结束。

　　本书之所以能够顺利完成并出版，第一要感谢国家自然基金委，由于国家自然基金项目的立项，本书的研究才得以如期进行。第二要感谢光明日报出版社，由于博士生导师学术文库提供的学术平台，本书研究得以列入出版项目。第三要感谢近年来我指导的研究生，段若琳、施智贤、杨溢坤、熊国梁、柏梦婷、李乐等，本书融汇了他们参与项目研究的辛勤付出。

　　本书研究中，我充满了困惑。回想起我的博士生导师，暨南大学孙东川教授，他时常用《醉翁亭记》比喻研究心路：环滁皆山也（研究不知道如何入手）。其西南诸峰（阅读浩瀚文献），林壑尤美（发现热门、冷门或兴趣领域），望之蔚然而深秀者（感觉有研究价值的领域），琅琊也（确定要选择的领域）。山行六七里（继续深读文献），渐闻水声潺潺，而泻出于两峰之间者（发现研究方法），酿泉也（确认研究方法）。峰回路转（研究期间有困惑，放弃或执着），有亭翼然临于泉上者（研究脉络贯通），醉翁亭也（研究完成）。我引导研究生广泛阅读文献，围绕国家自然基金项目研究计划，最终完成《精准扶贫政策效应及制约因素消解研究》《云南省贫困地区农户多维贫困测评研究》《贫困地区农户生计资本量表的开发与实践》《乌蒙山区农户生计资本的时空分异研究》《新时代农户生计资本异速生长及省际差异研究》《低收入农户生计资本的分形特征及地区比较研究》《基于MF-DCCA模型的农户生计资本分形演变研究》等硕士学位论文。

　　科学研究无止境，唯有孜孜以求、脚踏实地，方能透过现象探寻其中的科学真谛。在项目研究和本书写作过程中，得到了基层单位、相关部门、课题组成员、专家学者、朋友、同学、同事、学生和家人的支持帮助与关照，在此一并致谢！

受学术水平和时间限制，书中难免有错误和不足之处，敬请读者批评指正。

麦强盛

2022 年 10 月于昆明